いま必要とされる

いのちの教育

一般社団法人　Clerc
子どものいのちと権利の教育研究会
（旧 いのちの教育実践研究会）

健学社

何故、今いのちの教育なのか

コロナ感染危機を通して生と死の問題を学んだ人類

　2020年からの新型コロナウイルスの感染によるパンデミックでは、感染者およそ7億6000万人、死者691万人（WHO 2023年4月30日現在）という人類史的大被害を起こし、それまで生きることをあたり前と思って日々を送っていた私たちは、大人も子どももいのちの危機に直面し、先の見えない死への不安に陥れられました。

　古代ローマ時代以来、人類は災害・疫病・戦争等生と死の危機に直面するたびに科学技術を駆使して乗り越えてきました。しかし、コロナ禍による人類史的危機は、私たちにあらためて生きることやいのちを大切にすることについて考える機会を与えると同時に、これまでの社会のしくみや人々の関わり方や教育の矛盾を露呈させることになりました。学校では、一斉休校、自宅学習、オンライン学習、分散登校、黙食など新しい教育活動が誕生し、他方では学習意欲の低下、不登校生、虐待、自殺等が増加しました。その理由について、厚生労働省は「孤立を深め、家庭や学業の不安を誰にも打ち明けられず、追い詰められた子が多かった」と述べています。突然の休校措置により、多くの子どもたちにとって「居場所」であった学校が休校になり、「逃げ場」を奪われたことが考えられます。

　パンデミックは、これまで友だちと一緒に遊び、一緒に学ぶことが当たり前だった子どもたちに、日常の学校での生活やいのちを大切にすることが、いかに大切なものであるかを再発見させる機会になりました。そして、コロナの時代を経て、いのちの教育が益々重要になってきました。

「いのちの教育」誕生の原点になった阪神・淡路大震災を風化させないために

　2024年1月1日能登半島で激しい地震が発生しました。東日本大震災からも11年が過ぎ、防災教育・いのちの教育の原点になった阪神・淡路大震災は、2025年に発生から30年を迎えました。年月が経過するにつれて、教訓の風化は進みます。兵庫県淡路島の教師対象のアンケート調査（2024年3月31日　神戸新聞）によると、震災当時生まれていなかった若者が教師になり、教育現場で防災教育に取り組む教師たちの8割が「（防災教育は）不安で難しい」と感じるという結果が発表されています。若い先生方は「他人事のように伝わり、説得力に劣ると体験していないことに引け目を感じる」ようで、学校現場で防災教育やいのちの教育の継承が課題になっていることが浮き彫りになりました。

　阪神・淡路大震災は「心の大震災」でもあり、子どもたちをケアーするため、同年から全国の中学校にスクールカウンセラー制度が創設されるきっかけにもなりました。

　そもそも日本におけるいのちの教育の誕生をふり返ると、1980年代にアルフォンス・デーケン（上智大学教授）が提唱した「生と死の教育」、「死の準備教育」、阪神・淡路大震災後の神戸連続児童殺傷事件、2001年に発生した大阪教育大学附属池田小学校児童殺傷事件などが大きな契機になりました。しかし、学校現場では「あえて子どもたちにいのちや死のことに触れさせなくてもいいのではないか」、「死の教育は宗教の問題につながり学校教育になじまない」、「寝た子を起こす必要はない」という考えが主流で、一部の熱心な先生以外教育実践が広がりませんでした。それではだめだ、防災教育やいのちの教育に取り組まなければならないと先生方が考え方をあらためるようになったのは、「心の大震災」となった阪神・淡路大震災であり、続く東日本大震災の「防災教育」からでしょう。

　1995年に発生した阪神・淡路大震災は大規模な災害であり、児童生徒101人、教職員11人も犠牲になりました。当時の記録によると、「地震発生

直後から地域の住民が、いのちの安全と情報を求めて学校へ避難しました。多くの学校は、倒壊した家屋から命からがら逃げだしてきた人や余震の恐怖におののき、家族とともに着の身着のままで駆け付けた人たちで膨れ上がっていった。被災者の数は31万人にものぼり、その6割の18万人が学校に押し寄せた。避難所となった学校は順次再開されたが、教職員からは「登校して来た子どもたちにどう対応していいかわからないという声が寄せられた」といいます。大震災直後、兵庫県教育委員会の戸田弘逸教育長は、「今は教室の中で国語、算数、理科などを教えている状況ではない。生きることとは何か。助け合い、励ましあうこととは何か。人間の尊厳とは何かを教師も児童・生徒も共に体験し学ぼうではないか」(『翔べフェニックス』阪神・淡路大震災記念協会 2005年)と提唱し、その後の「新しい防災教育」「いのちの教育」誕生の原点となったと言われています。

その直後、兵庫県出身の心理学者河合隼雄先生(日本臨床心理士学会会長)から、いまこそ子どもたちの「心のケア」を通して「たくましく生きる力」を育てていく教育が必要であると提案され、「兵庫発いのちの教育」が誕生しました。大震災後の1997年には神戸市須磨区で2人の児童が男子中学2年生に相次いで殺害される「酒鬼薔薇聖斗」を名乗る連続殺害事件も起きました。大震災からの復旧・復興や連続殺害事件等をきっかけに、兵庫発の「新たな防災教育」を通した「いのちを大切にする教育」がスタートし、東日本大震災を経て、防災教育・いのちの教育は大きく前進し、今日に至っています。

いのちを軽く見る風潮に負けないいのちの教育の実践を

ところで、近年いのちの教育の取り組みの広がりにもかかわらず、社会全体にいのちを軽く見る風潮が蔓延し、無残に人を殺す事件や若者の自死が多発しています。以前は、小動物であってもお墓を作り、弔ったものですが、いまは家庭で飼育する金魚が死んだら、お母さんがトイレの水洗便所に流すこともあるといいます。ポストコロナの教訓を学び新しい時代を迎えたいまこそ、あらためて自然や小動物と触れ合う体験を深め、友だちと一緒に遊び、一緒に学ぶことを通して、いのちを実感し、いのちを大切にする気持ちを形成したいものです。

本書は、阪神・淡路大震災からの復旧・復興や連続殺害事件の対応にあたり、2000年に「いのちの教育実践研究会」組織を立ち上げられた兵庫県教育委員会 近藤靖宏教育次長、「いのちの教育実践研究会」発足以来顧問として指導していただいた梶田叡一先生(兵庫教育大学名誉教授)、渡邉 満先生(広島学園文化大学教授)をはじめ、いのちの教育の実践・研究に積極的に取り組んでこられた先生方の協力を得て、これまでの「いのちの教育実践研究会」実践研究の成果を広く全国の先生方の実践の指針になるよう編集したものです。なお、これまでの「いのちの教育実践研究会」という名称は2024年度から一般社団法人「Clerc－クレール(日本名：子どものいのちと権利の教育研究会)」として発展的改組を致しました。

近年、子どもたちや若者がいじめ、不登校、虐待、自殺など自尊感情を落とし、生と死の問題に直面することが多くなり、充実して生きることが難しくなってきました。せっかく、縁あっていのちをいただきこの世に誕生してきたのですから、すべての子どもたちがいのちを大切にし、精いっぱい生きてほしいのです。本書が学校教育において着実にたくましく生きる力が育ち、これからの「いのちの教育」の実践を進める「てびき」として役立つことを願っています。

本書が世に出るにあたっては、健学社の細井碧さんはじめ社員の皆さんに丁寧に編集していただきました。心より感謝とお礼を申し上げます。

一般社団法人Clerc
子どものいのちと権利の教育研究会　監事
元 甲南大学教授
古川 治

目次

プロローグ　何故、今いのちの教育なのか　　　　　　　　　　古川 治 …………… 3

第1部　＜いのち＞の教育の基礎・基本

- ＜いのち＞の教育の基本理念　　　　　　　　　　　　　　　梶田叡一 …………… 6
- ＜いのちの教育＞への原点　　　　　　　　　　　　　　　　近藤靖宏 …………… 10
- ＜いのち＞を生かす道徳教育　　　　　　　　　　　　　　　渡邉 満 …………… 15
- いのちの教育をどのようにすすめるか　　　　　　　　　　　古川 治 …………… 22
- 心の健康教育を通した＜いのち＞の教育　　　　　　　　　　冨永良喜 …………… 28
- 子ども時代における＜いのち＞の認識の発達過程　　　　　　目久田純一 ………… 34

第2部　＜いのち＞の教育カリキュラムの視点

- ＜いのち＞の教育と教育課程　　　　　　　　　　　　　　　五百住 満 ………… 38
- 児童生徒の自殺予防における養護教諭の役割　　　　　　　　新井 肇 …………… 43
- 学校健康教育をとおした＜いのち＞の教育　　　　　　　　　細川愛美 …………… 47
- ＜いのち＞の教育実践の体系化と構造化　　　　　　　　　　原 実男 …………… 54
- 安全教育を通した＜いのち＞の教育　　　　　　　　　　　　松井典夫 …………… 59
- ＜いのち＞の教育とウエルビーイング　　　　　　　　　　　梶田叡一 …………… 66

第3部　＜いのち＞の教育の実践

第1章　就学前の教育・保育における実践例

- 絵本ではぐくむ心と体　　　　　　　　　　　　　　　　　　松田智子 …………… 69
- ＜いのち＞に触れて豊かな感性を育む教育・保育　　　　　　赤木公子 …………… 77
- ＜いのち＞との出会いから自立へ　　　　　　　　　　　　　上木美佳・吉田ゆかり … 83
- 幼小接続・地域と育てる子ども　明日も行きたい学校　　　　奥村智香子 ………… 87

第2章　小学校における実践例

- 戦争で失われた命が教えてくれたこと　　　　　　　　　　　小西三枝・梁 裕司 … 93
- ＜いのち＞を大切にする心を育む道徳の授業　　　　　　　　龍神美和 …………… 99
- 性の多様性を認め支え合う教育　　　　　　　　　　　　　　足立まな ………… 109
- ＜いのち＞をキーワードに学校の教育活動をつなぐ　　　　　八木眞由美 ……… 118

第3章　中学校における実践例

- 生徒指導・教育相談と養護教諭を中心としたチーム支援を考える　根津隆男 …… 122
- 中学校における命の意味を考えるための授業実践　　　　　　池原征起 ………… 128
- 性の多様性を尊重し共に生きる社会づくり　　　　　　　　　塚田良子 ………… 133
- 自殺予防教育の実践　　　　　　　　　　　　　　　　　　　永田みゆき ……… 138

第4章　高校・大学における実践例

- 高校生のための＜いのち＞の教育　　　　　　　　　　　　　古河真紀子 ……… 143
- ジェンダー教育の実践　　　　　　　　　　　　　　　　　　岡邑 衛 ………… 147
- 大学生に向けた＜いのち＞の教育　　　　　　　　　　　　　三木澄代 ………… 154

第5章　家庭・地域・専門機関とともに進める＜いのち＞の教育

- 地域と進める防災教育　　　　　　　　　　　　　　　　　　諏訪清二 ………… 165
- ICTを活用したよりよい人間関係の創造　　　　　　　　　　藤原靖浩 ………… 169

エピローグ　＜いのち＞の教育が拓く道の向こうに見えるもの　五百住 満 ……… 175

いのちの教育

<いのち>の教育の基本理念
―「我の世界」と「我々の世界」を自覚的に生きるために―

一般社団法人Clerc　子どものいのちと権利の教育研究会　名誉顧問
元 兵庫教育大学学長　梶田叡一

●「我の世界」に関わる教育課題と「我々の世界」に関わる教育課題と

　子どもへの教育は、二重の目標意識に貫かれていなくてはなりません。

　まず第1は、子どもそれぞれの独自固有の「我の世界」を育て、そうした個々人の世界を主体的に充実した形で生きていくために必要な資質・能力を身につけさせていく、という基本的な課題があります。そして第2として、こうした基盤の上に、子どもそれぞれが生きていくことになる世の中(社会)＝「我々の世界」の現実と理想について、認識を深め、自分なりに社会参加していくために必要な資質・能力を身につけさせると同時に、社会の現実を理想の方向に向け変えていくために必要な寄与の仕方について考えることができるようにする、という課題があります。

　これら2つの課題は、決して別々のものではありません。宮沢賢治が『農民芸術論概要』の「序論」で言うように、「世界がぜんたい幸福にならないうちは個人の幸福はあり得ない」のです。この言葉は世界全体の幸福と個々人の幸福は裏腹であるという形で、教育課題のこうした二重構造性を的確に言い表しているように思われてなりません。

　「<いのち>の教育」を考える場合にも、こうした二重構造を踏まえていくことが必要となります。直接的には、生命という存在の在り方について認識を深め、自分自身が生命存在であることを自覚し、自己の生命を実りある形で生きていけるようになる、という課題があります。そして、これと同時に、他の人を初め他の諸生物も含めた多様な生命存在を尊重しつつ共生し共存できる意識と能力を育てていく、という課題があります。

　誰もが自らに与えられた生命を、自分自身の責任で、充実した形で生きていけるようになると同時に、それを可能とする社会＝「我々の世界」の在り方を実現していくための具体的な課題について認識を深め、その方向に向けて自分なりの寄与ができるよう自分自身を育てていくようになってほしいものです。

　人権教育や平和教育として展開されてきたところも、こうした後者の課題に関わっての具体的な取組として捉えることができるのではないでしょうか。一人ひとりの人権とは、まさにその人の生命機能が十全な形で社会的に発揮されることに関わっています。こうした意味での人権について認識を深め、一人ひとりの社会的な生命機能の発揮を本当に尊重する社会を、安定した平和な状況として作っていかなければならないのです。大きな状況から言えば、2022年に勃発したロシアのウクライナ侵攻のような事態が起こらないよう、本当の意味での平和な国際社会を築いていかなければ、自他の生命を安心して発揮することができないのです。

● 3人称の教育から2人称、1人称の教育へ

　さて、教育の具体的な展開としては、3人称・2人称・1人称の教育を考えておくことが大切ではないでしょうか。

　たとえば、「Society 5.0 (AI主導社会)における教育」とか「知識爆発の時代の教育」、あるい

は「グローバライゼーションが進む中での教育」という形で、当面する教育課題がクローズアップされることがあります。そうした中で今の子どもたちが身につけていくべき資質・能力として「キーコンピテンシー」なども言われています。こうした教育論は、現代社会に生きる人の全てが当面せざるを得ない教育の在り方を、客観性・公共性を持つ形で示そうとするものです。基本的に3人称の教育論と言っていいでしょう。また、日本の小中高校生に必要不可欠な教育内容を示すものとして学習指導要領がありますが、これはまさに3人称的な教育の基準となるものです。

こうした形で教育の基本を明確にし関係者の共通認識を図ることは、一つの社会で教育を進めていく場合の基盤として大切なことです。しかし3人称の教育論は、どの子にも等しく大事なことを強制する画一的でお仕着せの教育をもたらすことになりかねません。具体的な学びや育ちの姿は一人ひとりで異なりますから、子どもを実際に支援し指導する親や教師は、相手の具体的な在り方に合わせた教育をしていかねばなりません。本当は、「皆さんは…」でなく「あんたは…」でなくてはいけないはずです。2人称に徹したアプローチ、相手に即した期待の持ち方と対応の仕方、が不可欠となるはずです。

しかしながら、本当に一人ひとりに対する第2人称的な対応ができているでしょうか。どの子にも通じる一般的な3人称的大前提を持って、そうした目で相手の子どもを見て対応しているだけに終始していることはないでしょうか。一人ひとりの子どもを、たとえば一般的な学力といった3人称的な軸の上で見て、その上位とか下位という目でしか見ない、ということはないでしょうか。学力にしても、一人ひとりの子どもが独自固有の構造を持っています。一つの軸で切った優劣の判断は可能ですが、この子なりの学力を本当に向上させたいと願って働きかけるのなら、その子の独自固有な学びの特質（意欲の持ち方、認識や思考のタイプ、外部からの指導の受け止め方、学習成果の活用の仕方、等々）を十分に理解し、それに即した形で指導していくことを考えていかねばならないでしょう。

さらにもう一つ、1人称の教育を考えておきたいと思います。教育は最終的には、子ども自身が自覚を持ち、自分で自分を支え、励まし、学習課題に自分なりに取り組めるようになったか、です。教育の最終的な目標は、親や教師が関わらなくとも自分で自分を伸ばしていける自己教育力が育つことです。こうした自己教育はまさに1人称の教育ですが、このためにも、親や教師の側からの徹底した2人称的対応が必要となるでしょう。

3人称的な教育を、自分とご縁ある目の前の子どもに即した学びにどのようにつなげていくか、です。その子自身が当事者意識を持って自分自身の学びを自分なりの力で進めていく自己教育力の育ちにどう繋げていくか、なのです。

●3人称的な＜いのち＞理解を土台として2人称的な＜いのち＞への共感を

以上に述べたところを踏まえて、＜いのち＞の教育をどう考えていけばいいのでしょうか。とくに、その根底となる＜いのち＞の理解に対して、どのような視点から取り組んでいけばいいのでしょうか。

小さな子どもは、可愛がっている犬や猫がたとえ死んだとしても、リセットすればまた生き返ると思っていることがあります。身近な人がそう遠くない時に死んで居なくなってしまうということも、多くの子どもは実感的に考えることはほとんどありません。ましてや自分自身がやがて迎える死についてなど、意識の中に思い浮かぶこともないのが普通です。しかし、小学生から中学生に、そして高校生になっていく過程で、＜いのち＞あるものは必ず死を迎えること、それはリセットのきかない終焉であること、を考えざるを得なくなることがあります。こうした生死の問題についての認識を大前提として、＜いのち＞あるものにどう関わっていくか、自分自身の＜いのち＞をどう大事にしていくか、を考えるようにならなくては、真に自覚的な生き方はできません。＜いのち＞の教育が大切になるのは、こう

いのちの教育

した根本的な認識を獲得し、深めていくため、と言っていいでしょう。

ただ、＜いのち＞に関わる問題は心理的に極めて重いものであるため、ストレートに突き付けられると感情的に混乱してしまうことがあります。＜いのち＞についての理解、認識は、当人から遠いところから、3人称的客観的な一般論としての見方から始めていくのが妥当ではないでしょうか。

具体的な＜いのち＞の在り方については、身の周りの多種多様な＜いのち＞について、それをまさに＜いのち＞として見つめてみることを大事にしたいものです。「庭の木や花も、飛んでる鳥や、蝶もトンボも、地面の蟻も、それぞれ自分の＜いのち＞を生きているんだ！」という認識を持ち、それぞれの＜いのち＞は、「かけがえのないものなんだな！」といった気づきを持ってほしいのです。

もう少し言うと、個々の＜いのち＞は、
- リセットできない、それぞれ一回限りのものである
- 取り換えのできない、それぞれ独自固有のものである

という認識を持つようになってほしいのです。

私たち一人ひとりは、こうした＜いのち＞の大海の中で生きているのです。あの犬もこの猫も、この一本の草も一輪の花も、またこの小さな一匹の虫も、それぞれの＜いのち＞を生きているのです。そして、個々の生き物がそれぞれ不可逆的な始まりと終わりを持ち、独自固有の＜いのち＞として生きているわけです。こうした認識の上に立って、
- 個としての＜いのち＞は、それぞれが種としての＜いのち＞の一部をなしている
- 個としての＜いのち＞は、生殖によって増殖し、自己の種の維持を図る
- 個々の＜いのち＞は、基本的に他の＜いのち＞に依存している

といった認識にまで進んでいってほしいものです。

これを踏まえて、自分自身と関わりのある特定の＜いのち＞との出会いと付き合い、そして別れを考えてみるべきでしょう。最も身近には、自分の父母や祖父母との関わりがあります。親や祖父母とも、遅かれ早かれ別れが来るのです。私の一番上の孫娘が幼稚園の年長組だった頃、私に会う度にじっと私の顔を見て、「ジイジはもうすぐ死んじゃうんだね」と呟いていたことを思い出します。身近な親や祖父母を、＜いのち＞の連鎖を自分にまで繋いできてくれた人、という感謝の気持ちを持って見ていくようになってほしいものです。

また、自分の家や親戚や親しい人の家で赤ちゃんが誕生するなど、新しい＜いのち＞との関わりの始まりも経験させてやりたいものです。さらには、自分の家で飼っている犬や猫のことも考えさせてみたいものです。縁あってこの特定の＜いのち＞との間に深い関わりを持ち、様々な経験を共有するようになったという認識は、とても大切なことでしょう。

こうしたことを日常的に経験させるため、花や草木を栽培したり、虫や小動物を飼育したりしてみるのも良いことではないでしょうか。毎日お世話してやらなくては、弱ってしまったり、枯れたり死んだりして取り返しのつかないことになってしまいます。そして、そういうお世話を続ける中で、相手の花や草木と、虫や小動物と、心情的な愛着のつながりが育っていくことになります。取り替え可能な、第3人称的な「これ」「それ」ではなく、自分自身にとって大事な、掛け替えのない存在になっていくのです。これを前提に、自分にとって掛け替えのない存在としての個々の＜いのち＞との、出会いや関わりや別れを実感させ、考えさせ、理解させていきたいものです。

● 1人称的な自分自身の＜いのち＞の自覚を

最終的には自分自身が一つの＜いのち＞であることを十分に自覚する、というところにまでいかなくてはなりません。自分の＜いのち＞が、生病老死という経過をたどりつつ、自分自身において機能しているのです。もっと広く見れば、＜いのち＞の海の中で、＜いのち＞同士が相互に関係し依存

し合う中で、自分という＜いのち＞も生きているのです。まさに自分事として、自分自身に与えられたこの＜いのち＞をどう生きるか、考えていかなくてはならないのです。そうした中で、少なくとも、

- **掛け替えのない＜いのち＞を与えられて誕生し、成長・発展してきた＜私＞**
- **いずれは個体としての＜いのち＞を終え、死滅していく＜私＞**
- **次の世代の＜いのち＞を生み出し、育てる可能性を持つ＜私＞**

といった点については、十分に自分なりの考えを深めていかなくてはならないでしょう。こうした点を踏まえた上で、この私の＜いのち＞がどのような形で他の諸々の＜いのち＞と関わっていくかについても考え、自分自身の生き方の中に生かしていかなくてはなりません。こうした自己教育は、子ども時代だけでなく、人の一生涯にわたって続けられていくべきものではないでしょうか。

仏教やキリスト教など大宗教と言われる伝統文化が、その教えの中で具体的な示唆をさまざまな形で行ってきたことも大事にしていきたいものです。

ただし、この1人称の＜いのち＞認識は、自分自身の病いや老い、そして死の問題と真剣に取り組まざるをえない局面ともなれば、強い感情、どうしようもない情動に取りつかれてしまうことがあります。1人称のアプローチは、単なる＜いのち＞についての認識の深化・発展に止まらなくなり、自分自身のこととしての強い情動状態にとらわれてしまう可能性があることにも、十分な注意を忘れないようにしたいものです。

参考文献
・梶田叡一『＜いのち＞の教育のために――生命存在の理解を踏まえた真の自覚と共生を』金子書房，2018年。
・人間教育研究協議会『教育フォーラム44 ＜いのち＞の教育』金子書房，2009年。

いのちの教育

<いのちの教育>への原点

一般社団法人Clerc　子どものいのちと権利の教育研究会　名誉顧問
元 兵庫県教育次長　近藤靖宏

はじめに
－阪神・淡路大災を経験して－

　私が"いのち"について、強い思いを抱いたのは、平成7(1995)年1月17日の早暁、突如として起こった兵庫県南部地震、いわゆる阪神・淡路大震災です。多くの尊い命を奪った震災から、"いのち"について考えると、まずは助かったわが命、第一人称の"いのち"であり、次に家族をはじめ親族・友人などの安否を気遣う第二人称の"いのち"、そして、失われた数多くの命、その多くは見知らぬ第三人称の"いのち"です。生と死の狭間、命あることへの感謝の念を感得した震災時を想起し、略記してみます。

　激しい揺れとごう音で目覚め、何が起きたのか、訳がわからないまま家族に「大丈夫！」と叫びました。返ってきた子どもの声に安どしたのを覚えています。私の寝床には、倒れたテレビが乗り、ガラスの破片が散乱し、寝相によっては失っていたとしても不思議ではない状況下で助かったわが命を実感しました。それは、死と紙一重の差で生かされた命であり、第一人称としての"いのち"です。

　当時、神戸市長田区の激震地にあった私の住まいは全壊。壁が落ち、階段が壊れ、タンスが倒れ、ガラスの破片が飛び散る状況下でよくも助かった家族4人の命、その幸運を味わいました。愛しい家族の命、第二人称としての"いのち"です。

　あらかた家の片付けをして、家族を近くの学校に避難させ、県教育委員会（以下、県教委）に務める私は自転車で県庁に向かいました。陥没した道路、倒壊した家屋、燃え上がる火の粉と黒煙、ぼうぜんとたたずむ人、けたたましいサイレンの音、このときの光景は今も私の記憶に残っています。

　マグニチュード7.2、震度7、都市直下型の兵庫県南部地震。被害の状況は時の経過とともに大きくなっていきました。神戸新聞の報道では、死亡者203人の第一報から始まり、1300、2594、4015人と日ごとに増え、10日後には5000人を超えました。その死亡確定数は6434人です。

　県教委における仕事も安否確認から始まりました。震災による子どもや教師の犠牲者数を市・町教育委員会に問い合わせるが、なかなか把握できません。多くの子どもたちは、余震が続く被災地から県内外に多く移動しており、1カ月たってようやく児童・生徒の死亡者数は481人、教職員40人と判明しました。これは数の大小ではなく、一人ひとりの尊い命の問題ですが、私からは第三人称としての"いのち"です。

　また、公立の学校・園だけでも両親を亡くした子どもは38人、ひとり親を亡くした子どもは245人、兄弟姉妹や祖父母を亡くした子どもは607人を数えます。親しい友だちを入れると膨大な数字になると思われます。愛しい家族や親しい友人など第二人称の"いのち"を亡くして残された子どもは、その心の傷が癒えるのは極めて難しい課題でした。震災後数年間は、その配慮を必要とする児童生徒は4000人を超す状況が続き、この解決への道のりは10年以上を要しました。

震災後に浮かび上がった課題と対応

　震災は被災地の人々の生活を一変させました。

＜いのち＞の教育の基礎・基本

ライフラインが寸断し、都市機能がまひする中で、人は、生きる基盤である衣食住を失い、理不尽な生き方を強いられました。

一方、人知の及ばない大いなるものの存在を悟り、この過酷な状況下で生かされた自らの命に感謝の念を抱いた人も少なくはないでしょう。また、通常の生活ではあり得ない体験をするなかで人として大切なことに気づかされる場面もあったと思います。たとえば、食や水を得るために列をなして並び、そのありがたさを実感するとともに、モノの豊かさに慣れ、あるのが当たり前と思っていたこれまでの日常生活や社会のあり方をあらためて考えるとか、避難所で段ボールを境に他者との共同生活を余儀なくされるなかで、他者への思いやり、助け合う心の大切さなどを感得し、今後の生活に生かすにはどうすればよいかなど、数多くの学びもあったのではないでしょうか。

兵庫教育の復興への取り組みは、震災のもたらした過酷な現実を直視し、検証することから始めました。このたびの震災で学校がどのような状況に置かれ、その中で校長はじめ教職員がどう対応したか、また、その結果どのようなことが課題として浮かび上がってきたか。こうした点について検討するため、3月初め被災地の小・中・高等学校15校を防災教育協力校に指定し、会議・座談会・学校訪問等を重ねて状況把握に努めました。

協力校を中心にした情報分析と並行して、「阪神・淡路大震災における教育活動の記録と検証を通して、その課題を明らかにするとともに今後の学校における新たな防災教育のあり方を構築する」ことを目的に、『防災教育検討委員会』を設置し、震災の投げかけた課題を、①災害時における学校が果たす役割と防災機能の強化に関すること、②学校における防災教育に関すること、③児童生徒の心のケアに関することの3点に整理し、それぞれ部会を設けて検討を進めました。

4月にこの検討委員会を立ち上げ、10月に「兵庫の教育の復興に向けて」の提言を得ました。この間、各部会を数回もって課題を整理し、時には文部省（現文部科学省）へ相談に行くなど、その過程はほとんど無から有を生み出す努力を重ねなければなりませんでした。こうして出来上がった提言は、これから推進する兵庫の防災教育の要諦であり、憲法ともいえるものです。

提言の中から「いのちの教育」につながると思う文面を抜粋してみます。

1 学校は、災害発生時には、児童生徒の安全確保を第一としなければならない。このため、学校は、災害発生後にあっては、早急に児童生徒の安否の確認を行うとともに保護者への連絡・引き渡し方法等についてもあらかじめ検討しておく必要がある。―平素からの安全教育

2 児童生徒に命の大切さを教えていくことは教育の原点である。災害が発生した場合には、状況を的確に判断し、落ち着いて適切な行動ができる能力や態度を児童生徒一人一人に育成していくことが大切である。―自分の命は自分で守る

3 人間としての在り方・生き方を考えさせる教育を推進するなど、人間教育を原点に据えた防災教育を学校教育計画の中に位置づけて実施することが肝要である。―「新たな防災教育」の推進

4 震災体験は、児童生徒がどう現実を切り拓き、どう適応していくのかという課題を提起している。被災した児童生徒が、震災の悲しみや困難を乗り越え、たくましく心豊かに生きていくよう指導することが求められている。このため、各学校にあっては児童生徒がこのたびの貴重な体験を通じて学んだ助け合いの心や思いやりの心を社会に根付かせる教育を推進したり、豊かな感受性や自然への畏敬の念を育てるなど、こころ豊かな人間性の育成に一層努めることが肝要である。―「生きる力」を育む

防災教育に「新たな」を冠したのは、災害から自らの生命を守るために必要な能力や態度を身に付けたり、防災に関する意識の高揚を図るなど、従来の災害安全教育に加えて、助け合いの心やボランティア精神の醸成など、人間としての在り方や生き方を考えさせる人間教育と位置付けたからです。

いのちの教育

　以後、兵庫の教育はこの「新たな防災教育」の推進と子どもたちに「生きる力」の育成を目指すことになります。

● 子どもの命をめぐる痛ましい出来事

　「いのちの尊さ」「生きていることのすばらしさ」「生きる力を育むことの大切さ」など、震災から学んだ教訓を生かし、教育の創造的復興に取り組もうとした矢先に、子どもの命をめぐる痛ましい出来事が相次いで起こりました。

　平成8（1996）年1月、いじめを苦にした女子高校生の鉄道自殺。2月には、男子高校生が友人をなたで斬殺する事件が発生。これを機に県教委は、「思春期にある子どもたちの交友関係のあり方」および「命の大切さを感得させ生きる力を育む教育の展開」を主題に、『子どもたちに生きる力を育む教育懇話会』を持ち、研究協議を重ねました。8月に懇話会は、「自己探求へと導く」「豊かな人間関係づくりを促す」など、7項目の提言をまとめました。

　その一つ「生きることへの積極的構えを培う」の中で「**いのちの教育**」に関する内容を抜粋してみます。内容は、①子どもたちの現状、②課題、③今後の教育の方向性、④具体的提言からなります。

①子どもたちの現状
　子どもたちは、死というものを通して生を捉えることが難しくなっている。核家族化が進み、多くの人が病院で死を迎えており、子どもたちは、身内の死を見ることが少なくなり、死を実感として捉えにくくなってきている。また、…（中略）…一般に死ということが実態的に把握されておらず、死についてロマンチックな捉え方をしたり、死後の世界を美化したりすることもある。このことが現実の悩みや苦しみから逃れるために自らの命を絶つという気持ちを強めてしまうことにもなる。

②課題
　生きること、いのちの大切さを感得させるために、人間として生まれてきたことの喜びにいかに気づかせ、生かされていることをいかに実感させ、積極的に生きる構えをどのように培うか。

③今後の教育の方向性
　・いのちの大切さを感得させ、よりよく生きることを考えさせる。
　・自ら命を絶つことは決してあってはならないことを理解させる。

④具体的提言
　生と死を考える教育・宗教的情操教育を培う教育の実施。－子ども・親・教師の参加による「生と死を考えるシンポジウム」の開催、道徳教育・特別活動の工夫

　これまで公教育ではともすればタブー視されてきた“死”について学ぶことを明記したことは注目に値するのではないでしょうか。

　平成9（1997）年5月、世の人々を震撼させる大事件が発生。神戸市のある中学校の校門に児童の首がさらされる猟奇的な事件、「酒鬼薔薇聖斗」と名乗る人物からの犯行声明が出され、周辺地域の住民、とりわけ子どもたちを極度の不安に陥れました。事件からほぼ1カ月後、14歳の中学生が容疑者として逮捕され、兵庫の教育は再びマスコミなどから厳しい追及を受けることになりました。

　この事件は社会に暗く重い課題を突き付けました。震災から学んだ教訓および前年度の命をめぐる痛ましい出来事から、命の大切さを基に心の教育の充実に向けての施策を展開し始めた矢先の事件でした。この事件は、私たちに何を問いかけているのか、これまでの取り組みに何が足りなかったのか、付加すべき視点があるのかなど、今後の教育課題を検討するため「緊急プロジェクトチーム」を発足させました。また、今後の教育課題については大所高所から新たな方向性を得るため、有識者等からなる『心の教育緊急会議』を設置しました。

　この会議の協議内容を、①現代の子どもたちをより深く理解する視点について、②心の教育の課題・方向性・提言についての2点に整理し、3回の

会議を経て、わずか2カ月で「心の教育の充実に向けて」の提言をいただきました。②の心の教育に関する教育課題の一つ、「**生と死を考え、生命の大切さを学ぶ教育**」について、その方向性を示す内容を略記します。

1 生命に対する畏敬の念を豊かに醸成する。

　子どもたちは、阪神・淡路大震災を通して、いのちの大切さ、生きていることのすばらしさを学んだ。今、生きて在ることを考えることは、自分の生命を大切にするとともに、他人や生き物すべてのいのちの大切さを学ぶことにもつながっている。…（中略）…個としてのいのちが遠い祖先から連綿と受け継がれ、次代につながっていく生命体として存在していることを学ぶなど、生命のもつ神秘や不思議さに目を向けさせることも大切である。

2 「生と死を考える教育」を推進する。

　人間である限り死を免れることはできない。死というものを意識し、自己の存在の有限性を自覚するとき、人は、かけがえのない人生の大切さを認識し、より豊かにより積極的に生きることを考えていくものである。生と死に対する感受性が希薄になっている今日、死をタブー視することなく、子どもを亡くした親の体験談やペットの死などを通して、死を身近な問題として捉え、生と死のもつ意味を考えさせることが大切である。子どもたちが成長の過程で、そうした悲しい死別を受け入れ、よりたくましく生きていくための支援をすることも大人の責務である。このため、子どもたちに豊かな人間関係を育むとともに、「生きることの大切さ」「生きていることの大切さ」「生かされていることの大切さ」を学ぶ教育を推進していくことが求められる。

3 自然体験、生活体験などの機会の充実を図る。

　近年、子どもたちの遊びを通しての自然体験や社会体験などの機会が減少している。そのことが人間関係の希薄化や社会性の欠如につながっている。自然の中には美しいもの、恐ろしいものなど、さまざまなものが渾然と存在している。その意味からも、自然に対する畏敬の念やたくましく生きる力を育むことが大切である。

　兵庫の教育が被った大きな負の体験に学んで、斬新な教育の方向性が提示され、平成10（1998）年度からいのちの教育・心の教育の充実に向けた具体的施策が実施されました。一つは、教育研修所に「心の教育総合センター」を設置し、生と死を考える教育の研究・研修講座を開設し、平成17（2005）年には、当時兵庫教育大学学長の梶田叡一先生を委員長とする「『命の大切さ』を実感させる教育プログラム構想委員会」を立ち上げ、翌年、理論編と実践編からなる提言がまとめられました。もう一つは、中学2年生が地域社会の協力を得て、1週間の社会体験活動を行う「トライやる・ウィーク」です。この事業は、予想を超えた反響を呼び、今も兵庫型「体験教育」の中核をなす教育活動となっています。

おわりに
－いのちの教育の必要性－

　私の県教委在任最後の3年間は、震災をはじめ子どもの命をめぐる痛ましい出来事が相次いで起こりました。これらが投じた教育課題を分析し、その対応策を講じるための検討委員会や懇話会を持ち、貴重な提言を得ました。それらは、兵庫の教育が目指すべき方向を示すとともに、私の教育観にも大きな影響を与えました。なお、3度にわたるこの会議は、当時京都大学教授であり、日本臨床心理士学会の会長であった故河合隼雄先生に主宰していただき、兵庫の教育、とりわけ心の教育が求めるべき方向が指し示されました。総じてそれは、命の大切さを礎にした心の教育の充実を目指すものであり、河合先生の卓越した発想があってこそのすばらしい内容であると自負するとともに、先生には感謝しきれない思いが強くあります。

　震災後、学校は多くの被災者が押し寄せ避難所となりました。校長はじめ教職員は、避難所の運営、被災者の生活支援にあたるとともに、1日でも早い学校再開に向けての努力を重ねました。また、国

いのちの教育

内外から多くの物資の支援、多数のボランティアの人たちが駆け付け、復旧・復興へ尽力いただきました。こうした支援に報いるため、震災から得たさまざまな教訓をもとに、震災から5年後に「震災・学校支援チーム（EARTH）」を立ち上げ、その後全国各地で起こる災害時に避難所となった学校の支援などを目的に、EARTHの隊員を派遣しています。

退職後、教育実践の場は異なりますが、これまで培ってきた命の大切さを基にした心の教育を念頭に、『兵庫・生と死を考える会』『いのちの教育実践研究会』などに携わって、この教育課題に向き合ってきました。それは、民間教育の立場からであり、公教育の壁にぶつかり試行錯誤をくり返しながらも、公・私の教育が力を合わせての実践こそが子どもにとって何よりも必要であるとの観点に立って、微力を尽くしてきたつもりです。そのことの理解が次第に進展し、システム的にも成就されつつあることを認識しています。

こうして得られた教育の方向性は、兵庫教育が直面した負の経験から得た所産であり、これを日常的に定着させる難しさがあります。非常時に考えたことを平時に実施し、成果を上げることの難しさを痛感しています。

平成21（2009）年、『いのちの教育実践研究会』において、学校現場におけるいのちの教育への関心度や取組等の実態調査を行いました。この調査結果から、いのちの教育の必要性は認識されていますが、その取り組む内容や方法に確たるものが見当たらない教員の状況がうかがえました。

いのちの教育の目的は、第一人称の"いのち"、自分の命を大切にする心を育てることにあると考えています。自分はこの世でただ一人のかけがえのない存在であると自認できれば、第二人称・第三人称の"いのち"に思いをはせ、自他のいのちの大切さを実感できるのです。

教育方法にも工夫がいります。いのちの大切さについては、言葉の上での理解ではなく、子どもたち一人ひとりが心からそう思えるようにしたいものです。体験を通して実感すること、見る、聞く、触れる、嗅ぐ、味わうなど、言葉になる以前の五感を通して体得することです。

河合先生は、「心の成長と体験」と題した講演の中で、納得の上での体験が大事だと説かれていたのを想起します。

阪神・淡路大震災から30年の節目を迎える今、学校では不登校、いじめの件数が過去最多になったと報じられています。震災、子どもの命をめぐる悲しい出来事に遭遇した兵庫の教育が取り組んできた「いのちを礎にした心の教育」「生きる力をはぐくむ教育」「傷ついた心のケア」のより充実が、今こそ強く求められているのではないでしょうか。これらの教育実践を期待しています。

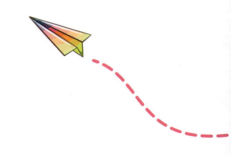

いのちの教育

<いのち>を生かす道徳教育

一般社団法人Clerc　子どものいのちと権利の教育研究会　名誉顧問
広島文化学園大学　特任教授　渡邉　満

はじめに

　阪神淡路大震災、東日本大震災、能登半島地震をはじめとする大災害では、大人だけでなく、多くの子どもたちが犠牲となりました。また、青少年、とくに中学生による殺傷事件やいじめなどによる自殺も後を絶たない現状にあります。それと共に学校における〈命の教育〉は、この30年の間にますます重要な課題となっています。

　一方、2019（平成31）年度から小学校・中学校の「道徳の時間」は「特別の教科　道徳」（道徳科）という名称の教科となりました。その理由はさまざまですが、教育再生実行会議の第一次提言によれば、同会議が教科化提言に踏み切った直接の要因は、いじめ問題への予防的役割を実効性のある道徳教育に求めることにありました。

　しかし、学校の道徳教育やそこでの「生命尊重」の教育にはその効果を疑問視する指摘もあり、教科となった道徳科における道徳教育は、これまで指摘されてきた諸課題を確実に見直し、確たる実践的基盤を打ち立てなければなりません。以下では、命を〈いのち〉と捉え、〈いのち〉とは何か、〈いのち〉をどのように学ぶことができるのかを問いながら〈いのち〉を生かす学校の道徳教育の可能性について考えてみたいと思います。

「〈いのち〉の教育」に求められる視点

　2011年3月11日の東日本大震災は、2024年3月現在、18,420人（死者：15,900人、行方不明者：2,520人（警察庁発表））の尊い命が失われる、それこそ未曾有の大災害でした。福島第一原発の事故も加わって、天災か人災かという議論も行われてきましたが、科学技術の発展や情報化社会の進展にもかかわらず、とくに1995年1月17日に発生し、6,432人の犠牲者を生んだ阪神淡路大震災以後に展開されてきた学校における防災教育や自治体による防災対策とその啓発の取組にもかかわらず、18,420人もの〈命〉が失われてしまったのです。それは、この災害が「想定を遙かに超えていたから」と言って済まされる問題ではないことを意味します。

　また、学校の子どもたちの間においてもいじめや暴力行為は依然として深刻な課題であり、自殺は411人（令和4（2022）年度、小・中・高の児童生徒）にも及んでいます。理由はさまざまであれ、これほどの数の子どもたちが自らの命を絶つのは、尋常のことではありません。とくにいじめの問題は2013年6月に「いじめ防止対策推進法」が制定されるに至るほど深刻化は進んでいます。

　これらの事実は、防災教育や自殺予防教育、さらには学校における「命を大切にする教育」や道徳教育における「生命尊重の教育」がこれまでのもので良かったのか、とくに「〈命〉の教育」と言ったときに、〈命〉についての捉え方が適切なものであったのか。〈命〉の内実を十分に省察することなく、日常の常識的な把握にとどまってはいなかったのか。また、〈教育〉という営みが十分に省察されることなく、大切なものであれば、どの子どもも「〈命〉の大切さ」は理解できるはずだという先入観にとらわれてはいなかったか。今一度の見直しを行い、

いのちの教育

これまで以上に力を入れてこの課題の推進に取り組むことが求められているように思われます。

東日本大震災の際、なぜこれほどの死者・行方不明者が出てしまったのかに関わって、「正常化の偏見」1)という言葉が取りざたされました。これは「自分に都合の悪い情報を無視したり過小評価したりする特性」を指すと言われています。周りの状況についての客観的認識や思考とは別に、「自分は大丈夫」というもう一つの思考が状況に対する適切な対応を妨害してしまうというものです。

これを阻止する手だては何でしょうか。「とにかく逃げろ」、「自分の命を守れ」ということでよいのでしょうか。「とにかく逃げろ」、「自分の命を守れ」という指示が、有効に機能するためには、起きている事態についての正しい認識と、その指示を行動につなげることを阻止する諸要因の適切な除去が必要となるはずです。われわれはものを考えるときにA「主体（自己）→対象」という図式で考えていると捉えられやすいが、実際はB「『〈主体（自己）〉−〈主体（他者）〉』→対象」という少し複雑な図式を取っています2)。他者とさまざまな観念や概念を共有することによって自分の周囲にあるものを知り、自己の中身を形成することができるのです。

自分は自分であって、同時に自分ではないこととなります。ところがこれは自覚的ではありません。

A　一般的な考え方

主体（自己）
例：危険だから速やかに避難する。

対象
例：地震のあとに津波が来た。

B　実際の考え方と行動

主体（自己）− 主体（他者）
例：地震の後には津波も来る。これまでたくさんの人が逃げ遅れて犠牲になった。家族が心配だ。逃げたかな。家族で話し合ったように、とにかく一人でも避難した方がいい。

対象
例：地震のあとに津波が来た。

それゆえ、一人だけ逃げるということは簡単なようで、じつは意外にむずかしいのです。家族や大切な人への思いがそれを躊躇させることもあるでしょう。するとBを踏まえてAへの道が考慮されなければならないのです。家族や大切な人とのあらかじめの合意が必要なのです。

釜石の子どもたちの証言を聞くと、家族や友だちとの強いつながりも「生きなければ」という強い思いも、共に彼らを動かす原動力となっていました。ここには、あれかこれかという二者択一的な思考では解決することの困難な防災教育、とりわけ「〈いのち〉の教育」の課題が示されているように思われます。

〈いのち〉をどのように考えるか

「〈いのち〉の教育」を構想する際に、まずぶつかる課題は、〈命〉と〈いのち〉の問題です。私たち人間は、まずもって、他の動物や植物と同様に生命を有し、それを維持することによって生きている存在（生物）ですが、この「生きる」（〈生〉）の問題は少々複雑です。

私たちは〈命〉を考える際、まず「生きている」という基本的な在り方を基本にしています。それは「生命」という、私があるためには決して譲渡できない、また他者が代わることもできない私だけのものです。他方では、私は生きているだけでなく、同時に、その生き方も問われます。かつてソクラテスが、脱獄を懇願するクリトンに対して、「大切なのは、ただ生きるということではなくて、<u>よく生きる</u>ということなのだ」（『クリトン』下線筆者）と語ったことは有名です3)。「よく生きる」は、ときに「生命」を超越すること、つまり「死」をも辞さないこともあるということになります。「死」は生きるために否定されるべきものであると同時に、肯定されることもありうるものです。すると〈命〉は相対立する二つの顔を持っていることになります。

日本語では、その多様な意味内容を多様な言葉表記で表現していますが、外国語、とくに西洋の

〈いのち〉の教育の基礎・基本

言語では、〈生〉や〈生命〉は、life（英語）やLeben（ドイツ語）のように、一つの言葉で表現され、その内に多様な意味を包含させています。その多様な意味内容は大きく分けると二つに区分できると言われています。

古代ギリシャでは、〈生〉には「ビオス」（bios）と「ゾーエー」（zoé）があり、ビオスはbiology（生物学）やbiography（自伝）の語源であり、ゾーエーはzoo（動物園）やzoology（動物学）の語源となっています。「ビオスは個体の生命であり、ゾーエーは無限の連続性を持つ種的な生命のことを意味する」[4]とされます。したがって、〈生〉は〈生命〉であるとともに、その生命がくり広げられる生活を包括するのに対して、もう一つの〈生〉は生きとし生けるものの前提をなす根源的なものであり、わたしたちの「生きる」や「在る」のすべてが成り立つ前提の領域に属すものであると考えられます。

精神医学者の木村敏は、『あいだと生命』（(2014)創元社）のなかで次のように述べています[5]。

> 「ゾーエーは死を排除する」、あるいは「生それ自身は死なない」ということは、ゾーエーがビオスに含まれる個人の死とはまったく違った意味で、「死それ自身」でもあるということを意味していないだろうか。ゾーエーはそれ自身、生命の根源であると同時に死の根源でもあるからこそ、つまり生死一如の根源的な場所でもあるからこそ、単なる個体的・ビオス的な死を排除し、個体が死ぬという意味では死なないものなのではないだろうか。だからこそ、ゾーエーはフロイトのいう「死の欲動」の前提となり、個体の死がそこへ向かっての「反復」となりうるような、つまり個体がそこから生まれそこへ向かって死んで行く場所となりうるのである。ビオス的生命以前、ビオス的死以後の場所としてのゾーエーは、端的に「死そのもの」であるといってもよいだろう。
>
> 引用：木村敏『あいだと生命』((2014)創元社) (p.106)

ここでの議論で重要なのは、個体の生命（ビオス）やその終焉としての「死」だけでは、人は生きているということ、つまり〈いのち〉というものを理解することはできないということでしょう。個体を超えていて、それ以前の、個体を個体として可能にする、すべての〈命〉あるものを生じさせる、もう一つの集合的な〈いのち〉が必要です。

それは個体の生命同士が出会う場所（〈トポス〉）でもあります。それはまた、自己がはじめて自己となる、自己と他者が出会う場所でもあるのです。

〈いのち〉は確かに自分のものであり、自分でそれを生きるしかないものですが、同時に自分だけのものではないのです。他者も自分と同じ同根を持つ一つの〈いのち〉を生きているということ、このことが自分と他者との間の絶対的な相異を超えて、合一、つまり二人の関係やつながりを可能にするものとなると言うのです。

これは皮肉なことですが、東日本大震災の混乱のなかで、多くの人が死にゆく事態を目の当たりにして、人々があらためて強く感じ取ったものは、死やそれに対する恐怖だけでなく、人と人との「絆」であり、「つながり」でした。これは誰かが意図的にそのようにし向けたのではなく、災害という非日常に直面して、私たちが木村の言う「生死一如の根源的な場所」を自覚したということでしょう。これを木村は人間であることの「潜勢力」とも言いますが、いま「〈いのち〉の教育」で子どもたちのうちに育てようとしているものはこれではないかと思われます。

ここに「生命の尊重」を教育的価値として掲げる道徳教育の範囲の広さと複雑さ、ひいてはむずかしさが存在しているように思われます。生きとし生けるものの「生老病死」という必然としてある根本的な課題の全体を見通すと共に[6]、そこにある問題を課題として捉えながら、「生きる」ということの根源にあるものが持つ二つの側面を区別して、それを踏まえた一定の確かさを持つ教育的枠組みを構築しなければ、「〈いのち〉の教育」や「生命尊重の教育」は、確かな実践的基盤を持つことはできないように思われます。

そのために、「〈命〉の教育」や「〈生命〉の教育」

いのちの教育

ではなく、「死」と背中合わせの「命」や人間もその一部に位置づく〈いのち〉を基底におきながら、さらに人生や〈生〉へと広がるこの課題の範囲を包括するものとして、「〈いのち〉の教育」を選ぶことには、一定の意義が認められると言えるでしょう。

●〈いのち〉の学習において思考を深める話し合い活動

(1)〈いのち〉の何を学ぶのか

これまで命の大切さ、生命尊重の学習において、命の何を学ぶのかということでは、6点ほどの観点が示されてきました。

①命の神秘性（たくましさと不思議さ）
②命の超越性（人間の力を超え、与えられたもの）
③命の有限性（不可避な死）
④命の非可逆性（元に戻せない一回性）
⑤命の連続性（縦のつながり）
⑥命の相互依存性（横のつながり）

①と②は誕生に関わって、③と④は「死」と関わって、そして⑤と⑥は人と人とのつながりや、人と生きものとのつながりに関わって取り扱われてきたと言ってよいでしょう。

「道徳の時間」の道徳教育では、①の植物や動物などの生きとし生けるものの強さや誕生の不思議や喜びが、あるいは②の与えられた命であるからそれを生き抜くことの大切さが道徳学習のなかで学ばれてきました。

⑤の縦のつながりは、自分が数え切れない多くの先祖の末裔であること、⑥の横のつながりは、自分が自分だけで生きているのではなく、周りの人たちとの関わりや支えのなかで今の自分があることを自覚させてくれます。

一方、③の誰であれ避けることのできない死や、④の生き返ることのない命の特質は、これまで十分に道徳教育の内容として扱われてこなかったように思われます。

しかし、〈死〉は〈生〉の対極にありますが、〈生〉がその本来の意味を獲得するためには、自己が他者を必要とするように、まず持って〈死〉から〈生〉の自覚が必要です。

私たちは〈生〉から〈死〉を考える傾向があるように思われますが、現に生きている〈生〉の否定としての〈死〉を考えることによって、〈生〉を自覚できると考えがちです。これは〈生〉を基準にした発想であり、あくまでも個人を基盤にした常識的な理解でしかありません[7]。

現実的なのは、未だ自己ならざる自己が他者と出会い、自己が芽生える場があるように考えることではないでしょうか。同じく〈生〉にも〈生〉と〈死〉が区別されない場があってそこから立ち上がるものだと考える必要があります。その場は自己と他者が相互に出会い、そして作り出すものでもあります。

そうであることによって、〈生〉が他者に固有のものであるのと同じく、自己に固有のものであり、自己の〈生〉、つまり〈いのち〉が自分だけが生きることのできるものであることが自覚できるのではないでしょうか。

押谷由夫は「『生命に対する畏敬の念』と道徳教育」[8]のなかで「生命」について、次のような視点を示し、さらにその構造化を提案しています。

＜受動的な側面＞
　①与えられた生命
　②支えられて生きる生命
　③有限な生命
＜能動的な生命＞
　④自分しか生きられない生命
　⑤支えて生きる生命
　⑥受け継がれる生命

この押谷の視点には「④自分にしか生きられない生命」が設定されており、また、〈受動的な側面〉と〈能動的な側面〉が区別され、〈能動的な側面〉に位置づけられています。

これは、これまでは与えられた「生命」を大切に生きるという、あるいは与えられたものだから失われることからそれを「守らねばならない」という受動的な在り方が強調され、自分の「生命」は自分で守る、あるいは自分の〈いのち〉は自分で生きるしかないという〈いのち〉が持つ能動的な側

面での捉え方が弱かったことへの反省を促しているように思えます。

〈いのち〉は個別の〈生きていること〉の証であるだけでなく、〈生きる〉という活動、〈自分の人生を切り開くこと〉であると同時に〈人と人のつながりを築くこと〉を可能にする自分の内にある原動力（潜勢力）でもあることに気づかせてくれるのです。

この30年のうちに阪神淡路大震災と東日本大震災、熊本地震、能登半島地震という複数の大震災を経験し、数多くの子どもたちの問題行動や痛ましい事件に苦慮してきたいま、「〈いのち〉の教育」において必要なものはこの視点であると言ってもよいのではないでしょうか。

(2) 学びの段階に応じた体験活動と学びを深める道徳科の学習活動

「〈いのち〉の教育」を進める上で、1989（平成元）年の学習指導要領から重要視されてきた取組に体験活動がありますが、「〈いのち〉の学習」が上記の「潜勢力」を基盤にするものとなるには、学習活動として欠かせないのは、やはり体験活動です。

〈いのち〉の営みは、人が〈生きる〉という営みであり、200年前の教育実践家ペスタロッチー、J.H.もそう考えたように、頭と心臓（心情）と手（体）の全体によるものであり、全人的な活動です。それはゾーエーとしての〈いのち〉と、ビオスとしての〈いのち〉のせめぎ合いと統合の過程であると言ったらよいかもしれません。決してきれい事では済まないその営みが、一般的生命と個別的生命という自己矛盾のなかで人格としての個人を生み出すと言わなければなりません。

その際、体験活動が有効な学習活動となるためには留意しなければならないこともあるように思われます。体験活動は、一つではなく、それぞれの段階に応じて多様なものが用意されなければなりません。

家庭における家族や地域における人々との交流を通した体験活動、身体を通した生き物や人とのふれあいや交流も大切でしょう。また、体験活動は、実施するだけでなく、そこで子どもたちが見たり、聞いたり、感じたりして、発見したものや学んだことを整理し、その意味を互いに深める事前・事後学習が重要です。道徳科の学習における「生命の尊重」や「自然愛・動植物の愛護」そして「敬けん」という視点は、体験活動を「〈いのち〉の教育」へ焦点づける上で重要な役割を果たすことが期待されます。

(3) 〈いのち〉を考えることの発達段階

〈いのち〉についての思考を深める学習活動が必要となりますが、それを考える手がかりを、ここでは道徳性の発達段階に求めたいと考えています。

児童生徒の発達段階を踏まえた課題に取り組みながら、その発達段階を高める学習活動が重要です。そのためには、「書くこと」や、とりわけ「話し合い活動」を重視し、その中身の質的な発展が考慮される必要があります。〈いのち〉をより広い視点に立って、より深く考える学習活動が組織されなければならないのです。それは〈いのち〉が大切にされるその理由をより高度な段階で考えることができるよう工夫をしながら、「書くこと」や「話し合い活動」を進めることです。

「いのちの教育実践研究会」が行った、「生きることや死ぬことについて」の調査結果に興味深い結果があります（「いのちの教育実践研究会」(2013)『第4回シンポジウム in 兵庫　いのちの教育実践交流会～震災といじめの問題からいのちの教育を考える～』)[9]。「人はいつか死ぬと思いますか」という質問に、「死ぬ」と答えたのは、小1～4が75.3％、小5～中3が82.9％、高1～3では94.9％でした。ところが、「人は死んでも生き返ると思いますか」という質問に「生き返る」と「たぶん生き返る」と答えたのは、小1～4が16.0％、小5～中3が22.6％、高1～3が12.1％であったのです。小5～中3の方が「生き返る」、「たぶん生き返る」と答えている率が高いのです。

これには理由があるように思えます。人は10歳前後で思考の在り方が大きく変化すると言われています。道徳性の発達段階においては、第2段階から第3段階へ移行する時期に視点の転換が行わ

いのちの教育

れます。それまでは、自分の思いや望みに強く縛られた視点にたって考えたり、身の回りの大人の考えていることに従って判断を行う傾向が強いが、10歳前後になるとそれが変化してくるのです。周りの友だちに同調するようになると共に、それまでの〈死〉や〈生〉についての観念にゆらぎ（変化）が生まれてくると考えられます。消滅するものと消滅しないものの区別が主観的に行われることから、やがて客観的に行われることへ変化していくようになると言ったらよいのでしょうか。その狭間で上記の結果が生じるのだと思われます。

高校生になれば、この思考の視点の流動的な時代は終わり、多くの子どもが客観的に考えることができるようになります。小5から中3の時代に、さまざまな問題行動が生じるのは、このことと関連があるとも考えられます。

(4) 豊かなコミュニケーション能力の育成の必要性

一般に、学習活動としての話し合い活動はいずれの学校においてもさまざまな工夫を施されながら、活発に展開されています。しかし、それらの学習活動が必ずしも良好な成果を上げているように思えない決定的な原因は、話し合い活動をすること自体が目的になり、学習活動のなかで気づいたり出合ったりしたはずの事柄が各々の子どもたちの内側でふり返られ、その意義や意味が深められていくための学習が不十分であることにあると思われます。

そうならないためには、話し合い活動がその本来の役割を果たせるよう適切に行われなければなりません。そのために必要なことは、「話し合い活動」などの言語活動が単に自分が考えたことを発表することにとどまるのではなく、他者の意見と自分の意見を擦り合わせその違いを探り出し、その違いが承認できるものかあるいは問題の解決のために互いに納得できるものかどうかを考えることです。

また、たとえば、体験活動を通して「〈いのち〉の学習」を行う場合、子どもたちは体験学習に取り組みながら、家庭や地域の人々とのかかわりのなかで学ぶこととなりますが、それだけでは「〈いのち〉の大切さを学ぶ体験活動」は完結しません。そこでの学習は、さらに自分たちの間のかかわりの在り方や意味を考え、とくに自分たちの間に生じるさまざまな葛藤や問題を暴力やあきらめによって曖昧に解消するのではなく、話し合いによって解決することのできる力を確実に身に付けることにつながらなくてはならないからです。

そのために、学習活動は、家庭や地域の人々との豊かなコミュニケーションに意識的に取り組むと同時に、学校や教室のなかでの教師や仲間との豊かなコミュニケーションに基づく学習活動として展開されなくてはなりません[10]。その際、「話し合い」が単なる意見交換ではないことに留意しなければなりません。それは課題や問題の解決を他者と共に行うことです。問題となっている事柄の原因や理由をクラスの仲間と道理にかなった道筋に従って追求し合うことです。だからこそ、「話し合い」はすべての学習の基本的な活動となることができるのです。

そのような話し合いを行うには、話し合いが単なる意見交換とならないための特別な工夫が必要です。2015（平成27）年3月に告示された「一部改正学習指導要領」が求めるように「多面的・多角的」な話し合いは重要ですが、それだけでなく、それが個々人の思考や認識を組み替え、話し合いを行っている学級集団における共通理解やそれを前提において展開される社会的関係により合理的な帰結を生み出すためには、話し合うことが本来固有に持つ構造を踏まえながら、それが成立する条件が満たされなくてはなりません。

学習指導要領では、さまざまな他者の意見に出合えば、自己の意見が望ましいものになっていくかのように考えられているように受けとめられますが、それは不合理であるように思えます。そのように考えてしまうと、個々人が考えることの正当性や合理性はどのようにして生じるのか、あるいは正しいとか理にかなっていて納得できるといったことがどのようにして確かめられるのかが明確にならない

からです。

　児童生徒は成長や発達の途上にあります。今までの自分の考えが見直され、より合理的な考え方へ変えていかなければなりません。そこに成長が生まれ、発達が達成されるのではないでしょうか。大人でさえ生涯、成長発達することが求められる現代社会において、学びながら大人に近づこうとしている児童生徒であれば、なおさらもう一つ踏み込んだ学習についての理解が必要です。その理解は、学習活動の基本に位置づけられる言語活動の本質的な構造に基づいて行われなければなりません。

　ここで必要なのは学習や指導の方略の言語活動という観点からの見直しであるように思えます。「問題解決的な学習」が今回の改訂において重視されているもう一つの提案課題となっているのですが、これは児童生徒の個人的な課題という観点でのみ捉えられてしまうとその意義は消滅します。やはり「個別的な学び」と「協働的な学び」[11]の一体化という考え方は外せません。

　さらに、「話し合い」の指導においては、教師の指導的役割が重要になります。すべての学習活動において「話し合い」に取り組み、教師は子どもたちのコミュニケーション能力を高めるよう持続的に取組を行うことが必要です。

　以上のことを踏まえて、「〈いのち〉の教育」における学習活動がその役割を果たすことができるためには、話し合いは言語論的枠組みを踏まえて、事柄の本質とそれにふさわしい学習の在り方を基盤において、それらに対応できるよう厳密なルールに従って行われなくてはなりません。箇条的に示すなら、以下の6つが設定されます[12]。
① 誰も自分の意見を言うことをじゃまされてはならない。
② 自分の意見は必ず理由を付けて発言する。
③ 他の人の意見にははっきり賛成か反対かの態度表明をする。その際、理由をはっきり言う。
④ 理由が納得できたらその意見は正しいと認める。
⑤ 意見を変えることができる。ただし、その理由を言わなければならない。
⑥ みんなが納得できる理由を持つ意見は、みんなそれに従わなければならない。

　これらは一般に対話やコミュニケーションが成立するために必要な諸条件を考慮して設定されたものです。とくに重要な意味を持つのは、いかなる主張であれ、それは理由や根拠をともなわなければならないことです。なぜなら根拠だけがその主張の正当性を裏付けることができるからです。もう一つはその根拠に納得したならば、その主張や考え方が正しいと認めることが必要だということです。しかもその根拠によって決定された主張や結論に従わなければならないことです。そうでなければ、その話し合いは話し合いとは言えず、そこで合意した結果は意味を持たなくなるからです。

　この考え方は、理想主義的でもありますが、現実の社会とは、相対的な距離をとり異なっている教育の世界では、きわめて重要なことです。教育は人格形成を目的におくのですが、コミュニケーションのゆがみはその目的そのものをゆがめる可能性があります。それだけに、ルールに則った話し合いが必要です。

　現代社会においては、「正しい」、「正しくない」を決定する普遍的な規準になるものがあらかじめ設定されているわけではありません。何かある命題が正しいと判断されるのは、その命題が正しいと主張される根拠が誰にでも合意できるかどうかによります。これは「真理の合意理論」と呼ばれますが、「〈いのち〉の教育」という人間の根本的な基盤に関わる教育においても踏まえておかなければならないことです。

注釈・引用・参考文献
1) 片田敏孝・NHK取材班 (2012)『みんなを守るいのちの授業　大つなみと釜石の子どもたち』NHK出版
2) 拙論 (2015)「学校の道徳教育と道徳授業の可能性を拓く」教育哲学会『教育哲学研究』第112号参照
3) プラトン、(久保勉訳) (1964)『ソクラテスの弁明・クリトン』岩波書店
4) 大庭・井上・川本・加藤編 (2006)『現代倫理学事典』弘文堂 p.494
5) 木村敏 (2014)『あいだと生命』創元社
6) 梶田叡一 (2012)『〈いのち〉の自覚と教育』(株)ERP
7) 木村敏　前掲書 p.38
8) 押谷由夫 (2013) 学校における「宗教にかかわる教育」の研究①―日本と世界の「宗教にかかわる教育」の現状―、中央教育研究所『研究報告No.78』
9) いのちの教育実践研究会 (2013)『第4回シンポジウム in 兵庫　いのちの教育実践交流会　〜震災といじめの問題からいのちの教育を考える〜』p.20
10) 拙論 (2002)「教室の規範構造に根ざす道徳授業の構想」、林忠幸編『新世紀・道徳教育の創造』東信堂、及び 拙著 (2013)「いじめ問題」と道徳教育』(株)ERP参照
11) 中央教育審議会 (2023)「「令和の日本型学校教育」の構築を目指して〜すべての子供たちの可能性を引き出す、個別最適な学びと協働的な学びの実現〜」。
12) このルールは、ハーバマス、J.の「ディスクルスの原則」、「普遍化原則」及び「理想的な発話状況」が求める条件を満たすものとして設定されている。注 (10) の拙論参照。

いのちの教育

いのちの教育をどのようにすすめるか

一般社団法人Clerc　子どものいのちと権利の教育研究会　監事
元 甲南大学教授　古川 治

● 自分に自信をもち充実して生き抜く人間に育てる

　いのちの教育の目標は、生まれてきたすべての子どもたちが、縁あっていただいたいのちを、誰にも遠慮することなく、自分に自信をもって充実して生き抜く人間に育てることです。しかし、現実には、不登校、いじめ、虐待、自殺などの年々の増加に見られるように、自己肯定感を高くもって生きていてよかったと思える生き方を実現することが益々困難な社会になりつつあります。だからこそ、子どもを育てる教育者が教育の根本目標として、「いのち」を育てることを学校教育の土台に据えて、教育実践に取り組まなくてはならないのです。

　さて、1995年に発生した阪神・淡路大震災、2011年に発生した東日本大震災、2024年に発生した能登半島地震、2020年からの新型コロナの感染（WHOのパンデミック宣言）の世界的な拡大など災害・疫病・戦争等の人類史的な危機は、私たちにあらためて生と死についての問題を突き付けました。パンデミックは、これまで友だちと一緒に遊び、一緒に学ぶことが当たり前に思われてきた日常の学校での暮らしやいのちの営みが、いかに大切なものであるかを再発見させ、学校教育のあり方を見直す機会になりました。そして、その都度「防災教育」や「心の教育」「いじめ自殺」などのトピックを通し「いのちの教育」に取り組んできましたが一過性で終わり、なかなか継続的な取り組みとして発展・定着してきませんでした。

　1990年代にはポスト近代社会に入り、テレビやゲーム、SNSなどを通した情報化、核家族化や少子化など社会の進展により、子どもたちの自我意識のインフレが進みました。自己中心的なプライバタゼーション（私事）化する生活の中で、植物や動物との触れ合いや友だちと一緒に汗をかく直接体験をする場が少なくなり、子どもたちはバーチャルな間接環境の社会のなかで学校生活を送るようになりました。そのため、カブトムシが動かなくなると「電池を変えよう」という発言や「死んでも、もう一度生き返る」という発言、いじめを苦にした自殺や衝動的な殺人の増加に見られるように、いのちを軽く見る風潮が蔓延するようになりました。

　私たちが育った子ども時代である昭和30～40年代には、三世代同居が多く、身近に生と死や老いや病など、「生老病死」が暮らしの中にありました。「生老病死」とは、仏教を開いた釈尊が、カピラヴァット国の王子の時代、王宮の外へ散策に出かけ、四つの門それぞれのところで、老人、病人、死者、修行者に出会い、人生の無常を感じた「四門出遊」の体験を語った話です。釈尊はそこから、何故人間には「生老病死」のような苦しみがあるのか、人生とは何かと悩み、王宮を離れ出家する動機であったとされています。

　私の人生をふり返れば、兄弟が生まれる時には、わが家で湯を沸かし、地域の産婆さんが赤子をとりあげ誕生させてくれたものです。小学生になってからも、産婆さんと会うと「元気か」と声をかけてくれ、成長を喜んでくれたことを覚えています。祖母は九十歳まで家で老いを迎え、私はその死を看届けました。父が病を得て家のベッドに臥し、やせ細っていくのも、私は家で看取りました。自宅で

葬式をして、お坊さんは月ごとに仏壇にお参りをしてくれました。春秋のお彼岸には、死者が戻ってくるといって、仏壇を飾りお経を聞き、家族で墓地に出向いたときは、子どもたちも花を添えお墓参りをしました。このように、身近に「生」と「死」があったのです。

近年、地域社会の習俗も薄れ核家族化し、祖父母との同居も少なくなり、子どもたちを取り巻く生活から生と死が見えなくなりました。子どもが誕生するのは自宅ではなく病院であり、厳かないのちの誕生ではなく医療行為になり、私たちが見たときにはガラスの向こうの部屋ですやすやと眠っています。

祖父母や親族が亡くなっても自宅で出棺前に死者を清拭し別れの体験も少なくなりました。死者との対面はセレモニーホールに飾られた祭壇の写真と対面するときだけです。2020年には、新型コロナ感染が理由の場合、焼き場に「直送」され、死者の骨を拾う骨拾いの厳かな式も簡略されました。このように、生と死を直接体験する場が少なくなりつつあるのです。

老人は高齢者施設で介護され、子どもたちは老いゆく姿を目にすることも少なくなりました。近年は、こうして、社会から直接体験する「老」と「病」も遠ざけられました。「生老病死」のすべてが遠ざけられたことで、大人も子どももいのちを大切にする気持ちが薄れていくようになったと感じています。

本稿では、「命」のことを「いのち」と表現しています。それは、「命」と表現した場合、狭義に「生と死」という身体的なイメージになるところ、「いのち」と表現すると身体的にも精神的にも、人間が生きていくすべての生活の場面が「いのち」の営みであるという広義のイメージになり、その思いを育てたいからです。

いのちを大切にする心の育成を

「いのち」の営みという広義のイメージには次の20の項目が含まれ、3つの概念に整理できます。

（近藤卓編著『いのちの教育の理論と実践』金子書房 2007年）

項目としては、誕生、出産、死、病気、障害、葬式、老化、生き方、がん、生、結婚、性、自殺、親からもらったもの、限りあるもの、人と人のかかわり、大事なもの、愛、生きる、事件・事故の20項目です。また、3つの概念とは、1つ目は「限りあるもの」「大事なもの」という【希少性】です。2つ目は、多くのいのちと出会い「結婚」、「生活」する暮らしの過程である【関係性】。3つ目は、「葬式」「がん」「死」など誰にでも訪れる【必然性】の概念です。

ここで「いのち」のカタカナでの表現である「ライフ」についてもイメージを確認しておきましょう。「ライフ」という用語には、「ライフジャケット」という命のイメージ、「スーパマーケット・ライフ」という暮らしのイメージ、「ライフプラン」という人生のイメージがあり、大変多様で広い概念であることがわかります。

前述のように子どもたちには、生活の中で誕生し、毎日暮らし、時間の経過とともに老いて、病気になり、最後には死を迎えるという「生老病死」を十分に熟考しながら一生涯を生きていくものであることを、いろいろな場面で実感・体験し、一歩一歩確かな認識を深めてもらいたいのです。

たしかに、子どもたちも学校生活の中で友だちとのけんか・いじめ、病気、不登校、体罰、落第、入試の失敗、失恋、就職失敗など身近な人生問題に悩み、「四苦八苦」し、メンタルヘルスの問題を抱え、カウンセラーへの相談も増加しているようです。しかし、他方では、ともすれば毎日の勉強や仕事をこなし、日々の生活が流れる中で生き、縁あっていただいたいのちを大切に生きるというイメージが自分自身の中で発酵・熟成されないまま、頭だけでイメージしてバーチャルな社会環境の中で、生き急いでいる側面があるのではないでしょうか。

それ故、まず子どもたちには生と死が見える

いのちの教育

よう、身近な家族・親族の誕生や葬式やお彼岸のお墓参りなどの習慣や、友だちとのつながりの直接体験を豊かにし、親は家庭でできるいのちを大切にする態度や習慣を育てていきたいです。これは、家族や友だちなどといった人間に限ったことではありません。これまで大切にしてきた身近な自然、植物やペットなどの動物に対しても、同様にいのちとの出会いや別れを大切にしていく態度を育てていきたいのです。

「我々の世界を生きる力」と「我の世界を生きる力」を育てる

前述のように、いのちの教育の目標は、縁あっていただいたいのちを、自分に自信をもって充実して生き抜く人間に育てることです。自分は「これでいいのだ」と自己肯定感を高くもち、自分に満足する自尊感情が向上するような感情を育てたいのです。もちろん、私たちは社会の中で他者とつながりながら生きていくのですから、友だちとトラブルを少なくして協力して、友だちを思いやり生きる力も求められます。しかし同時に、他者と比較することなく、自分の基準で自分に満足して生きていく力も育てなければなりません。

私たちは社会的動物ですから、他者と自分を比較して優越感や劣等感を持つことがありますが、友だちとの比較でなく、自分自身の基準で自分に満足する自尊感情を高めたいのです。近年の少子化やバーチャルな情報化社会の中では、ともすれば自分に甘く自己中心的な自己意識の肥大化（自我インフレ化）が起こり、健全な自己意識や自尊感情を持つことは難しくなったように感じられます。また、自己中心的な自己意識の肥大化は、いじめ自殺や若者の自殺の増加に見られるように逆境に耐え、試練を克服し、感情的にも社会的にも健康な精神活動を維持する力も弱めてしまいます（理由はそれだけではありませんが）。

その意味で、逆境にも自分の自尊感情や自己肯定感を高め、自分の人生を前向きに適応できるレジリエンスの力をも育てなければならないのです。

「いのちの教育実践研究会」顧問である梶田叡一先生は、この課題を「我々の世界を生きる力」と「我の世界を生きる力」の双方を共に育てなければならないと、次のように述べています。

> 生きていくということには「我々の世界を生きる力」と「我の世界を生きる力」の異なった世界を同時に「生きる力」をつけなければならない。
>
> 社会や学校など「我々の世界を生きる」には社会的期待に応えていく力をつけていかなければならないが、同時に自分に与えられた一度きりの人生を充実・満足して毎日過ごしていくよう、ワクワク、ドキドキ、面白かった、感動したというように自分の内面世界を耕すよう「我の世界を生きる力」を育てなければならない。
>
> その中核にあるのが、「生老病死」であり、「愛別離苦」（愛するものと別れる苦しみ、）、「怨憎会苦」（怨み憎んでいる人と出会う苦しみ）、「求不得苦」（求めても得ることのできない苦しみ）、「五蘊盛苦」（自分の心や体すら思い通りにならない）の八苦であり、生きていく中で避けられない問題とどう向き合い、納得するかと言う課題である。
>
> このような課題と向き合いつつ、自分のいのちをいかに生き、全うしていくことができるかが「我の世界」を生きる中核に位置する最も重要な問題である。

このような問題は、身近な人との別れや死、病気などの特別な「生老病死」に直面しないと考えないものです。それ故、「いのち」の問題に直面したときに慌てないよう、日頃から折に触れ「いのち」の土台になる考え方を徐々に育てておきたいのです。

<いのち>の教育の基礎・基本

子どもたちは「いのち」をどのように考えているのか

それでは、子どもたちは「生きること、死ぬこと」をどのように考えているのでしょうか。

心理学的には子どもたちは、5歳程度までは死や生に対する確かな意識が確立していないため「死んでもまた生き返る」と多くの子がぼんやりと考えているようです。小学校入学頃から死の意識が芽生え、小学校の高学年頃になると死の意識が育ち、小学校の高学年から中学生になり死への認識が高まり、高校生になり死の意識が確立するといわれています。

ここで「いのちの教育実践研究会」住本克彦先生たちが2013年に兵庫県の子どもたち（N＝1803人 いのちの教育科研研究 梶田叡一代表）にアンケート調査した結果を紹介します。調査対象の区分は、①小学校低・中学年（1〜4年）、②小学校高学年・中学生、③高校生の三区分です。

「いつか死ぬと思いますか」という問いに対して、「いつか死ぬ」は①が59％、②が81％、③が93％でした。「死んだとして、生き返ると思いますか」という問いに対して、「生き返える」は①が12％、②が17％、③が13％でした。この結果からも小学校低・中学年から小学校高学年・中学生、そして高校生と成長するほど、死へのイメージが現実的に鮮明になることがわかります。

次に、「死という言葉から思い浮かぶのは」という問いで、選択肢の「恐怖」「不安」「苦しみ」「別れ」「悲しみ」「終わり」のどのイメージが浮かぶかという問いで、「別れ」は①が37％、②が58％、③が66％でした。「悲しみ」は、①が60％、②が67％、③が67％、「終わり」は、①が30％、②が57％、③が60％と変化していきました。「悲しみ」は早い段階から抱く感情ですが、他の「別れ」や「終わり」という現実的な感情は発達段階とともに成熟していくことがわかります。

また、「死にたいと思ったことがありますか」という問いに対して「ある」は①が22％、②が36％、③が37％で、高校生では「何度も考えた」と言う回答が増加しました。

「死にたいと思った理由」について「親や家庭のこと」は①が7％、②が13％、③が16％に対して、「自分のこと」が小学校高学年・中学生では11％、高校生は15％と増加していきました。

同様に「人のいのちは大切だと思ったことがある」に対しては①が84％、②が72％、③が67％と減少していきました。

「いのちは大切だ」という認識は発達段階とともに形成されていきますが、中学生、高校生と成長するほど、「いのちは大切だ」というタテマエの模範解答は少なくなり、意外にも現実が見えてくるほど「いのちは大切だ」という回答が減少していくのです。そのほかにも調査結果では、自分が「周りの人に支えられて感謝している」と思える子どもほど、「人のいのちは大切だ」と実感していることがわかりました。

この調査結果からわかるように、いのちを大切に思う感情は成長・発達とともに育つ感情ではありますが、それはだんだんと本音としての現実への認識が高まることでもあり、自己意識や自分を大切に思う自己肯定感の成長とも同調するものであることがわかります。それだけに「いのちの教育」は、タテマエの「いのちは大切だ」という教育ではなく、子どもたちの生と死に対する認識の確立に沿って、現実の成長・発達に応じて、小学校低・中学年、小学校高学年・中学生、高校生の発達段階へと徐々に段階的に着実に進めていかなければ、定着した教育にならないことを示しているのです。

調査結果からいのちの教育の指導を考えると、小学校低・中学年までは、身近な動物・植物や家族や友だちと触れ合い、ともに生きていくことの幸せを実感することが大切になることがわかります。小学校高学年・中学生になると、いのちについて不安、恐れ、孤独、悲しさの場面

いのちの教育

に出会うことが増えるので、そのような感情を友だちや身近な人と共有し生きることなど、答えの出ない問題を考える機会に出合わせる教材が必要になっていきます。

現実の子どもたちの成長・発達を踏まえた「いのちを大切にする教育」が幼稚園時代から高校生まで、発達に応じた段階的に、系統的に身についていくなら、すべての子どもたちが自己を大切にするとともに、周りの人々をも大切にし、生まれてきてよかったと思える充実した人生を実現できるのではないでしょうか。その意味で、「いのちの教育」は、自分の人生を充実して生きていく教育の根本に据える問題であると言えるのです。

●「生命の尊さ」を規定した教育基本法・学校教育法・学習指導要領を指針にして

それでは、「いのちの教育」に取り組むにあたって、教育の法令はどのように位置づけられているのか見ておきましょう。2006（平成18）年改正の教育基本法の教育の目的（第2条）の4で、「生命を尊び、自然を大切にし、環境の保全に寄与する態度を養うこと」と規定されています。改正された学校教育法の義務教育の目標（第21条）の2は、「学校内外における自然体験を促進し、生命及び自然を尊重する精神並びに環境の保全に寄与する態度を養うこと」と規定されています。次に、2017（平成29）年度告示の学習指導要領「総則」の教育課程編成の一般方針の2の（2）に「人間尊重の精神と生命に対する畏敬の念を家庭、学校、その他社会における具体的な生活の中に生かし」と掲げられています。また、平成27（2015）年に学校教育法施行規則の改正により、特別の教科　道徳が創設されました。新教科　道徳の中では小学校の内容、D「主として生命や自然、崇高なものとの関わりに関すること」の「生命の尊さ」について、1年及び2年は、「生きることのすばらしさを知り、生命を大切にする」、3年及び4年は「生命の尊さを知り、生命あるものを大切にする」、5年及び6年は「生命が多くの生命のつながりの中にあるかけがえのないものであることを理解し、生命を尊重すること」とあります。中学校では、生命の尊さについて「その連続性や有限性なども含めて理解し、かけがえのない生命を尊重すること」と規定されました。

学校教育の中において、いのちを大切にする教育が重要な課題であると位置づけられたことになります。さらに、今回の中学校保健体育に「精神保健」という項目が新設されました。また、2022年に改訂された生徒指導に関する教師用の指導書『生徒指導提要』では、子どもたちの発達支援的な生徒指導や自殺予防的な心の健康に関するケアーなどが具体的に記載されました。教師と生徒指導主事、養護教諭、カウンセラーに加えて地域のSSW（スクールソーシャルワーカー）、精神科医師などと協力して生徒のメンタルヘルスや自殺予防について取り組みが進むことを期待したいものです。小学校から高校まで成長・発達段階に応じて、「生きることのすばらしさを知り」、「生命の尊さを知り」、「生命はかけがえのないものであることを理解し」、「生命の連続性や有限性なども含めて理解し」いのちを大切にする教育を推進したいのです。

●災害・疫病・戦争等生と死の危機に直面し、乗り越えるたくましく生きる力を

いのちの教育を進めるには、「どの学年で」「どのような内容」を教えるのかというカリキュラムづくりの課題が出てきますが、教育基本法や学習指導要領や生徒指導、特別活動、道徳科では指針を示していますが、具体的な内容や教材は示されていないのが現状です。ただし、主だった教育委員会では副読本や教材集を発行しているので、これらを参考に取り組みを進めるのはいかがでしょうか。たとえば、兵庫県教育員会が各学校に配布した、『「命の大切さを実感させる教育への提言』（2006年）、『「命の大切さを実感させる教育プログラム」実践事例集Ⅰ・Ⅱ』（2006・7年）、梶田叡一著『〈いのち〉の教育のために』（金子書房2018年）をご一読いただくのもよい方法です。

幼稚園・小学校低学年時代は、絵本や子守歌からいのちの大切さや子どもを思う慈しみの心を感じ取らせたいものです。生活科では、出生時や幼少期について家族から聞き取り、自分を大切に思いやってくれる家族からのまなざしや優しさについて理解する心を深める取り組みを実施してみるのはいかがでしょうか。幼稚園児や保育児と小学生が交流し、小さないのちを見つめる交流体験活動などに取り組ませるのもよいのではないでしょうか。

　高学年から中学生になると、家族や祖父母や老人ホームの人々への介護活動などの交流を通して、身近な人々の人生がかけがえのないものであることに気づき、大切な人との別れの体験について話し合い、自分とともに他者のいのちも大切であることについて考える活動を取り入れたいものです。三世代同居が少なくなり、高齢者が老化する終末期を家以外の施設で迎えることが一般化してきただけに、施設での介護体験の場を設定して、死について考える機会を設ける取り組みでは多くを学べるのではないでしょうか。

　防災教育では阪神淡路大震災後、神戸市消防局のレスキュー隊員は柱の下敷きになった老人を救うか、それとも「助けてください」と叫ぶ若い女性を先に救うべきかという課題に直面しました。このレスキュー隊員の葛藤と行動を通して「トリアージ」という課題を中学生に考えさせる「いのちの順番」という教材を開発し実践している学校もあります。また、震災体験を聞き、いのちの重みに気づき、いのちはかけがえのないものであることを理解し、自分のいのち同様他者のいのちを思いやる気持ちが大切であることを感じさせる取り組みも取り入れたいものです。

　中学校・高校では各学期のはじめに不登校や自殺が増加することから、つらい・苦しいという心の危機を「いのちの学習」というテーマで、「消えてしまいたい」と打ち明けられたときに、どのように受け止め、励ますかを、ロールプレイを通して話し合う自殺予防教育（生徒には「自殺予防」とは言いませんが）を実施している中学校があります。

　自殺予防では、「SOSの出し方に関する教育の教材例」（文部科学省「児童生徒の自殺予防に関する調査研究協力者会議」2018年通知）も出されているので、中学校・高校で手引書として参考にして実践したいものです。

おわりに

　近年、私たちは災害・疫病・戦争等先の見えない不安に陥れられ、生と死の危機に直面する時代を迎え、日ごろから「いのち」について考えるようになりました。とくに21世紀の社会を担う子どもたちには「生きる力」を身につけてもらいたいと感じています。それ故、学校教育の中でこれまでの教育実践の成果を生かして、発達段階に応じて、徐々に段階的にカリキュラムを開発・編成して「いのちの教育」に取り組んでいただきたいのです。

　いきなり難しいテーマで授業をするのではなく、たとえば本稿の中で気になったテーマを調べたり、学校で話題にするところから始めてみるのはいかがでしょうか。

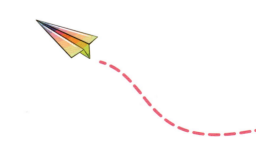

いのちの教育

心の健康教育を通した〈いのち〉の教育

兵庫教育大学名誉教授　冨永良喜

コロナ禍は地球同時多発的大災害

　小学生の暴力と小・中学生の不登校は2015年ごろから増加し2024年度で過去最多、小中高校生の自殺は2018年度から増加し、コロナ禍1年目の2020年度に過去最多の415人となり、その後400人前後を推移しています。コロナ禍でこれらの指標は過去最多を示しましたが、コロナ禍以前から増加している点が極めて憂慮すべき事態です。

　コロナ禍は生物系の災害です（江川,2022）。世界各地で感染源が発見報告され、人による伝播により、波が押し寄せます。また、変異をくり返すため、日本では2023年時点で9波を記録しています。地震による津波などの地質系災害と異なるのは、媒体が「海水」でなく「人」である点です。そのため、誹謗中傷のスティグマが生じる可能性が高まります（WHO,2020）。

　災害は3つのストレスをもたらします。街や家を破壊し命を奪う「**喪失**」と命が脅かされ死の恐怖の体験の「**トラウマ**」避難所生活や運動場に仮設住宅が建ち運動や遊びが制限される「**災害後の日常ストレス**」です。

　地質系・気象系の防災は、耐震性を高めた建築・防潮堤・気象予報精度などハード対策（主に公助による）と、正常性バイアス（危機が迫っても人は逃げない心理がある）を乗り越えるための避難訓練などソフト対策（自助・共助による）の2つの柱があります。一方、コロナ禍は、ウイルスの特性から発症前感染力が指摘されたため、感染の早期発見のためのPCRなどの検査体制・治療薬の開発・ワクチンなどのハード対策と、マスクや社会的距離などの行動制限といったソフト対策が行われてきました。避難訓練などのソフト対策のストレスは一時的なのに対し、コロナ禍の行動制限は持続的で、甚大なストレスを人々にもたらしました。行動制限が過剰ではなかったか、ワクチンや治療薬の効果、発症前感染力の期間の変異や短縮による行動制限の情報提供や誹謗中傷防止の授業を小1から大学生までの発信方法など、検証してほしいです。

コロナ禍と子どものストレス

　2011年の東日本大震災後に岩手県教育委員会はトラウマ・ストレス反応を含む「心とからだの健康観察」チェックリスト（岩手県教育委員会,2023；冨永,2014）とストレスマネジメントを内容とした「心のサポート授業」を毎年実施してきました。また、2016年の熊本地震後、熊本県・熊本市教育委員会は、岩手県で用いられたチェックリストの短縮版にオリジナル2項目で構成し、同様に「心のサポート授業」を実施してきました（大塚..冨永、2019）。

　岩手県と熊本県のこの3年間とそれ以前の数年間の要支援率やストレス反応の結果をみると、コロナ禍の3年が、小学生・中学生に及ぼすストレスが、大規模災害直後かそれ以上に匹敵することが推測できます。

　大災害の被災地は、災害とコロナ禍の2回のトラウマを体験し、より深刻な影響を及ぼしていることが考えられます。また、津波や地震の被害を受

＜いのち＞の教育の基礎・基本

けてない地域もコロナ禍により子どもへのストレスが上昇しています。そのため、日本全国、いや世界中が、ストレスフルな状況に置かれていることが推測できます。

そして、子どものストレスに及ぼす心の健康教育の効果検証は、今からの課題です。ただし、ランダム化比較試験（randomized controlled trial）の研究法での効果の検証は科学的研究法を学んでない日本社会は容認しないでしょう。各自治体が組織的に、心の健康教育を行うかによって、今後の子どものストレスや暴力・不登校などの指標がどう変化するかによって効果を控えめに考察するしかありません。また、これまで組織的に心の健康教育を実践してきた自治体がコロナ禍の前後でそれらの指標を比較検討することで、効果を考察できるかもしれません。

さらに、心の健康教育をカリキュラムに組織的に取り入れているフィンランドやオーストラリアなどの国の子どもの指標の経年変化も参考になるかもしれません。

 心の健康教育とは

一方、阪神淡路大震災（1995年）と神戸児童連続殺傷事件(1997年)後に設置された兵庫県心の教育総合センターでは予防的な心の教育授業案が開発され今日にいたっています。

兵庫県心の教育総合センター（2012）は「『心の健康教育』とは児童生徒の心の育成において、心の健康増進（問題予防）と心の健康を取り戻す（問題対処）ための学校における教育活動である」と定義し、その内容はストレスマネジメントによるセルフマネジメント・自分理解・他者理解・コミュニケーション能力育成と命の教育としました。

本稿では、ストレスマネジメント教育を柱にした心の健康授業案を紹介します。

 ストレスマネジメント教育による心の健康授業

1) 理論と方法

ストレスマネジメント教育の内容は、「第1段階：ストレスの概念を知る　第2段階：自分のストレス反応に気づく　第3段階：ストレス対処法を習得する　第4段階：ストレス対処法を活用する」の4段階があります。その理論は、心理社会的ストレスモデル（Lazarus & Folkman,1984）に準拠しています。

図1　ストレスマネジメント理論

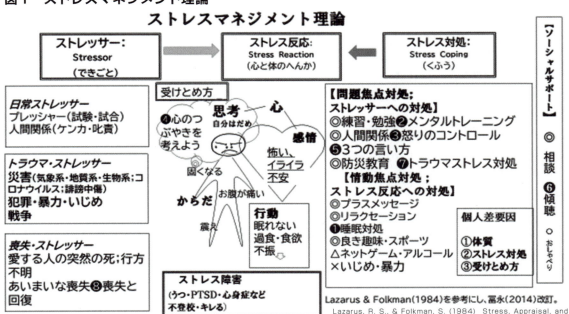

Lazarus, R. S., & Folkman, S. (1984) Stress, Appraisal, and Coping. New York：Springer

いのちの教育

　ストレス反応とは、心とからだと行動の変化（心：イライラ・不安・緊張、からだ：凝り・頭痛・震え、行動：眠れない・食欲低下など）をいいます。ストレッサーとは、ストレス反応を引き起こす出来事・刺激であり、生理的物理的ストレッサー（寒い、暑いなど）と心理社会的ストレッサー（試合・試験、けんか・叱責）に分けられます。また、試験や試合やけんかなどの日常ストレッサーと、暴力・災害などトラウマティック・ストレッサー、家族や親しい人を亡くす喪失ストレッサーがあり、それぞれのストレッサーによりストレス反応のあらわれ方が異なります。

　ストレス対処とは、ストレス反応を軽減するために行う意識的な努力です。ストレッサーへの対処である問題焦点型対処と、ストレス反応への対処である情動焦点型対処があります。

　また、相談は問題焦点型のソーシャルサポートで、おしゃべりは情動焦点型のソーシャルサポートです。また、ストレッサーやストレス反応への受けとめ方がストレス反応の増減に影響を及ぼします。

　受けとめ方は、思考であり、思わず心の中で浮かぶ自動思考を「心のつぶやき」と言い、例えば、「自分が悪かったからこんなことが起こった」とつぶやいているなら、「それは落ち着いたつぶやきですか、あなたと同じ体験をした人が、そうつぶやいているとき、あなたはなんと声をかけてあげますか？他のつぶやきを探してみませんか？」と問いかけ、合理的な思考を引き出します。

　ストレス反応には個人差があり、体質の器官脆弱性とストレス対処と受けとめ方によって変化します。体質はなかなか変えることは難しいですが、ストレス対処と受けとめ方は学ぶことにより、より良い対処を習得できます。この点がストレスマネジメント教育の要になります。

　そして、睡眠、緊張、怒り、不安、落胆、恐怖、悲嘆といった心身の活動のテーマごとに、心の健康授業案を作成し、また、発達段階に応じた言葉で構成します。たとえば、小学1～4年のクラスでは、ストレッサーの代わりに「できごと」、ストレス反応の代わりに「心とからだのへんか」、ストレス対処の代わりに「どうする？」や「たいしょ・くふう」を使います。怒りや恐怖などは表情絵で伝えます。授業のテーマは、「イライラしたとき、どうする？」「こわいことがあったとき、どうする？」などです。

2）心の健康授業案の構成

　授業案は、養護教諭やスクールカウンセラー（以下、SC）がパワーポイントで作成し、スライドに担任の発言を記載し、授業の全体を担任が仕切り、養護教諭やSCが板書やリラックス法などの実技を担当します。A4裏表一枚のワークシートを作成し、数項目のストレス反応やストレス対処に回答できるようにし、ストレス対処については、記述も求めるようにします。授業が役立ったか、つらいことを思い出したか、元気がなくなったか、真剣に取り組めたかなどを4件法で回答し、授業の感想の記述欄も設けます。ワークシートは担任と養護教諭とSCがカンファレンスをするのに役立ちます。

　暴れる・離席が多い・自傷が心配・被害感が強いなどの気になる児童生徒の情報を事前に教えてもらいます。そして、リラックス法やロールプレイなどの体験活動を必ずいれます。また、リラックス法などの実技では前に出てもらいモデルとして協力してもらうなど、その児童生徒を褒めることができる場を作ります。さらに、ワークシートに記載された児童生徒の対処例や授業の感想をお便りとして作成し、保護者にも読んでもらえるようにします。

3）小6のクラスでの心の健康授業実践例

　以下は、授業後に、児童と保護者あてのお便りの一部を抜粋したものです。

授業をふり返って

　＜「ストレス」ってなに？＞との担任先生の問いかけに、ある児童が「イライラ」と発言。＜どんなとき「イライラする」？＞の問いかけに、「お母さんにおこられた」「問題がわからない」「『なんやねん』といわれた」、「親にかんちがいされ、おこられた」「できる問題をミスした」などがありました。

　次に「きんちょう」の表情絵に＜どんなとき、緊

〈いのち〉の教育の基礎・基本

図2　板書例（ストレス反応と、それを引き起こすストレッサー、ストレス対処）

張しますか？〉と問いかけると、「試合」「大会」「音楽会」が発言されました。

　トミー（筆者は、子どもたちにこう呼んでもらっている）は、「イライラ・緊張など心とからだの変化を『ストレス反応』といいます。ストレス反応を引き起こしている出来事を『ストレッサー』と言います」と説明しました。

　つぎに、この1週間をふりかえって自分のストレス反応をチェックしてもらいました。自己採点して、ストレス反応が高いか低いかわかる表で、自分のストレス反応を確認してもらいました。

　そして、「試合・テスト・発表の直前の対処と工夫」「試合・テスト・発表の1週間前の対処と工夫」「いやなことを言われたときの対処と工夫」をワークシートに書いてもらい、班で話し合い、発表してもらいました。

　次ページの表にストレス対処のカテゴリーごとにみなさんが書いたものを記しました。太字がたくさん書いていたカテゴリーです。

　直前は、「深呼吸」がとても多かったです。呼吸法は心を落ち着けるとてもよい方法です。息を吸うのが緊張・吐くのがリラックス、落ち着きたいときは、息をゆっくり吐いていきます。吐いていくときに落ち着く感じがしていきます。保健室の先生からみんなが呼吸法を学んでいることを聞いていましたよ。ゆっくり吐いていくと、心拍がゆっくりとなり、とても効果的ですよ。1週間前は、圧倒的に

「練習する」「勉強する」でした。これは問題に立ち向かう対処です。

　嫌なことを言われたときは、「無視する、スルーする、ほっておくなど」の「スルー」が最も多かったです。嫌な言葉をのみこんだら、体にストレスがたまるので、飲み込むよりは良い対処だと思います。

　言葉をボールと考えたら、強いボールをまともに体で受けるとダメージを受けますよね。だから、かわすのは正解ですよね。でも、強いボールを投げる人に「どうしてそんなボールを投げるの？投げるのならルールを作って言葉のキャッチボールしようよ」とか、「そんなひどいこと言われたら傷つくよ、悲しい気もちになるよ」「ひょっとして、いやな事があってやつあたりしているの」とか問題に立ち向かう対処も考えておくといいですよ。

　問題に立ち向かう対処と気持ちについての対処をバランスよく身につけるといいですよ。そして、ひとりでかかえないで、人に相談する対処をとりいれるといいですよ。相談は、問題に立ち向かう対処ですからね。

　そして、試合やテスト発表の前日眠れないときの眠りのためのリラックスを一緒にしましたね。ポイントは、お布団で、体にぎゅーっと力をいれてふわーっと力をぬいていきます。オリンピック選手もやっているリラックス法を紹介しました。

　そして、本番の直前は、「落ち着くためのリラックス法」を「肩あげてストン・ゆっくり、肩ひらいてストン・ゆっくり」をアニメ動画みながらやりましたね。背を立てておなかに手をあてて、ゆっくり息を吐く呼吸法も落ち着くためのよい方法ですよ。

　つぎに、怒り・イライラしたときの対処法をぷんぷんの顔のまねっこで体験してもらおうとトミーは提案しました。でも、みんな笑って怒りの顔をしてくれませんでした。トミーが「あっちいって！」とちょっといやな言葉をなげかけても、きょとん？トミーは、困りました。そのとき、「『ゲーム禁止』と言われたら腹が立つ！」とある児童が言ってくれて、みんなも「そうそう」と。それで、担任の先生が親の演技をしてくれましたね。「いつまでゲームやっ

いのちの教育

表　ストレス対処のカテゴリー

対処カテゴリー		直前	1週間前	いやなこと言われた
問題に立ち向かう対処（ストレッサーへの対処）		（ボールが）飛んできたとき、自分の動きをなんとおりか考える	満足できるまで練習する、完ぺきって思うまで練習・勉強する、	たまに言い返す、冷静にどっちが悪いか考える、なにがあったのかふりかえる
気もちについてセルフケア対処（ストレス反応への対処）	リラックス	深呼吸・軽くストレッチ・目をつぶる・力をいれて一気にぬく		深呼吸をする、心をおちつかせる
	アクティベーション	声をだしてもりあげる、気もちをあげる、気合いをいれる		
	心のなかで思うこと（自分へのメッセージ）	「できる」と心の中で思う、お経をとなえる		軽い気もちでいっているんだなと思う
	さける・スルーする			無視する、忘れる、気にしない、ほっておく、自分のことだと思わない、スルーする、話をながす、頭から消す、なかったことにする
	気分きりかえ（からだをいたわる）		ごはんをたべる、ねる	泣く、笑う、大声をだす、音楽を聞く、友だちと遊ぶ、ハムスターをみる、帰ってユーチューブみる、好きなことをする、本を読む
	やりすぎに気をつけて		ゲームをする	まくらにやつあたり、ソファをなぐる、おかしで気をまぎらわす
	サポート	友だちと話す		そうだんする

とるのか！」「ゲームを取り上げるぞ！」児童たちは、「うるさい」「取り上げるなら、取り上げてみたらー」。教室は爆笑でしたね。

「親に向かってうるさいとはなんじゃい！」と親が言うと、けんかになるよね。「いまやめようと思っていたのに」と児童の立場になって言うと、多くの児童が「そうそう」。「親は心のなかでどう思って、叱っているのでしょうか」「あなたのことが心配なのよ」と思っていないかな。「ぼくのこと・私のことを心配してくれるのは嬉しいけど、今やめようと思っていたところだったの。そんな頭ごなしに言われるとかえって腹が立っちゃうよ」とトミーが児童役を演じると、「そんなこと言ったらひどく叱られる！」と言った児童さんもいましたね。

保護者のみなさまへ

私メッセージでお子さんに声をかけてください。「お母さん（お父さん）は、あなたのことが心配なのよ。ゲームに夢中になって眠り時間が短くなって、昼間勉強に集中できないのではって」。また、ストレス対処のチェックリストから、「悲しみや怒りを人に知られないようにする」に「非常にそう」にチェッ

クをいれているお子さんは、ストレス反応（眠れない、イライラする、など）が高いです。「自分の怒りや悲しみを表現することはいいことだよ」と言ってあげるとよいです。

4）つらい記憶や気分を抱えた時自他を傷つけない対処を学ぶ

自傷をする児童生徒と養護教諭は出会うことが多いです。自傷はβ-エンドルフィンなどの脳内ホルモンが分泌し、嫌な気分を和らげる効果があることがわかっています。しかし、くり返すうちに、その効果が弱くなり傷が深くなり、心配なのです。

つらい気分になったとき、自他を傷つけないで、その気分を和らげる方法を複数提案し、寄り添いながら適切な対処法を共に探していくことです（社会応援ネットワーク、2022：34-35p）。

5）災害後の心の復興と暴力トラウマとその回復を学ぶ

災害や暴力によるトラウマは、人生にネガティブな影響を及ぼすことがあります。トラウマ記憶は凍り付いた記憶の箱に喩えられます。トラウマを経験した人のうち回復する人とPTSDなどのストレス障害に移行する人に分かれていきます。

性暴力はストレス障害の有病率が50％ととくに高いです。また、過去に虐待を経験していた人が災害を経験するとストレス障害の有病率が高くなることもわかっています。

震災を経験した地域の子どもたちがコロナ禍で不登校・暴力などがとくに増加しているのは、このためです。

しかし、トラウマの回復の方法を学ぶ心の健康授業を組織的に展開すれば、子どもがトラウマ・

ストレスをコントロールでき落ち着いた生活が送れる可能性が高まります。

トラウマ反応の一つである回避と自責などの否定的思考はストレス障害のリスクです。トリガー（トラウマ体験に関連する安全なきっかけ刺激；「津波」「性被害」という言葉や防災学習や津波の映像など）を強く回避し続けることは再体験反応を維持してしまうことがわかっています。

トラウマからの回復には「安全・安心、絆そして表現・チャレンジ」の体験が必須です。「津波」という言葉は家を壊さないですよね。落ち着いて津波という言葉を使えるようになると、つぎの災害に備える防災教育を学ぶことができます。

しかし、あまりに苦痛を喚起するトリガー（津波の映像など）には、被災（被害）を経験した人が主体的にチャレンジしようとするまでは、社会は配慮する必要があります。防災教育は被災地ではトリガーになりますが、提案の仕方によっては、少しずつのチャレンジになり、回復を促進します。ですから、防災教育と心のケアはセットで学ぶ必要があります。

トラウマからの回復については、社会応援ネットワーク制作のアニメ動画（約10分）「ガンバのトラウマチャレンジ」も参考にしてください。

児童生徒一人ひとりの強みを応援する

学期のはじめには、自分の好きな食べ物・好きなこと・最近がんばっていること・得意なこと・将来の夢と自画像を描いた自己紹介を教室の壁に貼っているクラスがありますね。学校では、自分の夢を友だち・教員・家族から応援してもらうと力が湧いてくることを一貫して子どもたちが実感できる仕組みを作りたいですね。

日本では学級活動に位置付けられていますが、これも心の健康授業でどのクラスでも実施するとなればいいですね。ポジティブ・メンタルヘルスやセルフエフィカシー・トレーニングを日本でも心の健康授業として取り組める国にできればいいですね。

全学年で心の健康授業をやる国にするには

現行、小・中9年間で「道徳授業」は314時間、「心の健康授業」は、保健の小5で3時間、中1で4時間の計7時間のみです。心の健康は学級活動や総合的な学習でもしてよいとなっていますが、「してもよい」と「やる」には大きな違いがあります。

被災地で行ってきた心のサポート授業は道徳の教科化で道徳の時間にできなくなりました。道徳の教科化で良かったのは、どのクラスでも画一的に道徳を学ぶことができるようになったことです。もちろん、謝罪をしたかわからない「卒業文集の最後の2行」などの教材は再考を要するでしょう。

心の健康授業もどのクラスでも「やる」国にすべきです。中央教育審議会の答申に基づき作成された教育振興基本計画（令和5（2023）年6月）では、「豊かな心の育成」（目標2）の施策で、道徳教育の推進が主要な柱とされています。

一方、自殺や性暴力未然防止教育も推進しています。しかし、それらは保健で主に教えられる内容です。そのため、次期の学習指導要領改訂では、保健の授業を小1から高3まで授業時間数を増やすか、特別の教科・道徳を特別の教科・「心の教育」とし、「心の教育」に「道徳」と「心の健康」（時間数は要検討）の両輪を置く改革が必要です。

道徳で自助共助を育ててきた日本社会に根差したWell-beingと体育と健康教育で心身一如のWell-beingのバランスのとれたWell-beingを実現できる日本へと、声をあげましょう。

文献
江川新一（2022）パンデミックを災害と考える　日本職業・災害医学会誌，70：59-62
WHO (World Health Organization)(2020.2).Social Stigma associated with COVID-19. A guide to preventing and addressing social stigma.
岩手県教育委員会（2023）令和4年度「心とからだの健康観察」アンケートの集計結果について（https://www.pref.iwate.jp/kyoikubunka/kyoiku/gakkou/seitoshidou/1028222.html）
冨永良喜（2014）災害・事件後の子どもの心理支援．創元社
大塚芳生・藤野亮・冨永良喜（2019）大地震後の中学生の心理教育のためのストレス尺度に関する研究-中学生版15項目の信頼性と妥当性検討-，ストレスマネジメント研究，vol.15.No.2
兵庫県心の教育総合センター（2012）心の健康教育プログラム（http://www.hyogo-c.ed.jp/~kenshusho/07kokoro/H23/kokoronokenkou.pdf）
社会応援ネットワーク・冨永良喜（監修）（2022）14歳からのストレスと心のケア．太田出版
社会応援ネットワーク・こころの健康サポート部・よみもの＆動画https://kokoro-support.info/column-cat/read/

いのちの教育

子ども時代における＜いのち＞の認識の発達過程

梅花女子大学　心理こども学部　准教授　目久田純一

● ますます重要視される いのちの教育

　2022年度は「生きる力、学びの、その先へ」をテーマに掲げた新しい学習指導要領に基づく教育が、高等学校（高等部）でも開始されました。当該年度をもって、2018年度に幼稚園（幼稚部）から開始された新しい教育が、全ての学校種で適用されたことになります。

　新しい学習指導要領では、いのちの教育が従来よりも重視されています。新旧の学習指導要領解説（総則編）を比較すると、平成20（2008）年・21（2009）年改訂版（旧版）では、小学校、中学校、高等学校で順に4回、6回、24回だった「生命」および「命」という単語の登場回数が、新版では順に34回、32回、36回というように、小・中学校において大きく増加しています。

　新しい学習指導要領解説（総則編）では、いのちに関する表現にも大きな変化が認められます。小・中学校の旧版では、いのちについて「尊重」あるいは「畏敬の念」のわずか2つの表現しか確認されませんでしたが、新版では、たとえば、「有限性」「かけがえのなさ」「慈しみ、畏れ、敬い、…思いやり」あるいは「あらゆる生命との関係や調和の中で…」など、いのちの教育の目標が豊かな表現をもって説明されています。

　このように、近年ますます重要視されているいのちの教育ですが、そもそも子どもたちは、いのちをどのように捉えているのでしょうか。子どもたちの発達に則した教育の重要性に鑑みて、本稿では子どもたちが抱くいのちの概念の様相について、発達心理学の知見を紹介したいと思います。

● 子どもたちは何歳ごろから いのちを認識できるのか？

　子どもたちは何歳頃から、目に見えない「いのち」というものを認識できるようになるのでしょうか。ジャン・ピアジェ（1926/1955）によれば、6歳頃までの子どもたちの思考はアニミズムと呼ばれる心性に支配されているために、この世に存在する全ての物にいのちが宿っていると認識しています。確かに「お月さんが追いかけてくる」と笑いながら月と追いかけっこを楽しむ子どもの姿には、万物にいのちを認識するアニミズムが反映されています。およそ6歳以降から動き方を手がかりにいのちのある存在と無い存在の違いを判断するようになり、11歳以降になってようやく動物のみにいのちを認識できるようになる、とピアジェは考えました。

　その後の研究で、子どもたちはピアジェが考えたよりも早く、また動き以外にもさまざまな特徴を手がかりにして、いのちのある存在と無い存在とを識別できる、ということがわかっています。

　堅田（1974）は、子どもたち一人ひとりに対して動物のウサギと玩具のウサギを呈示し、それぞれについて「生きているか否か」を尋ね、子どもたちが語る理由を分析することで、子どもたちがいのちをどのように認識しているのかを調べました。その結果、5歳児でも35％が適切な根拠をもって動物と玩具の違いを認識していました。そして、6歳で約70％、7歳で90％、9歳で100％の子どもたちがいのちのある存在と無い存在を明確に識別するこ

表1　いのちのある存在とない存在の判断において5歳児が言及した根拠の例（堅田の実験）

	いのちのある存在（動物・植物）	いのちのない存在（玩具・造花）	根拠のタイプ
ウサギ	自分で動く。さまざまな動きをする。	電池で動く。同じ動きしかしない。	動き
	おなかの中にはさまざまな物が入っている。	おなかの中は機械でできている。	形態
	食べ物を食べることができる。	食べ物を食べることができない。	食物
	お母さんから生まれた。	おもちゃ屋に売られている。	発生
菊の花	押したら汁が出る。	押しても何も出てこない。	体質
	花弁が落ちる。	枯れない。	死
	水がいる。水が入ると大きくなる。	水がいらない。	水
	だんだん咲いてくる。	そのまま咲かない。（変わらない）	成長
	種から発生した。本当のもの。	造られたもの。偽物。	発生

（注）堅田（1974）のTable4を一部改変して転載。

とができました。

　5歳児がいのちのある存在か否かの判断で言及した根拠の例を表1に示します。「動き」だけでなく、「発生」の形態や「成長」の有無などについても言及されていることからも明らかなとおり、幼い子どもたちも、ピアジェが考えたよりも実に多様な視点からいのちを見つめていることがわかります。さらに、年齢の増加に伴って、徐々にこれらの視点の根拠としての重要度の優劣が認識されるようになります。具体的には、いのちの有無を判断する上で、7～8歳頃になると内的な要素（感覚・感情・思考・欲求の有無）が重視されるようになる一方で、動きといった外的な要素は重視されなくなっていきます（宮本・田部・吉田・東，1967）。

子どもたちが抱くいのちのイメージ

　大井（2010）は小学生（3～6年生）に15個の形容詞対（例：明るい―暗い）を呈示して、いのちに関するイメージを評価してもらい、「いのち」について小学生がイメージする形容詞の特徴について検討しました。その結果、「嬉しい」「元気な」「生き生きした」「重い」「深い」「優しい」「温かい」等といった形容詞から「いのち」がイメージされる傾向が明らかにされました。この結果に基づき、大井は「児童期において、いのちは死よりも生に近似した性質を持つものである」と結論づけています。

　大井とは異なる方法で子どもたちがイメージするいのちについて検討した研究があります。津野・石橋（2002）は、小学校3～6年生に対して「いのちと聞いてどのようなことを思いうかべるか」と尋ね、思いうかべた事柄を自由に書いてもらいました。その結果、予想どおり、どの学年においても「大切」「1つしかないもの」「むだにしてはいけないもの」といった、いのちの大切さに関する記述が多い傾向にありました。

　興味深い結果は、3年生において他の学年に比べて顕著に多く「死後の世界」に関する言及があったことです。子どもの死の概念の発達過程について検討した仲村（1994）によれば、6～8歳で死について現実的に理解できるようになります。もちろん、5歳児でも死の不可逆性（死んだら生き返れない）を理解していますが、普遍性（全員がいつかは死ぬ）の理解は難しく、自分自身にも起きること（自分事）として死を理解することができません。6～8歳という年齢に至って、ようやく自分事として死を捉えられるようになることから死への関心が増加し、9～11歳頃には「私は、死んだらどこに行くのだろう？」というように、自分の死や死後の世界に強く興味を抱くようになります。それと同時に、死に対する恐怖や不安を和らげて死を肯定的に受容するために、生まれかわりや死後の世界といった死生観を形成していくと考えられています（隈部，2003）。実際に、児童期においては年齢が増加するほど「霊」「魂」「天国」「生まれかわる」といった死後観が増加し、12～13歳の小学生の75％がこのような死生観を有しています（仲村，1994）。

　津野・石橋（2002）の調査について、もう一つ注

いのちの教育

目したい結果があります。それは、6年生において「自然や生き物」に関する言及が顕著に増加することです。6年生は、いのちから「動物」「植物」「自然」「地球」といった類のことを数多く連想するようです。この調査が2〜3月にかけて実施されたことを考慮すると、これは6年生における「人間と動植物・自然環境とのつながり」に関する理科や道徳科での学びが反映された結果かもしれません。このような学びの中で、厳しい生存競争の中で気高く生きる動植物にいのちの美しさや儚さを感じたり、人間もそのような動植物のいのちの輪の一部であることを実感したりすることにより、子どもたちはいのちを「自分事」として捉えられる段階から「私たち事」として捉えられる段階に進んでいくのかもしれません。

児童期の後半に至っていのちに対するイメージが大きく変化し、死について必ずしもネガティブではないイメージが形成されていきます。小学生を対象に死のイメージを調査した山岸・森川（1995）は、小学校5年生においてはネガティブなイメージと一緒にポジティブなイメージ（例：きれいな）も抱かれるようになることを報告しています。さらに、丹下（2004）は中学1年生から高校3年生までを対象に死に対する態度の調査を実施しました。その結果、年齢が進むにつれて「必ずいのちを全うしなければいけない」と考える生徒が減少し、反対に死を一種の苦しみからの解放であると考える生徒が増加していました。

自殺件数には中学生以降の年代で激増するという一貫した傾向が認められています。この背景には、死に対して「悪い」や「嫌だ」と感情的かつ一面的に捉える段階から「必ずしも悪いとは限らない」と多面的に思考できる段階への移行といった、認知の発達が根底にあると考えられます。

● 子どもたちの発達に則したいのちの授業

ここでは、より実践的な見地からいのちの認識に関する発達過程と教育実践を考えたいと思います。東京学芸大学附属学校合同研究会（山崎・関・清水他, 2006）は、子どもたちがいのちに対して抱くイメージについて調査し、表2に掲げる6つの側面を特定しました。その上で、学年による興味関心の違いを指摘し、「『いのちは大切だ』という点のみに焦点を当てるのではなく、児童の発達段階や学級の実態に応じてさまざまな側面に触れることが重要である」と仮定しました。道徳の授業を実施する前に表2の6側面12項目を子どもたちに呈示し、「どの言葉が一番大事だと思いますか」と尋ね、子どもたちから高く評価された項目（分類）に基づいて授業を計画し、その授業実践の成果を報告しています。その具体例を挙げると、小学校2年生のクラスでは、表2の「価値」と「機能性」の価値を高く評価する子どもたちが多かったことから、「機能性」に焦点を当て、「かさぶたくん」（やぎゅう げんいちろう作）の絵本を教材に採用しています。教員が子どもたちに絵本を読み聞かせ、血液（かさぶた）の働きについて意見交換した上で、血液（かさぶた）と自分自身の怪我や病気の経験を重ね合わせて、いのち／生きることについて考える、という実践が報告されています。

河村（2011）は、山崎・関・清水他（2006）によって提唱された子どもの生命観の6つの要素について、独自に1047名の小学生を対象にした大規模な調査を実施し、意識のされやすさに発達的な順序があることを発見しました。すなわち、低学年から高学年にかけて順に「機能性」「有限性」「関係性と連続性」、そして「価値と感覚性」へと子どもたちの関心が高まる傾向にありました。その上で、理科においては「機能性」から順に子どもたちの関心を高めていき、反対に道徳科においては「価値と感覚性」から順に子どもたちにアプローチしていくことが効果的であると述べています。

このように、いのちに関する授業を実施する際には、子どもたちの発達段階および興味関心に配慮することが重要です。津野・石橋（2002）は、小学3〜6年生の子どもたちに「死やいのちについて学校で学びたいか」を尋ねました。その結果、約

表2 子どもたちがイメージするいのちの6つの側面

分類	質問項目	児童から共感された項目の比率			
		2年生	4年生	5年生	6年生
価値	いのちは大切だ。 いのちは、なにものにもかえられない。	34.60	33.24	35.48	36.40
有限性	いのちには限りがある。 いのちは、なくしたら元にはもどらない。	16.03	9.01	15.74	16.67
機能性	いのちは、みんなが一つもっている。 いのちは、どんなときも休まずに動いている。	17.30	15.21	5.99	8.77
関係性	いのちは、なくすと悲しむ人がいる。 いろいろな食べ物からいのちをもらっている。	9.28	14.37	15.96	14.91
連続性	いのちは、親から子どもへとうけつがれる。 いのちは大昔から今、そして未来へとつながっている。	13.08	11.55	7.54	6.14
感覚性	いのちは輝いている。 いのちはすばらしい。	9.70	16.62	19.29	17.11

（注）山崎・関・清水他（2006）に基づいて作成。

60％の子どもが死について学びたくないと回答し、約20％の子どもがいのちについて学びたくないと回答しました。つまり、死に関するテーマを学校で扱うことについては多数の子どもたちが抵抗感を抱いており、少なくない数の子どもたちがいのちに関するテーマを扱うことにも抵抗感を抱いているようです。いのちの教育に対する子どもたちのレディネス（発達段階、抵抗感の度合いや事前の経験、あるいは興味関心など）を充分に考慮しましょう。その上で、いのちに関する直接的な議論にこだわらず、ここで紹介したように、理科や道徳科など既存の教育課程を最大限活用しながら、子どもたちが不安や恐怖を感じずに主体的に学ぶことのできる授業を目指しましょう。

おわりに 〜保健室におけるいのちの教育〜

新型コロナウイルス感染症の流行を経て、保健室では子どもたちから希死念慮や自殺念慮を打ち明けられることがより一層増えたのではないでしょうか。とくに自殺念慮には話に具体性や計画性がありますし、聴いているほうの心理的負担も大きいですから「そんなこと考えちゃダメ」と言ったり話題を替えたりして、つい話を遮りたくなります。

しかし、見方を変えると、養護教諭に自殺念慮を打ち明けている時間は、その子どもが自分のいのちに関心を向け、言語化しながら考えている時間であるとも捉えられます。そこで表現されるいのちのイメージは、本稿で紹介した一般的な子どもたちが抱くイメージとは異なるでしょうし、教育の手段も教材「かさぶたくん」を用いた活動とは異なります。つまり、教室ではもっぱら発達支援・予防型のいのちの教育が展開されますが、保健室ではこれらに加えて、カウンセリング技法を駆使した困難課題対応型のいのちの教育も求められます。

困難課題対応型のいのちの教育でも、大切なことは変わりません。それは、子どもたちの発達、興味関心、そしてイメージに則したいのちの教育を提供することであり、子どもたちの語りを遮らずに話を聴き続けることです。保健室で子どもが死に関する言葉を発したら、困難課題対応型のいのちの教育を始める合図だと認識しましょう。そして、「どうしたの？先生に詳しく話してくれる？」などと話を促し、子どもがその瞬間に関心を向けて表現しているいのちの側面（生も死も含む）について、一緒に向き合ってあげてください。

引用文献
- 堅田弥生（1974）．幼児・児童における生命概念の発達 その1：生命認識の手がかりとその変化 教育心理学研究,22,31-39.
- 河村泰代（2011）．『生命の教育』に関する開発研究：生命観を捉える6つの視点と『生命の教育』指導構想の提言 教師教育研究,7,103-114.
- 隈昌知更（2003）．DAP-R日本語版内容的妥当性：死への態度と信仰の関係 心理臨床学研究,20,601-607.
- 宮本美沙子・田部洋子・吉田薩子・東洋（1967）．児童の生命の概念とその手がかりの発達 教育心理学研究,17,21-27.
- 仲村照子（1994）．子どもの死の概念 発達心理学研究,5,61-71.
- 大井妙子（2010）．児童期における「いのち」イメージの発達的変化および性差に関する研究：SD法を用いた測定の試み 九州大学心理学研究,11,119-126.
- ピアジェ（1926）．La représentation du monde chez l'enfant. Geneve: Instivt J-J ROUSSEAU. 大伴茂（1955）（訳）児童の世界観 同文書院
- 丹下智香子（2004）．青年前期・中期における死に対する態度の変化 発達心理学研究,15,65-76.
- 津野博美・石橋尚子（2002）．子どもの生と死の認識といのちの教育 子ども社会研究,8,23-39.
- 山岸明子・森川由美子（1995）．子供の死の概念の発達：認知発達による変化と大人の考え方への同化の観点から 順天堂医療短期大学紀要,6,66-75.
- 山崎高志・関祐一・清水保徳・井熊理恵・和井内良樹・前田良子・星野典靖（2006）．子どもの意識に根ざした道徳指導方法の開発・改善：生命尊重を中心に 東京学芸大学附属学校研究紀要,33,21-39.

いのちの教育

〈いのち〉の教育と教育課程

一般社団法人Clerc　子どものいのちと権利の教育研究会　代表理事
元 関西学院大学教授　五百住 満

はじめに

学校教育で、いのちに関わる学習については、小学校学習指導要領第3章特別の教科 道徳「内容」のDで「主として生命や自然、崇高なものとのかかわりに関すること」と定めており、小学校低学年で「生きることのすばらしさを知り、生命を大切にすること」、小学校中学年で「生命の尊さを知り、生命あるものを大切にすること」、小学校高学年で「生命が多くの生命のつながりのあるかけがえのないものであることを理解し、生命を尊重すること」、中学校で「生命の尊さについて、その連続性や有限性なども含めて理解し、かけがえのない生命を尊重すること」を指導するよう提起しています。

このように、学校において、生命について知的理解を求めることや生命の重要性を強調することは示されていますが、「生命の尊厳や重み」を具体的にどう教えていくのかは重要な課題となっています。

単に、子どもに「いのち」を概念的に捉えさせるだけでは、真に「いのちは大切」であると実感として捉えさせることはできません。そこで、具体的な指導場面において、いのちあるものの死まで見据えて「いのちはなぜ大切なのか」「どうして大切にしなければならないのか」を発見させ、「いのち」を実感を伴って深く捉えさせ、その尊さに気づかせていく取組が必要であると考えます。

「いのちの大切さ」を実感させる効果の検証から「いのちの大切さ」を実感させる教育の方向性を考える

子どもたちに「いのちの大切さ」を実感させるには、まず、大人たちが豊かな感性をもち、実生活においてさまざまな他者との関わりを深め、その中で自他の命と向き合っていくということが必要です。このような大人たちの生きることへの真摯なまなざしが、子どもたちにいのちの大切さと向き合う力を与えることができると考えます。

また、「いのちの大切さ」を実感させるには、死の普遍性（自分も含めすべての生命にやがては死が訪れる）と死の絶対性（死んだら生き返ることはない）を理解させていくことが重要ですが、じつはそのかけがえのない命も、祖先から受け継がれてきており、命はいろんな命とつながって互いに支え合っているのだと感じ取らせたときに初めて子どもたちは、生きていることのすばらしさや感謝の気持ちをもつことができると思います。兵庫県立教育研修所　心の教育総合センターから出された「命の大切さ」を実感させる教育への提言（平成19年3月）の中で、いのちの大切さを実感させるための教育プログラム指針として次の5つをあげています。

（1）誕生の喜びと感動
・さまざまな生命の誕生にふれるとともに、自分の命が自分を取り巻く多くの人々の愛情に支えられて生かされていることの実感をもつ。
・生命の誕生の過程について学ぶことなどをとおして、生命の尊厳を体感し、過去から未来へとつながる命を感じ、自分の命のみならず、他者や小さな命を慈しみ大切にしようとする心情や態度を培う。

（2）成長の支援への感謝
・自分の成長をふり返り、成長を実感することで自

分が存在することへの喜びを感じる。
・保育体験学習などをとおして、自分の成長を支えてくれた周りの人たちへの感謝の気持ちをもつ。
・親世代や高齢者とのふれあいをとおして、過去から未来へとつながる命を感じる。
・地域や社会への貢献をとおして、社会の一員としての自分を感じ、人に支えられて成長してきたことを自覚し、人を支えることの喜びを感じる。

（3）限りある命の尊さ
・身近な人との関わりの中で、老いや病にふれる体験や死の悲しみにふれる体験から命の有限性や死の普遍性・絶対性に気づき、自他の命のかけがえのなさに思いをはせる。
・死の悲しみや苦しみに向き合う人々の思いに接し、人とのつながりを感じ、強く生きようとする心について考える。

（4）理解し合う心に支えられた命
・家族や親しい人たちとのコミュニケーションを基本にして、心の通い合う適切なコミュニケーションの手段を学ぶ。
・仮想現実と現実の区別をはっきり認識し、社会の中でのマナーや望ましい人間関係についても考える。

（5）尊い命を守るために
・命を脅かす行為に対しては未然に防ぐ対策を、自然災害に対しては、その被害を最小限にくいとめる知恵を学ぶ。
・命を脅かすさまざまな行為に対して毅然と立ち向かい、克服していこうとする態度を養う。さらに、このことをとおして、子どもたちと大人が共にかけがえのない命を実感し、自他の命を守っていこうとする姿勢を持つ。

●「いのちの大切さ」を実感させる授業について

そこで、「いのちの大切さ」を実感させる授業の在り方について、次のような事例を提案することで考えてみました。

「限りある命の尊さ」を考える授業の一事例（小学校高学年）

1）テーマ　生きること
2）ねらい　死の悲しみや苦しみと向き合う人々の思いにふれ、困難な中でも強く生きようとする心について考える。
3）ねらいとする価値　養護教諭やゲストティーチャー等の話から、生命のかけがえのなさや有限性を理解し、自他の生命を尊重する態度を身につけるようにしたい。
4）「いのちの教育」を軸にしたカリキュラム・マネジメント
　横断的な教育課程の編成と全教員が共通理解し、チームとして授業へ関わり、各教科等の相互の関連付けや横断を図る手だてを下記の視点から整理する。
　＜道徳科＞○主として生命や自然、崇高なものとの関わりに関すること
　　・よりよく生きようとする人間の強さや気高さを理解し、人間として生きる喜びを感じること。
　＜総合的な学習＞○探究課題の解決を通して育成を目指す具体的な資質・能力について配慮すること
　　・学びに向かう力、人間性等については、自分自身に関することおよび他者や社会との関わりに関することの両方の視点を踏まえること。
　＜体育科・保健体育科＞○保健…心の健康について、課題を見つけ、その解決に向けて思考し判断するとともに、それらを表現すること
5）事前準備　・生と死に関するさまざまなテーマ、関連する情報などを収集し、考察しておく。
　　　　　　・医療機関等の関係者、養護教諭、担任と綿密な打ち合わせをする。
　　　　　　・現在悲嘆にある子どもが在籍する可能性もあるので、事前事後の個別指導を充実させる。

学習の流れ	指導のポイント
1. 闘病する人々や支える人たちに関する映像などを見て意見交換する。 　・病名告知　・生命倫理	【感動の体験】 ・人間の命の尊厳にふれさせる。 ・死というものを見つめ、生と死について考えること

いのちの教育

2. ゲストティーチャーなどの話を聞く。 　・ホスピス医、看護師、養護教諭などの体験談などを聞く。 　・命と向き合っている人の言葉 3. 人の命や生き方についての考察や議論を行う。 　・人の命の尊厳 　・命に関わる仕事について 4. ふり返りをする。 　・自分の心の動きをふり返らせる。	の大切さを実感させる。 【感性を育む】 ・悲しみや苦しみと向き合い、つらい中でもたくましく生きようとする人々の思いにふれ、生きることの素晴らしさを感じさせる。 【想像力の育成】 ・困難な中でも、それに打ち勝とうと立ち向かう人々の思いを推し量らせる。 ・さまざまな生や死についての体験や考察をとおして、限りある生を精いっぱい生きることの素晴らしさを実感させる。

 授業をふり返って

「いのちの教育」カリキュラムを基盤とする教育実践を行う中で、「いのちの大切さ」を実感として捉えることの大切さを認識し、それを積み重ねていく必要があります。

発達段階に応じて、体験的活動を充実させながら、子どもたち一人ひとりの自尊感情を育み、いのちの「関連性・連続性」、「有限性」、「不可逆性」を学びながら「いのちの大切さ」を実感させる教育を展開していくことは重要です。

今後、子どもたちにたくましく生きる力を培っていくためには、このような学習を深め、各教育現場においてすべての教員が協働し、家庭や地域とも連携しながら、組織的・計画的に実践していくことが大切です。

 自然災害から命の教育を考える

1995年に起きた阪神・淡路大震災や2011年の東日本大震災、2024年の能登半島地震では、とても多くの人の尊い命が奪われ、あらためていのちの大切さや重み・絆の大切さを実感させられました。しかし、それにもかかわらず未成年者による殺人事件やいじめ、それに伴う自殺など、いのちをめぐる問題はいっこうに減ることがありません。それらの事件の報道を目にするたびに、学校や社会でどうにかできなかったのだろうかと胸が痛みます。

子どもたち一人ひとりが自分を大切に思うことができていない限り、他者のいのちを大切にすることはできません。学校において、自他のいのちを大切にできる子どもを育てていくには、まず、教員一人ひとりが、子どもたちの心の成長やいのちに関わる内容について研修を深めるとともに、授業等を通して、子どもたちの生き方に影響を与える心の奥底の実感的基盤である感動をはじめとしたさまざまな体験から、感性を育み、いのちのかけがえのなさ、いのちがつながり合っていることなどに気付かせ、生きることの喜びを実感させる必要があります。

そのためには、養護教諭の役割は極めて重要です。子どもたちに生涯にわたって健康な生活を送るために必要な力を育成するために、養護教諭は、他の教職員や学校医等の専門スタッフ、家庭・地域と連携していくことが大切です。その中で、子どもたちに自らの心身の健康の保持増進を図るために必要な知識・技能を身に付けさせるとともに、心身の健康にとって望ましい行動を選択するために必要な自分自身を大切にすること（自己有用感・自己肯定感・自尊感情）や、物事をさまざまな角度から慎重に考え判断し、目標を決めて実現のために努力する力（意思決定・行動選択する力）、他の子どもたちと良い人間関係を保つ力（他者と関わる力）などを育成していくことが必要です。

主体的・対話的な深い学びで「いのち」の大切さを実感させる

「いのち」の大切さや重みを実感させる授業のねらいを達成させるための指導の3つのポイントとしては、いのちに関わる①感動の体験をどのようにさせるのか、②感性をどう豊かにしていくのか、③想像力にどのように働きかけていくのかが重要です。

平成28年12月の「中教審答申」では、「主体的・対話的な深い学び」を実現する授業改善の視点を次のようにあげています。

視点の第1は、「学ぶことに興味や関心を持ち、自己のキャリア形成の方向性と関連づけながら、見通しを持って粘り強く取り組み、自らの学習活動をふり返って次につなげる『主体的な学び』が実現できているか」であり、①問題発見・解決的な学習で問いを持たせる②予想や学習計画を立て学習の見通しを持たせることが大切です。

視点の第2は、「子ども同士の協働、教師や地域の人との対話、先哲の考え方を手掛かりに考えること等を通じ、自らの考えを広げ深める『対話的な学び』が実現できているか」で、①他者と対話したり体験したりして学ぶ場を設ける②対話につながるように言語活動を充実させることが大切です。

視点の第3は、「習得・活用・探究」の見通しの中で、教科等の特質に応じた見方や考え方を働かせて思考・判断・表現し、学習内容の深い理解につなげる『深い学び』を実現する。さらには、「見方・考え方」を養うためのふり返りの場を設けることが大切です。

「いのち」の大切さや重みを実感させるための「いのちの教育」では、先にあげた「いのち」の授業の指導3ポイントを明確に押さえながら、子どもが主体的に取り組む「主体的・対話的な深い学び」の授業を通して、子どもの心の成長や変容を支援していく必要があります。

そこで、「いのちの大切さ」を実感させる授業の在り方について、次のような事例を提案することにしました。

「いのちの大切さ」を実感させる授業について（中学校の事例を参考に）

ー養護教諭として授業に参画していく試みを通してー

1) **テーマ**　いのちの大切さを実感するー「生」と「死」を考えることを通して

2) **ねらい**　いのちや人権にかかる諸問題を学習していくことを通して、「生」と「死」について考えるとともに、支えられて生きていることの大切さに気づく。また、豊かな人間関係を築く力を身に付ける。

3) **指導のポイント**　【感動の体験】・いのちというものを見つめ、かけがえのないいのちを実感させる
   【感性を育む】・被災者の心の痛みを感じとらせる
   　　　　　　・苦難を乗り越えて生きていくことの大切さを感じとらせる
   【感動の体験】・人のために自分に何ができるか考える
   　　　　　　・周りの人と豊かな人間関係を築く力を身に付ける

4) **事前の教員研修**　・生徒のいのちに関する意識を把握し、共通理解する
   ・助産師や養護教諭から生命誕生、二次性徴の話を聞く
   ・災害復興にかかる研修を行うとともに、保護者等に協力を依頼することについて話し合う

5) **年間指導計画**
   目標：かけがえのないいのちを感じさせるとともに、自他の生き方やいのちを尊重しようとする心を持たせる

	学習活動	指導上の留意点
1学期	①誕生エピソードの紹介	①誕生エピソードを語り合うなかで、友だちも自分もかけがえのない存在であることに気づかせる。

いのちの教育

1学期	②互いのいいとこ探し ③メダカ等の飼育 ④妊婦・保護者・養護教諭の話を聞く 　（ゲストティーチャー）	②互いのよさを認め合うことで、自己肯定感を育てる。 ③メダカ等の産卵・孵化の様子を観察することで、いのちの誕生の神秘性を感じとらせる。 ④自分の存在が愛情に包まれたかけがえのない存在であることに気づかせる。
2学期	①赤ちゃんとのふれあい体験 　（養護教諭を中心に） ②いろいろな生き方に学ぶ 　（高齢者・障害者との交流体験） ③いのちを題材にした絵本を使った学習 ④ゲストティーチャーによる話「子育て日記」	①抱っこ、おむつ交換等を体験することで、自分が大切に育てられてきたことに気づく。（成長過程を捉える） ②高齢者や障害者との交流を通して、その生き方に学ぶ。 ③かけがえのないいのちと、いのちのつながりについて考える。 ④自らのいのちを支えてもらっていることに感謝の気持ちを持たせる。
3学期	①いのちの探検 　（いのちをテーマに写真を撮り発表） ②自然災害等の体験談から考える 　（震災支援派遣の養護教諭の体験から） ③互いのいいとこさがし ④いじめへの対応 ⑤情報モラルを考える	①自分のいのちが大切なのと同じように、みんなのいのちも大切であることに気づかせる。 ②死というものを見つめ、いのちの有限性や死の普遍性・絶対性を認識させるとともに、前向きに生きることの素晴らしさを実感させる。 ③互いのよさを認め合うことで、自己肯定感を育てる。 ④いじめを見抜き、なくす方法を考える。 ⑤仮想現実と現実の違いに気づかせる。メディアとの関わり方を考える。

6）本時

学習活動の流れ	指導上の留意点
1．東日本大震災等の映像等を見て意見交換する 2．1分間黙祷する 3．震災支援派遣の養護教諭の体験した話を聞き、個人でまとめる 　・当時の状況・様子を把握する 　・被災者の心情について考える 4．人の命や生き方についての考察や議論を行う 　・人の命の尊厳について考える 　・人々の支えについて考える 　・生き方について考える 5．ふり返りをする 　・自分の心の動きをふり返らせる	・実際に被害に遭った生徒がいる場合、事前に話を聞いておく等十分な配慮をする。 ・映像等から被害の大きさを確認させる。 ・被災者のつらさや悲しみにふれさせるとともに、前向きに生きようとする被災者の心の変化に目を向けさせる。 　（主体的に考える） 【感動の体験】【感性を育む】 ・死というものを見つめ、生と死について考えることの大切さ、前向きに生きようとする姿を実感させる。 　（対話的な深い学びをする） ・悲しみや苦しみと向き合い、つらい中でもたくましく生きようとする人々の思いにふれ、生きることの素晴らしさを感じさせる。 【想像力の育成】

おわりに

子どもたちが、いのちの大切さを実感していくには、「いのちの教育」のカリキュラムを確立し、「主体的・対話的な深い学び」を積み重ねていく必要があります。

そのためには、養護教諭は専門性を生かし、いのちへの関心が自然に喚起される環境づくりに努め、子どもたちが自分自身や友だちの存在を肯定できるような、より主体的・対話的な実践を担任や保護者、地域、専門機関とも連携しながら、組織的・計画的に実施していくことが大切です。

また、子どもの心身の健康問題に常に向き合っている養護教諭として、積極的に授業に参画し、教材・教具の研究、TTの授業や保護者等ゲストの授業参加を取り入れていくなど工夫することで、自他のいのちを大切にし、自らよりよき生活をしようとする子どもの育成が実現できるのではないかと考えます。

いのちの教育

児童生徒の自殺予防における養護教諭の役割

関西外国語大学教授　新井 肇

 保健室という場と養護教諭という存在

　「体がだるい、熱があるかも」、「おなかが痛いから、ちょっと休ませて」、「疲れた、もう帰りたい」、そんな訴えで保健室を訪れる児童生徒も少なくないのではないでしょうか。保健室は、かぜとか腹痛というだけでなく、勉強や友だちとの関係に疲れていたり、進路や家庭の問題で悩んでいたりする児童生徒が、「保健室ならいられる」とか「保健室は何となく落ち着く」と、体だけでなく心のケアを求めてやって来る場であるとも言えます。また、さまざまな事情により保健室登校をしている児童生徒にとっては、次の活動に備えてエネルギーを蓄える場ともなっています。

　教員をめざす大学生に保健室のイメージを尋ねると「具合が悪い人が行くところだから、教室から離れることを友だちや先生から認めてもらえる」、「勉強と関係ないゆったりとした時間を過ごせる」、「学校のなかの隠れ家のような落ち着く部屋」というような答えが返ってきます。教室とは違う特別な空間として、ちょっとした悩みを抱えた児童生徒にとって癒しの効果をもつ場であると捉えることができます。

　また、中央教育審議会の『チームとしての学校の在り方と今後の改善方策について』（文部科学省, 2015）のなかで、養護教諭は、その職務の特質から、児童生徒の身体的不調を通して背景にあるものにいち早く気付くことのできる立場にあること、健康相談において重要な役割を担っていること、教諭とは異なる専門性を持っていることなどから、生徒指導においても重要な役割を担っていると指摘されています。つまり、養護教諭は学校において、①健康観察を通じて児童生徒の危機のサインを発見できる、②児童生徒と病気等を理由にゆっくりと話ができ、本音を聴くことができる、③成績評価に関係しないので、自分を丸ごと抱えてもらえるという安心感をもたれる、④病気や怪我等についての専門知識をもっているので苦しいときに頼られる、といった特別な存在として位置付けられています。2022年12月に改訂された『生徒指導提要』（以下『新提要』と表記）（文部科学省, 2022）では、養護教諭は、「児童生徒の心身の状況についての問題の発見者・情報収集者（アセスメント）、予防的・治療的相談者（カウンセリング）、学級・ホームルーム担任や保護者への助言者（コンサルテーション）、専門機関の紹介や援助資源の連絡調整役（コーディネーション）など幅広い役割の担い手」（同書p.279）であると示されています。

　したがって、養護教諭は学校の教育相談活動において中核的な位置を占め、問題を抱えて危機に陥った（あるいは陥りつつある）児童生徒へのチーム支援には欠かすことのできない存在と言えます。また、自殺未遂や既遂、自傷行為等の生命に関わる深刻な事態が生じたときには、当該児童生徒や周囲の児童生徒、保護者や教職員の心のケアを進める中心としての役割を果たすことになります。

 自殺予防の3段階と学校の取組

　『新提要』において、「生涯にわたる精神保健の観点から全ての児童生徒を対象とする『自殺予防

いのちの教育

表　学校における自殺予防の3段階（『新提要』p.193）

段落	内容	対象者	学校の対応	具体的な取組例
予防活動 プリベンション	各教職員研修	全ての教職員	校内研修会等の実施	教職員向けゲートキーパー研修
	自殺予防教育及び児童生徒の心の安定	全ての児童生徒	授業の実施（SOSの出し方に関する教育を含む自殺予防教育、および自殺予防につながる教科等での学習） 日常的教育相談活動	・自殺予防教育 ・生と死の教育 ・ストレスマネジメント教育 ・教育相談週間 ・アンケート
	保護者への普及啓発	全ての保護者	研修会等の実施	保護者向けゲートキーパー研修
危機介入 インターベンション	自殺の危機の早期発見とリスクの軽減	自殺の危機が高いと考えられる児童生徒	校内連携型危機対応チーム（必要に応じて教育委員会等への支援要請）	・緊急ケース会議（アセスメントと対応） ・本人の安全確保と心のケア
	自殺未遂後の対応	自殺未遂者と影響を受ける児童生徒	校内連携型危機対応チーム（教育委員会等への支援要請は必須）、もしくは状況に応じて（校内で発生、目撃者多数などの場合）ネットワーク型緊急支援チーム	・緊急ケース会議 ・心のケア会議 ・本人及び周囲の児童生徒への心のケア
事後対応 ポストベンション	自殺発生後の危機対応・危機管理と遺された周囲の者への心のケア	遺族と影響を受ける児童生徒・教職員	ネットワーク型危機対応チーム（校内連携型危機対応チーム、教育委員会等、関係機関の連携・協働による危機管理体制の構築）	・ネットワーク型緊急支援会議 ・心のケア会議 ・遺族、周囲の児童生徒、教職員への心のケア ・保護者会

教育』と、自殺の危険の高い児童生徒への直接的支援としての『危機介入』を並行して進めること」（同書p.189）が、学校が取り組むべき自殺予防の方向性として示されました。

自殺予防は、「自殺を未然に防ぐための日常の相談活動や自殺予防教育などの『予防活動』（プリベンション）、自殺の危険にいち早く気付き対処して自殺を未然に防ぐ『危機介入』（インターベンション）、不幸にして自殺が起きてしまったときの遺された者への心のケアを含む『事後対応』（ポストベンション）の3段階」（同書p.193）から構成されます。事後対応も自殺予防に含まれるのは、遺された者への心のケアが不十分であると、将来的に自殺の危険を高めたり、最悪の場合には自殺の連鎖を引き起こしたりしてしまうことがあるからです。この3段階の取組が相互に連動することで、包括的な自殺予防が可能になると考えられます。

この3段階に応じた学校の体制と具体的な取組の例を示したものが上の表です。

養護教諭は、予防活動を進める教育相談体制の、また、危機介入時や事後対応時の「校内連携型危機対応チーム」や「ネットワーク型緊急支援チーム」の中心メンバーとして、学校内外の連携の要（コーディネーター）となることが期待されます。

自殺予防の重層的支援構造と養護教諭に求められる役割

自殺予防を生徒指導の観点から捉えると、「予防活動」のなかでも、①児童生徒が困ったときに相談できる体制をつくるなど安全・安心な学校環境を整えたり、すべての児童生徒を対象に「命の教育」などを通じて「未来を生きぬく力」を身に付けるように働きかけたりすること（自殺予防教育の「下地づくり」）は、自殺予防につながる「**発達支持的生徒指導**」と言えます。②文部科学省が推進している「SOSの出し方に関する教育を含む自殺予防教育」のなかの「核となる授業」は、「**課題未然防止教育**」として位置付けることができます。さらに、③教職員が自殺の危険が高まった児童生徒に早期に気付き関わる「**課題早期発見対応**」と、④専門家と連携して危機介入することにより水際で自殺を防いだり、自殺が起きてしまった後の心のケアを行ったりする「**困難課題対応的生徒指導**」の4層から、学校における自殺予防は成り立ちます。

(1) 自殺予防教育における養護教諭の役割

『新提要』で自殺予防教育の目標として示されて

いるのは、「心の危機に気付く力」と「相談する力」の2点です。心の危機についての正しい知識と理解を持ち、困ったときに相談できるようになれば、自分の危機の克服と友人の危機への支援が可能となり、自殺予防に限らず、生涯にわたる心の健康（メンタルヘルス）の保持につながると考えられます。各学校で既に取り組まれている「生命尊重に関する教育」や「心の健康教育」、「温かい人間関係を築く教育」などを、自殺予防につながる発達支持的生徒指導として意識することの重要性が指摘されています。

また、「SOSの出し方に関する教育を含む自殺予防教育」においては、「核となる授業」の学習内容として、①心の危機のサインを理解する、②心の危機に陥った自分自身や友人への関わり方を学ぶ、③地域の援助機関を知る、といったことがあげられています。とくに、「心の危機理解」については、たとえば、高等学校保健体育科の「精神疾患の予防と回復」や中学校保健体育科「欲求やストレスへの対処と心の健康」、小学校体育科保健領域の「心の健康」、あるいは「総合的な学習（探究）の時間」等において実施することが考えられます。その際、養護教諭は、体育科教員や学級担任、さらにスクールカウンセラー（以下SC）、スクールソーシャルワーカー（以下SSW）等と協働して授業づくりを行うとともに、連携の調整役となることが求められます。

(2) 自殺の危険の高まった児童生徒の早期発見対応における養護教諭の役割

自殺の危険をいち早く察知するには、学級担任や関係する教職員が、日々の健康観察や定期的な面談、生活アンケート等を通じて、児童生徒の僅かな変化に気付けるかどうかが鍵になります。そのためには、表面的な言動だけにとらわれず、笑顔の奥にある絶望を見抜く児童生徒理解が求められます。

危険に気付いたならば、安全確保を第一に、教職員間で情報共有し、担任等が一人で抱え込むことがないようにすることが大切です。これらの取組が「課題早期発見対応」にあたります。

その際、養護教諭は児童生徒の生活状況や心身に関する問題についての理解の共有を図り、自殺の危険の高い生徒をスクリーニングしたり対応方針を決定したりするケース会議等の運営にあたります。また、保健部と生徒指導部が合同で生活アンケートなどを実施し、教職員間で児童生徒が抱える課題の共通理解を深めることも大切です。

(3) 行動化を防ぐ危機介入と心のケアを含む事後対応における養護教諭の役割

自殺の行動化を水際で防ぐ組織的な危機介入や自殺未遂者への心のケア、自殺発生（未遂・既遂）時の周囲への心のケアなどを、専門家・関係機関と連携・協働して行うことが、「困難課題対応的生徒指導」です。いずれの場合も、保護者と連携して家庭での継続的な見守りを行うとともに、教職員間で密接に情報共有し、組織的に児童生徒を支援することが求められます。

その際、養護教諭は、適切な心のケアを受けられないと後に自殺の危険性が高まることを考慮し、専門家や関係機関等と連携して丁寧な支援を行うための体制づくりを進めます。とくに、自殺の危険が高い児童生徒や自殺未遂の児童生徒への対応においては、精神科や小児科・思春期外来等の医療機関との連携が必須です。また、家庭環境の影響も大きいので、SSWを介して福祉機関と連携をとりながら、悩みを抱えた保護者へのサポートを進めることも重要です。

自殺予防おいて養護教諭に求められる姿勢

自殺問題は「専門家といえども一人で抱えることができない」と言われます。学校においては、個々の教職員の役割を明確にしたうえで、危機にある児童生徒をチームで支援する体制をつくることが求められます。管理職、生徒指導主事、学年主任、教育相談コーディネーター、養護教諭、SC、SSWなどから構成される「校内連携型危機対応チーム」を組織し、担任を支えながら当該の児童生徒を支援する体制を組むことが必須です。そのためには、問題をあるクラスや学年に特有のものとするのでなく、絶えず全体に投げ

かけ、学校をあげて情報を交換し、知恵を出しあって問題に取り組んでいくことが不可欠です。

気になる生徒を一人の教職員が抱え込むのではなく、チームで組織的に対応することによってはじめて、丁寧なかかわりと幅広い支援が可能になります。同時に、医療や福祉などの関係機関や専門家とのきめ細かな連携を進めることが必要です。学校に専門家の視点を入れることで、教職員が必要以上に混乱に巻き込まれることを防いだり、直接かかわる人の不安を軽減したりすることも可能になります。

以上の点において、問題の発見者・情報収集者・援助資源の連絡調整役としての養護教諭の果たす役割が、今後ますます重要になると思われます。したがって、コーディネーター役となる養護教諭が校内で孤立していては、自殺予防のための組織は機能せず、予防活動の定着もおぼつきません。まず、他の教職員と協力関係をつくることが不可欠です。問題が起こってからではなく、養護教諭と生徒指導主事、SCやSSWが日常的に協力し合って、児童生徒自身と児童生徒をとりまく環境の問題解決に取り組む姿勢を保持することが重要です。そのためには、保健室を密室にしないで、児童生徒にも教職員にも開かれた場にしていくことが望まれます。

養護教諭の危機への気付きの多くは、保健室という特別な場で示される児童生徒のサインに基づくものです。赤澤（2021）が指摘するように、「児童生徒の訴えに強い思い込みがあったり、時には意図せずに虚言が混じったりすることもない訳ではありません」そのような不確かさを伴う（かも知れない）気付きを大切にしながら、「ちょっと気になることがあって」と当該の学級担任や部活顧問などと直接言葉を交わして、保健室で得られた情報と保健室以外で得られる情報とを重ね合わせることが大切です。そうすることではじめて状況が見えるようになり、組織として情報共有することが可能になります。

しかし、日常的に児童生徒と関わる教員が「大丈夫」と判断すると、そこで対応が止まってしまうこともあります。「ちょっとした気付き」を次の対応につなげていくためには、緊急度の高い仕事に追われる多忙な状況のなかで緊急度が低いように思われる気付きに対して、お互いが「この程度は後回しでも大丈夫」という「正常性バイアス」に陥らないようにすることが求められます。そのためには、養護教諭が教諭とは異なる専門性に立って、他の教職員に同調し過ぎずに意見を交流できる関係を築いておくことも重要です。

組織が真に機能するためには、「『無知、心配性、迷惑と思われるかもしれない発言をしても、この組織なら大丈夫だ』と思える、発言することへの安心感を持てる状態（心理的安全性）をつくり出すことが不可欠」（同書, p.127）であるという『新提要』の指摘に耳を傾けることが必要です。

児童生徒を支える包括的な支援体制の実現に向けて

自殺に追いつめられた児童生徒の心理をたどると、それまで生きてきた過程において、小さな危機的状況がさまざまな形で積み重なってきたことがみえてきます。その小さな危機的状況を乗り越えられるようにどう支援するかが、自殺を防ぐための鍵になるように思われます。そのときに、教職員、SC、SSW、学校に関係する専門家等が、それぞれの専門性に基づき「できること」と「できないこと」を明らかにし、そのことを相互理解しておくことも忘れてはならないでしょう。

「連携とは、同じ目的で何事かをしようとする者が連絡をとり合ってそれを行うことである」といわれます。自殺予防に向けたチーム支援を進めるうえで、学級担任、生徒指導主事、教育相談コーディネーター、特別支援教育コーディネーター、SC、SSW等、そして養護教諭が、日頃からコミュニケーションを密接にとり合い、お互いの垣根を越えて協力して児童生徒を支える体制を築くことが何よりも大切であると思っています。

引用文献
・文部科学省（2015）『チームとしての学校の在り方と今後の改善方策について（答申）』（中教審第185号）
・文部科学省（2022）『生徒指導提要』
・赤澤真旗子（2021）『保健室から見た生徒指導』（月刊生徒指導 第51巻12号 pp.76-77）

いのちの教育

学校健康教育をとおした＜いのち＞の教育

神戸女子大学　看護学部　小児看護学・学校保健学准教授　細川愛美

はじめに

令和5年2月に文部科学省は、新学期や長期休業の終了時に自殺者数が増えることへの憂慮から、保護者や学校関係者へ「児童生徒の自殺対策」に関する通知を行いました。自殺のサインを受け止め、当事者の不安や悩みに耳を傾け、子どもの心理を理解すること、長い時間をかけてひどい孤立感や無価値観に陥り、心理的視野狭窄になっていく心理状態を、子どもの周囲の大人が理解できていることが最悪の事態を引き起こす予防になると伝えています。喫緊の課題である"子どものいのちを守る"ために、教職員に今、求められていることの一つである学校健康教育の保健安全管理や保健安全教育の視点を述べたいと思います。

教職員個人のスキルおよび危機管理体制

コロナ禍より不登校数やいじめ件数も増え続け、児童虐待も後を絶たない状況であることからも、通知に示された自殺直前のサインを見逃さないように、子どもから自殺を訴えられたときは全教職員が「TALKの原則」に基づいて対応する、そして、学校では平時に心の危機管理体制を構築しておくことが必要といえます。

さらに、いじめに関しては、大半の児童生徒が被害者になった経験があること、加害者になったこともあるということを踏まえて、いじめが起きにくい学校風土を醸成することが肝要とされており、いじめ加害の背景にストレスが考えられるという理

自殺徴候への対応　＝　TALKの原則	
Tell	子どもに向かって心配していることを言葉に出して伝える。
Ask	真剣に聞く姿勢があるならば、自殺について質問しても構わない。むしろ、これが自殺の危険を評価して、予防につなげる第一歩になる。
Listen	傾聴する。叱責や助言などをせずに子どもの絶望的訴えに耳を傾ける。
Keep safe	危険を感じたら、子どもを一人にせずに一緒にいて、保護者にも知らせて、子どもを医療機関に受診させる必要がある。

「教師が知っておきたい子どもの自殺予防」文部科学省（平成21年）

解も全教職員の認識の下、適切で素早い対応スキルが求められています。心の問題がうかがわれる場合は問題解決に向けた教育的態度で冷静に対応し、傾聴的・共感的に子どもの気持ちを受け止める必要があり、個別指導の対応と組織的対応の整備、家庭や医療機関との連携が必要です。

具体的には、心の危機管理に関する教職員研修（例として児童精神科医やスクールカウンセラー等による講義・演習）や事例検討会を企画・開催し、教職員個人や組織として具体的な対策を考えていく必要があります。

事例検討会で第一に確認する事項に、問題を抱える子どもの関係職員でチームを構成し、チーム内では必要な情報を共有するという"チーム内守秘義務"を確認する必要があります。その中で、専門家との連携のつなぎ役の教職員や教員同士の調整を進めていくことが大切です。自校のメンタルヘル

いのちの教育

スに関わる養護教諭が医療との橋渡しの役を認識し、コーディネーターとして推し進めることが求められていると思います。一人の教職員で問題を抱え込まず、危機管理校内体制のメンバーあるいはチームで組織的に対応し、多角的な視点からの問題解決につながるようにする学校体制が大切といえます。

また、平時の心の健康問題救急体制の一例に、スクールカウンセラーの勤務日（毎週1回）に生徒指導連絡会（例：既存の組織の構成員である校長、教頭、生徒指導主事、各学年生徒指導担当教員、養護教諭、教育相談・不登校担当教員、特別支援教育コーディネーター、スクールカウンセラー、保健主事）を開催し、事案にタイムリーに組織で対策を検討している学校もあるでしょう。このような危機管理体制の学校においては、いじめや自殺等のメンタルヘルスに速やかに対応できるとともに、学級担任は自らの責任と役割を果たすことを余儀なくされていると思われるため、学級担任等の教職員への時宜に適した支援体制も構築されており、教職員の心のケアに大いに役立っていると思います。

メンタルヘルス（心のケア）の留意点
・安否確認、心身の健康状態の把握
・早期に平常時の生活に戻す
・適切な救命処置、二次被害の防止、命（体）を守るための対応、法的措置、障害や慢性疾患のある子どもの場合の十分な配慮をする
・質問紙調査実施の有無の判断は十分検討する
・ストレス症状のある子どもへの対応
・教職員や保護者の心のケアを行う

「学校における子供の心のケア―サインを見逃さないために―」文部科学省（平成26年）、「子どもの心のケアのために―災害や事件・事故発生時を中心に―」文部科学省（平成22年）を参考に作成

 教育指導面の充実を目指す

(1) 集団指導と個別の指導

子どもたちの健康課題は複雑化、多様化し、生涯を通じて困難に直面することも想定されます。これからの時代を生きるには保健や安全の知識を習得しようとする態度や身に付けた知識や技能を基に思考・判断し、よりよい行動に結びつける能力が求められています。

学習指導要領の総則に規定された教育指導面の"生涯を通じて健康・安全で活力ある生活を送るための基礎を培われるよう配慮する"ために健康課題への対策を提示したいと思います。

新学習指導要領の内容の改訂があり、体育（保健体育）科では「技能」面やがん教育、「回復」が入り、運動が強化されることとなりました。保健や安全に関連する教科の小学校体育科保健領域・中学校保健体育科保健分野・高等学校保健体育科科目保健はもとより、家庭科・技術家庭科、特別活動の時間、各教科、道徳科、外国語活動、総合的な学習の時間などにおいてそれぞれの特質に応じて保健の学力向上を図るよう必要性が示されています。

一方、令和4年度の25歳未満における死亡原因を見ると、不慮の事故、自殺による死亡が全死亡の60％を占めています。25歳以上の死因原因にはがん、心臓病、脳血管疾患などの日常の生活習慣に深く関わっていることがわかります。そして、10代20代の性感染症の増大により妊孕性の維持の教育が求められているとうかがわれます。

米国のCDC（疾病管理・予防センター）は米国における健康問題分析結果に基づいて、青少年の6つの危険行動≪1：故意または不慮の事故に関する行動、2：喫煙、3：飲酒および薬物乱用、4：望まない妊娠、HIVを含む性感染症に関係する性行動、5：不健康な食生活、6：運動不足≫を取り上げ、これらの行動を防止することで健康課題の解決を図るものとしています。わが国の中・高校生の性行動と喫煙・飲酒・薬物乱用行動との関係を示された研究報告があり、青少年のさまざまな危険行動の理由には共通の要因があるとの指摘があります。このことから、行動変容を促す意義として、子どもが自ら健康の課題を把握し、的確に思考・判断して適切な意思決定・行動選択を行って生活行動や環境を改善していく資質や能力を身

に付けることができることが確認されています。

すなわち、①健康な生活を実現するために必要な正しい知識を習得することや、②健康科学や医学の進歩に変化してその知識を吟味し思考・判断する能力を持ち、③患者および家族としてのインフォームドコンセント等への対処能力の要請の高まりに対応でき、④社会の健康づくり活動において人々の共通理解と能力開発の向上、これら4つの保健安全の学力の向上を目指す必要があるということです。

このほか、学校において健康教育をすすめる方策に教科や総合的な学習、特別活動の集団指導のほかに個別の指導があり、授業と個別の支援が両輪となって実施することで子どもの行動変容を促すことに効果的であることは言うまでもありません。

個別の指導は養護教諭の保健室でできる専門性を生かした最も力量を発揮する指導であり、他の教職員と協働して支援をすすめたいものです。

(2) 教科の壁を越えた協働

保健教育・安全教育を進めるにあたって、各教科等の特質を生かして横断的な視点で組み立てていく、あるいは、単元計画内で組み替えていくカリキュラムマネジメントを行うことが重要です。例として、「体育科」保健領域、「保健体育科」保健分野、科目保健での学習内容（表1）を活用し、「特別活動」の学級活動（表2）で実践化・行動化を目指し、心の健康の内容は、道徳科で心情面を汲み取る授業につなげるようにする工夫が示唆されています。このような各教科と特別活動をカリキュラムマネジメントして学習内容を補うという考えを用いる工夫が必要でしょう。

では、カリキュラムマネジメントは誰が、いつ計画するの？と思われるでしょう。校内の保健や安全に関わる体育科・保健体育科（表1）や各教科の年間計画、特別活動（学級活動）年間計画、学校保健計画、学校安全計画、保健室経営計画で時期や単元や題材を合わせ、データの評価や分析も考慮して授業計画を立て、部会や委員会、教科担当者が計画段階で検討、ある程度の実施期間をおいてふり返り、分析、見直しをくり返し行う工夫が重要です。

たとえば、各年間計画を職員室等に掲示し、関係教員間で確認し合う方策を継続している学校もあります。

表1　教科「体育科」「保健体育科」での保健の内容

区分	小学校	中学校	高等学校
位置付け	体育科 「保健領域」	保健体育科 「保健分野」	保健体育科 「科目保健」
指導の時間	第3、4学年で **8単位時間程度** 第5、6学年で **16単位時間程度**	3年間を通じて 48単位時間程度	**2単位** 入学年次及び翌年次で 各1単位（35単位時間を1単位と計算する）
指導学年及び学習内容（単位時間）	第3学年 　健康な生活(4) 第4学年 　体の発育・発達(4) 第5学年 　心の健康(5) 　けがの防止(3) 第6学年 　病気の予防(8)	第1学年 **健康な生活と疾病の予防(4)** 　心身の機能の発達と心の健康(12) 第2学年 **健康な生活と疾病の予防(8)** 　傷害の防止(8) 第3学年 **健康な生活と疾病の予防(8)** 　健康と環境(8)	入学年次 　現代社会と健康 　（1単位35時間） 翌年次 　安全な社会生活 　生涯を通じる健康 　**健康を支える環境づくり** 　（1単位35時間）

小学校学習指導要領（平成29年告示）解説　体育編　文部科学省（平成29年）、中学校学習指導要領（平成29年告示）解説　保健体育編　文部科学省（平成29年）、高等学校学習指導要領（平成30年告示）解説　保健体育編体育編　文部科学省（平成30年）、「改訂「生きる力」を育む小学校保健教育の手引」文部科学省（平成31年）、「改訂「生きる力」を育む中学校保健教育の手引き」文部科学省（令和2年）、高等学校学習指導要領解説保健体育編　文部科学省を参考に作成

いのちの教育

表2 「特別活動」の学級活動（2）日常生活や学習への適応と自己の成長及び健康安全

小学校	中学校	高等学校
ア 基本的な生活習慣の形成 イ よりよい人間関係の育成 ウ 心身ともに健康で安全な生活態度の形成 エ 食育の観点を踏まえた学校給食と望ましい食習慣の形成	ア 自他の個性の理解と尊重、よりよい人間関係の確立 イ 男女相互の理解と協力 ウ 思春期の不安や悩みの解決、性的な発達への対応 エ 心身ともに健康で安全な生活態度や習慣の形成 オ 食育の観点を踏まえた学校給食と望ましい食習慣の形成	ア 自他の個性の理解と尊重、よりよい人間関係の確立 イ 男女相互の理解と協力 ウ 国際理解と国際交流 エ 青年期の悩みや課題とその理解 オ 生命の尊重と心身ともに健康で安全な生活態度や規律ある習慣の確立

小学校学習指導要領（平成29年告示）解説　特別活動編　文部科学省（平成29年）、中学校学習指導要領（平成29年告示）解説　特別活動編　文部科学省（平成29年）、高等学校学習指導要領（平成30年告示）解説　特別活動編　文部科学省（平成30年）を参考に作成

学級活動（ホームルーム）における保健や安全の指導の配慮事項

- 教科保健と関連を図り、内容を補完し、あるいは強化し、実践化・行動化を目指す。
- 総合的な学習の時間、道徳、家庭（技術家庭）科、外国語活動との関連を図る。
- 日常的な指導で実践化を図る。
- 個別化への配慮をする。
- 家庭や地域との連携・協動を図る。
- 病気等への恐怖や不安を抱かせないよう配慮する。
- 集団指導ではブレインストーミングやグループワーク、実習、実験、ロールプレイング、課題学習などを取り入れ、日常の具体例から問題解決を自ら行う活動を展開する。
- 子どもの行動変容や自己実現を目指し、自分に合った方法を自己決定することができるようにする。
- 実践意欲を高めるため、実践したことのふり返りができる場や励ましを行い、スキル強化を図る。

小学校学習指導要領（平成29年告示）解説　特別活動編　文部科学省（平成29年）、中学校学習指導要領（平成29年告示）解説　特別活動編　文部科学省（平成29年）、高等学校学習指導要領（平成30年告示）解説　特別活動編　文部科学省（平成30年）を参考に作成

（3）心の健康（いのちの教育）に関する指導

　心の健康に関する実践化や行動化を図るための授業展開の工夫については学校に任されているため、いのちの大切さを教育する重要性は理解できていても、経験の浅い教員にとっては工夫の余地や時間確保の教科はどうするのか、学習指導要領の各教科の内容のどこに着目するのか、などの指導や支援の困難さを感じているのではないかと思われます。授業時間確保のためにも各教科の学習指導要領の目標を考慮し、2つの教科を組み込んだカリキュラムマネジメントを目指して担当教員同士間で調整し、いわゆるコミュニケーションが交わされることが必然となるでしょう。

　心の健康は、小学校5年生の「不安や悩みへの対処」では技能も新たに位置づけられ、中学校では心身の機能の発達と心の健康において、小学校と同様にストレスへの対処の「技能」が、高等学校においては、現代社会と健康で精神疾患の予防と回復の視点から心身のストレス反応を緩和する上で、体ほぐしやリラクゼーションの方法が有効であるとの内容が位置づけられています。

　ストレスへの対処方法には、「問題焦点型対処」と「情動焦点型対処」があり、ストレッサーや自分の持っている能力や資源に応じた選択ができることが重要とされています。

　今、最も必要としているスキルはSOSを出す力であり、子ども自身が自分の気持ちに気付き、信頼できる大人に相談できるスキルを持ち合わせることができるよう、ストレスへの対処に最適な方法として行動化・実践化できるように集団と個別の指導をくり返し行うことが大切と思われます。

学校現場での取り組みには、ストレスへの対処を習得するストレスマネジメント教育のほかに、ライフスキル教育、グループエンカウンター、ピア・サポート活動、ソーシャルスキルトレーニング、アサーショントレーニング、アンガーマネジメント、キャリア教育が挙げられます。

　ライフスキル教育は、ライフスキルと呼ばれる心理社会的能力の形成を促し、思春期のさまざまな危険行動や問題行動の防止を図ることを目指しています。ライフスキルの具体的なスキル（能力）として、意思決定、コミュニケーション、ストレス対処、目標設定などが位置づけられています。

　ライフスキルが高い子どもは、喫煙、食生活、運動に関して、より健康的な行動をとる傾向にあります。ライフスキル教育に取り組むことで好ましい健康行動、すなわち好ましい人間関係や心の健康を保持増進できるという幅広い教育効果が期待されます。

　心身の健康に関する教育は、1回の授業で解決できるものではなく、教科を横断して展開し、単元や題材等の内容や時間を調整して授業を展開していく必要があります。なお、指導方法には表3内のアンケートやインタビュー調査、課題学習、インターネットによる調べ学習、事例の活用、グループワーク、ブレインストーミング、ロールプレイング、実験を取り入れることが有効であり、そして、学校外の専門家の参画などが挙げられます。

(4) 性に関する指導

　性に関する教育は、小学校体育科保健領域で、4年生の体の発育・発達や思春期について、中学校保健体育科保健分野で1年生の心身の機能の発達と心の健康、感染症の予防、高等学校保健体育科科目保健では、現代社会と健康、生涯を通じる健康の中で感染症と予防や思春期、結婚生活と健康について学ぶことになっています。令和2年6月に文部科学省の通知の内容より、性犯罪・性暴力の根絶に向けて、教育・啓発の強化等の実効性ある取り組みを目指しているところです。

　心身の成長発達について学校全体で共通理解を図りつつ、心身の発育・発達と健康、性感染症等の予防などに関する知識を確実に身に付けること、生命の尊重や自己および他者の個性を尊重するとともに、相手を思いやり、望ましい人間関係を構築することを重視し、相互に関連付けて指導するようにと提言されています。

(5) 養護教諭が行う集団指導の有効性

表3　保健教育の指導方法の例

小学校	中学校	高等学校
身近な生活における 健康・安全に関する 基礎的な内容 **より実践的に**	個人生活における 健康・安全に関する内容 **より科学的に**	個人及び社会生活における 健康・安全に関する内容 **より総合的に**
日常生活の体験や事例などを用いた話し合い、**ブレインストーミング**、グループワーク、応急手当などの実習、実験、ロールプレイング、フィールドワーク、インターネットや図書、視聴覚教材などを取り入れる。	グループワーク、事例を用いたディスカッション、**ブレインストーミング**、心肺蘇生法などの実習、実験、ロールプレイング、フィールドワーク、インターネットや図書、視聴覚教材、保健・医療機関等の参画（外部講師の活用）を取り入れる。	グループワーク、ディスカッション、**ブレインストーミング**、ロールプレイング、心肺蘇生法などの実習、実験、課題学習、ケーススタディ、ICT活用、フィールドワーク、保健・医療機関等の参画、養護教諭との連携などを取り入れる。
地域や養護教諭、栄養教諭、学校栄養職員など専門性を有する教職員などの参加・協力。	地域や養護教諭、栄養教諭、学校栄養職員など専門性を有する教職員などの参加・協力。	地域や養護教諭、栄養教諭、学校栄養職員など専門性を有する教職員などの参加・協力。
多様な指導方法の工夫	問題解決を自ら行う活動	問題解決を自ら行う活動

「改訂「生きる力」を育む小学校保健教育の手引」文部科学省（平成31年）、
「改訂「生きる力」を育む中学校保健教育の手引き」文部科学省（令和2年）、
高等学校学習指導要領解説保健体育編　文部科学省を参考に作成

いのちの教育

学校内では児童会や生徒会活動を関連付けて、家庭や地域とつながり、双方向のコミュニケーションを生かした情報発信や連携・協働することが効果的です。養護教諭が集団指導を行う場合は、＜児童生徒の健康状態や生活実態を踏まえた指導ができる＞、＜養護教諭が参画・協力することにより、学級担任や教科担任との間で、児童生徒の共通理解が深まる＞、＜健康課題の解決に当たって実践的な方法で提示でき、児童生徒の主体的な姿勢や関心意欲を引き出しやすい＞が挙げられます。

心の健康の授業の中で子どもの抱える心の問題に気付くことも想定し、早い時期に適切な援助を受けることで病気の予後やその後の生活状況に大きく関わってくることから、「メンタルヘルスについての正しい知識や理解への意識を高めることができる」のような効果も期待できます。

授業後には、個別の支援につなげることも視野に入れておくことが肝心です。たとえば、授業中の児童生徒の発言や授業後の訴え、ワークシートへの書き込みなどで児童生徒の心理面のサインに気付き、いじめ等の未然防止への取り組みに向けて、一層の充実を図ることができるでしょう。

指導の内容は、学校や学級組織の情報や学校環境の情報、児童生徒の健康状態に関する情報、家庭や地域の環境の把握をし、健康課題のインパクトの大きさと対象者の多さ、そして解決への手立てがある等の優先順位を検討して取り組む必要があります。

平成30年教育機会確保法の施行により不登校への対応について、学校以外の多様で適切な教育機会の重要性を認め、子どもや家庭、学校が話し合い、民間のフリースクール等との連携を打ち出されました。

子どもの本音を受け止め、保護者と学校が子ども自身の意思決定したことに寄り添い、適切な教育環境を考え合わせることが最優先になります。定期的に三者で話し合う機会を設定する

学校での性に関する指導の場	
「体育」「保健体育」の教科の保健領域・保健分野	・小学校4年生「育ちゆく体とわたし」 ・中学校1年生「心身の機能の発達と心の健康」 ・中学校2年生「健康な生活と疾病の予防」 ・高等学校「生涯を通じる健康」「現代社会と健康」
関連の教科の中で関連して指導	・「道徳」「家庭科」「社会」「総合的な学習の時間」など
特別活動で補充して実践化	・（学級活動、HR活動）性感染症、妊娠への対処スキル ・（学校行事）保健師・助産師、産婦人科医などの外部講師の活用
朝の会、帰りの会	

「改訂「生きる力」を育む小学校保健教育の手引」文部科学省（平成31年）、「改訂「生きる力」を育む中学校保健教育の手引き」文部科学省（令和2年）、高等学校学習指導要領解説保健体育編 文部科学省、「性犯罪・性暴力対策の強化の方針」政府（令和2年）を参考に作成

ことが大切でしょう。

養護教諭には、日常の保健室内では、救急処置をすすめながら保健指導を行い、単に傷の手当だけではない、子どもが自分のことをなんとかできる力、自然治癒力やレジリエンスを信じつつ一人ひとりに丁寧に指導することが求められていると思います。

学校保健委員会、地域学校保健委員会の開催の意義

ヘルスプロモーティングスクールの理念をもとに学校保健組織活動の一つである学校保健委員会や地域学校保健委員会を開き、児童生徒の健康の保持増進について課題解決型の取り組みを開催していくことを推奨しています。

令和4年度学校保健統計結果によると、肥満傾向の割合は男女ともに小学校高学年が最も高く、とくに男子は9歳以降1割を超えているとの報告があります。瘦身傾向児の割合は、男女とも10歳以降約2〜3%台となっています。

＜いのち＞の教育カリキュラムの視点

体力の測定では、最大酸素摂取量、筋パワーなどスポーツテストとして教育現場で測定されています。このスポーツテストの結果より、児童生徒の体力低下がみられ、個人差が大きくなり、体力のある子どもとない子どもの二極化が進んでいることが明らかとなっています。体力とは、行動体力と防衛体力からなり、狭義には行動体力、すなわち行動を起こす能力、持続する能力、調整する能力といわれています。

学校環境はコロナ禍や少子化、共働き世帯の増加など社会情勢により変化し、不登校や自殺の増加が歴然と現れ、児童生徒等一人ひとりの心身の健康課題の解決に向けた支援および指導をより一層行っていくことが求められています。一人ひとりを理解した支援と学校が一体となった組織的な取り組みである学校保健委員会の開催は、健康教育の機会となり、現代的健康課題解決への糸口になると思います。

テーマの例として、命の教育、性に関する教育、人権教育（スマホ関連）、スポーツ障害の防止、喫煙・飲酒・薬物乱用防止教育、歯・口の健康教育…、専門家には、学校医や学校歯科医、学校薬剤師のほか、心肺蘇生法講習インストラクター、助産師、性感染症予防やがん治療にかかわる医師、スクールカウンセラー、スクールソーシャルワーカー、当事者を招いて開催することもあるでしょう。その際に専門家へのつなぎをコーディネートできるのは健康課題を把握している養護教諭です。

専門性に基づく学校保健委員会の開催を一つの機会にして、子ども自らが健康の保持増進に向けて実践できるよう、そして、生活行動や環境を改善していく資質や能力を身に付けることができるよう、学校内のみならず学校外の地域（図）に支援を求めてコラボレーション（協働）し、継続していく力が養護教諭に求められていると思います。

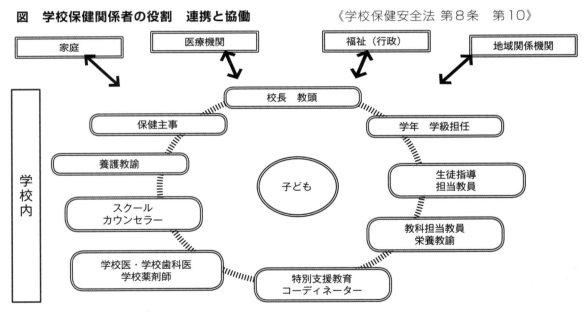

図　学校保健関係者の役割　連携と協働　　《学校保健安全法　第8条　第10》

【引用・参考文献】
・「喫煙、飲酒、薬物乱用防止に関する指導参考資料令和元年度改訂小学校編」公益財団法人　日本学校保健会発行
・「喫煙、飲酒、薬物乱用防止に関する指導参考資料令和2年度改訂中学校編」公益財団法人　日本学校保健会発行
・「喫煙、飲酒、薬物乱用防止に関する指導参考資料令和3年度改訂高等学校編」公益財団法人　日本学校保健会発行
・「現代的健康課題を抱える子供たちへの支援～養護教諭の役割を中心として～」平成29年3月文部科学省
・「いじめ防止対策基本法」2013年「いじめ防止等のために基本的な方針」（2017年）「いじめ重大事態に調査に関するガイドライン」（2017年）
・「教師が知っておきたい子どもの自殺予防」「子供の自殺が起きたときの背景調査の指針」（改訂版）（2014年）
・「児童虐待防止等に関する法律」「児童福祉法」「改正児童福祉法の規定取り扱いについて（通知）」（2016年）
・「発達障害を含む障害のある幼児児童生徒に対する教育支援体制整備ガイドライン　発達障害等の可能性の段階から、教育的ニーズに気付き、支え、つなぐために」（2017年）
・文部科学省ホームページ：「性犯罪・性暴力対策の強化について」（URL）https://www.mext.go.jp/a_menu/danjo/anzen/index.html

いのちの教育

<いのち>の教育実践の体系化と構造化

一般社団法人Clerc　子どものいのちと権利の教育研究会　理事
梅花女子大学　非常勤講師　原　実男

はじめに

　高等学校の校長として赴任したとき、こんな出来事がありました。ほとんどの生徒が自転車で通学しているのですが4月からの半年間で生徒の交通事故件数は14件と、近隣高校の約2倍の多さになっていました。入院しなければならない事故も発生し由々しき事態だと判断しました。生徒指導担当に何か手を打たないといけないのではないかと問いかけても芳しい提案がかえってきません。学校は様々な教育活動が行われており、その消化に追われている感もあります。いのちに対する危機感や切実感を共有し、持続していくことは大変難しいのです。近々実施するいじめアンケートと同時に登下校中での「ヒヤリハット」事案を収集してくださいとお願いしました。同時に教頭先生には非常勤の先生を含めた教職員全員に授業や部活動など学校生活全般における事案の収集を頼みました。

学校におけるいのちの教育の前提

　学校教育は安全・安心の絶対的な信頼のうえに成り立つものです。しかし、日々流動する学校のなかで土台となる「いのちの大切さ、かけがえのなさ」の認識を常にメインテナンスしておかないと思わぬ危機が待ち構えています。いのちの教育を進めるためには前提が2つあります。まず、教職員がいのちの大切さ、かけがえのなさについて感覚を研ぎすませ、教育活動の第一優先として情報が共有され、迅速な行動が取れる職場風土がなければなりません。管理職の意識が大変重要です。その風土なくして「今日はいのちの大切さを学びます」と子どもたちに語っても心に響かないでしょう。

　そして、教職員自身が有限のいのち、すなわち自身も死すべき存在であることを意識している、意識しようとしているのか、いのちに対する真摯な態度が自分事としてあるのかということが大切です。いのちの大切さ、かけがえのなさの背面には必ず死すべき存在としていのちの特性が張り付いています。いのちに対する態度には簡単な答えはなく、価値観やある種の宗教的な心情にも関わってきます。いのちの教育を学校教育で実践することが困難である所以です。家庭教育に任せるべきである、という意見が出てきて当然なのです。

　いのちの教育を実践するとき、場合によっては自分の問題として自らの態度を明らかにすることが求められることもあり得ます。これは難しいことでしょうか。教壇を降りて共に有限のいのちを生きていく存在であるという同胞感のような心情に目を向けてみます。通常の教育者として知識や技能の伝授という指導者然とした高い立場を降りて子どもたちと同じ地平に立ち、慈しみとリスペクトをもって、ともに学び合うのだという意識が出発点になると思います。

いのちの教育で学んだこと

　私は高校の生物を教えていた教員でした。ク

ラス担任として、受験指導や部活動指導に明け暮れていました。1997年神戸市須磨区でA少年による児童殺傷事件が起きました。犯人の中学生はマスコミに謎めいた犯行声明を送りつけ、いのちを軽視する挑戦状は世間を震撼させました。事件発生の2年前、阪神淡路大震災が起こり、いのちの大切さや支え合うことの尊さが学校現場で叫ばれていたまさにその時だったのです。当時、私は新聞部の顧問をしていました。死をゲームのように捉える危うい時代の雰囲気を感じ取り、生徒とともにいのちとは何か、死とはなにか、と取材が始まりました。その結果、多くの新聞やテレビでも取り上げられそれなりの反響がありました。私自身も兵庫県教育委員会がその対応のため編成したワーキンググループの仲間になり、その縁で兵庫・生と死を考える会の「生と死の教育研究会」に参加させていただきました。現在、その後継としてのいのちの教育実践研究会（現Clerc）で学んでいます。

 高等学校のいのちの教育実践例

高校の理科、特に生物を教える場で、生殖細胞の形成という単元があります。私たち人間の細胞一つひとつには染色体が46本入っています。23本は父側、すなわち精子から、23本は母側、すなわち卵から運ばれてきたものです。だから、だれでも父にも母にも似ているんだねと、ここは当たり前のように生徒は聞いています。では、次に自分が精子（卵）を作る場合を考えます。ここは減数分裂という体細胞から生殖細胞をつくる仕組みの内容の話で、高校生物の基本的な知識です。じつは23本の染色体には番号がついており、形や大きさはそれぞれ異なります。つまり私たちの細胞の中の46本の染色体は精子由来の第一染色体が1本、卵由来の第一染色体が1本のペアとして存在しておりこれが23セットで存在しています。そのような自分が今度は親となって精子（卵）を作るとき父由来の第一染色体と母由来の第一染色体のどちらかしか自分の精子（卵）に伝えることはできません。そうしないと受精して生まれる子どもの染色体数は92本になってしまします。第一染色体にはさまざまな遺伝情報（生命の設計図）が入っています。当然第一染色体であっても父由来と母由来とでは遺伝情報（生命の設計図）は異なります。ですから、自分が精子（卵）を作る場合、第一染色体の遺伝情報においては2種類できることになります。染色体は第23番までありますから、精子（卵）の種類は$2\times2\times\cdots=2^{23}$＝約800万通りという大きな数になります。そうすると精子と卵の受精における組み合わせはどうなるでしょうか。つまり、偶然の出会いによって次世代のいのちが作られるので、染色体の組み合わせの総数は$2^{23}\times2^{23}$＝約64兆通りという天文学的な数になるのです。このあたりから生徒は身を乗り出してきます。

「君たちはこの組み合わせの一つとして生まれたのだね。1／約64兆通りとしてこの世界に生まれてきた唯一無二な存在といえます」。じつは授業で染色体の部分交換という乗り換え現象を教えます。一般に乗り換えが起きているので、一人の親から生じる精子（卵）の種類は実は無限大となります。自分は両親から$1/\infty$として生まれてきたといえます。隣の人も皆同じくかけがえのない存在といえます。

「みんな、『かけがえのないいのち』っていうよね。代替することができないという意味だ。普通、このボールペンをかけがえのないボールペンとはいわないよね」。「かけがえのないいのちとは、観念的なものではなくて生物学でこのように説明できることなんだ」。ここで生徒は何かいいたそうな顔になってきます。「このような無限の組み合わせの中からみんなは生まれてきた。その組み合わせは1回限りだね。だから、この世界において自分はとってもユニークな存在で、世界（宇宙）の歴史の中で1回限りしか存在しないんだ。だから自分は過去にもいなかったし、未来にも存在しないと考えられるんだ」。

いのちの教育

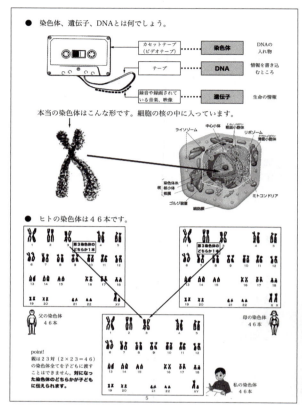

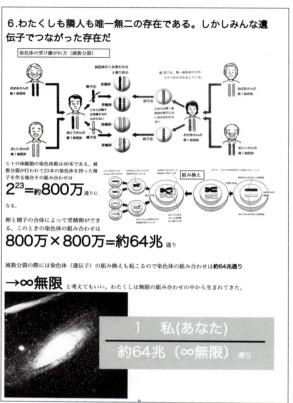

遺伝子を通じた生と死の教育（オリジナル教材）

　最近元気がなかった生徒がなにか言いたそうな顔をしていたので「○○さんどう思いますか」と問うてみます。「今日の授業を聞いて、なんだか嬉しくなりました。なぜだかうまく言えませんが…」。これらをバナナからDNAを取り出したり、遺伝的な特性を味覚で確認する実験を通して楽しい雰囲気で進めていきます。

命の有限性

　A少年事件や2004年に起きた佐世保小6同級生殺害事件など子どもが子どもを殺傷する事件が2000年はじめに多発しました。生と死の教育研究会では、いのちのかけがえのなさ、大切さを子どもたちにどのように伝えたらいいのか、どのように自他のいのちを輝かせたらいいのかというテーマで研究を続けていました。しかし、いのちの大切さに対して時代は死の問題を回避してアプローチすることを許しませんでした。私たちは2004年に子どもが命の有限性を認識するのはいつか。すなわち死を認識するのはいつなのかについて大規模なアンケート調査を実施しました（兵庫・生と死を考える会2004年　小1～中2　2189人　いのちの大切さを実感させる教育のあり方［財］21世紀ヒューマンケア研究機構）。

　命の有限性とは、命あるものは必ず死ぬ（死の普遍性）という認識と、ひとたび死ねば命は生き返らない（死の絶対性）という2つの認識のことを指します。質問は抽象的なものではなく「あなたは自分がいつか死ぬと思いますか？」といった自分や父母（保護者）を含む具体的な内容で聞いています。

ゆらぐ死の不可逆性

　子どもが死の普遍性を認識する時期は7歳で

深まり9歳で確立することが判明しました。死の絶対性については9歳で確立するものの年齢が高くなると認識にゆらぎが生じてきます。すなわち認識率が落ちてくるのです。中学2年生でも「生き返らない」とする回答は80％を超えません。これは長崎県教育委員会の調査結果と一致します。これらの結果と分析は「子どもたちに伝える命の学び」（東京書籍2007年）で述べましたが、子どもの死生観に影響を及ぼす要因についても調べました。低学年（小1〜小4）では、死が怖くないと思う子どもは死んでも生き返ると思っている傾向を示しました。ゲームを1日3時間以上する子どもは死んでも生き返ると思っている傾向を示しました。家族に大切にされていない子どもは死の普遍性の認識が低い傾向を示しました。高学年（小5〜中2）では、自傷行為をする子どもは死の普遍性に対する認識は低い傾向を示しました。これまでに「命の大切さ」について誰かに教えてもらったことがありますかという問いに対して「教えてもらっていない」と答えた子どもは死の普遍性に対する認識が低い傾向を示すなど驚くべき結果が出ました。これらは調査から判明したほんの一例ですが、大人にとって自明の理である「いのちは大切である」という概念は現在の子どもを取り巻く環境では自然と身につく価値観や情操ではないのです。むしろ保護者から愛情をかけてもらえず、危険なメディア（SNS、動画、ゲーム）に過剰に接することは例外的なことではありません。大人が子どもたちに意図的に働きかける「いのちの教育」がいまこそ必要であると思うのです。

教師自身が変わるいのちの教育

子どもたちを取り巻く状況は急速に変化しています。生成AIの台頭をはじめとしたさらなる情報化、グローバル化に対応する国の方針が打ち出されています。それに伴った新学習指導要領への対応などで教育現場は多忙を極めています。いのちの教育を実践する領域の一つとして道徳教育が考えられますが高等学校では道徳教育は教育活動全体でなされることになっています。いのちの教育を新たな課題教育と位置づけて考えるべきではありません。

かつて、担任をしていたとき教室に居残っていた生徒が校舎から夕日を眺めていました。「きれいだね〜」と声をかけながら近づくとふり返りもせず、無言の時間が過ぎました。そして夕日が町並みに沈もうとしたときふり返りながら「わたしもいつかいなくなるんですね」とつぶやきました。「うっ」と言葉に詰まり、とっさに気の利いた言葉は出ないまま夕闇に包まれていく町並みを共に見ていました。

いのちの教育に取り組む前、私は授業や学級経営、受験指導など業務に追われる毎日を過ごしていました。どうしても教師然とした立場で生徒指導を行っていました。それは私にとって少し窮屈な世界であり消耗する働き方でもありました。いのちとは何か、自他のいのちを大切にし、個々のいのちを輝かせるために教育は何ができるかを考え、学び、実践する中で次第に教育観が変容していきました。いのちの教育の視点に立つと、ともに有限の命を生きる者同士のリスペクト、慈しみが生まれます。教師という立場を大切にしながらもいのちという繋がりをもった先達としての立場が車の両輪のように形作られ一貫性のある教師像が形成されていったように思います。

いのちの教育は子どもたちにとって重要な教育テーマですがわれわれ教師一人ひとりを生き生きとさせる教育活動だと確信しています。管理職として学校経営を担う立場であるなら、子どもたちの現状に鑑み、必要とならば推進委員会を立ち上げてもいいでしょう。しかし、その前に学校風土にいのちの大切さを根付かせたいと思います。風土作りとは先生方の日々の実践にこそあるものです。

いのちの教育

既存の教育活動をいのちの教育として意味づけていく

　いのちに対する学びはその時のタイミングが大切です。飼育していた金魚が死んでしまった。おじいちゃんが病院に入院して元気づけたい。心にもないことを言ってしまって友だちが休んでいる。塾のことでお母さんに叱られて家に帰りたくない。子どもたちは小さな心を痛めて先生にサインを出します。そのとき、微弱な変化を受け止めることができる学校でありたいものです。また、しんどい子や元気いっぱいの子どもたちが学校行事やボランティア活動で互いを認め合い、自信を深めたなら立派ないのちの教育が進められていることになります。これらの日々の教育活動の成果を先生方同士でいのちの教育という視点で意味づけていくことがとても重要だと思います。そのような職場こそが前述した豊かな職場風土であり、子どもたちを包み込む愛のある学校といえるでしょう。保護者と学校では愛の形態は異なりますが、この愛を感じて子どもたちは育っていきます。かつて見た保健室は花や手作りのマペットが本棚に置かれていました。本棚にはいのちを考えさせる絵本がさりげなく置かれていました。そこに温かいいのちの教育を私は感じました。

リンクする生きる力と＜いのち＞の教育

　日常における種々の教育活動を「生きる力」で捉えてみましょう。生きる力を抽象的な概念ではなく、たとえば首尾一貫感覚（Antonovsky、1987年）というスケールで捉えると、具体的な生きる力の育成という価値が見えてきます。首尾一貫感覚とは、逆境に陥っても困難に立ち向かい、心身の健康を保つことができる力です。ストレス対処能力とも呼ばれ、把握可能感（自分の置かれている状況を理解できること）、処理可能感（何とかなりそうだと感じられること）、有意味感（出来事には意味がある、生きる意味を感じられること）という3つの下位因子から構成されています。

　学校体験の何が首尾一貫感覚と関連するのでしょうか。2021年に高校生を対象にした筆者の調査によれば、自尊感情や共感性は首尾一貫感覚や有意味感に正の相関関係が見られました。また、たとえば「授業で学んだことが、世の中に対するものの見方や考え方に役立ったこと」という体験は有意味感と強く関連していました。学びによって自分を含めた世界に対する認識が拡張し、深まっていくという納得感は自分がこの世界と対峙するうえで必要不可欠な要素だと思います。これらの結果は日々の授業において子どもたちの世界と結びつけようとする教師の営みを強く肯定しています。

　また、ネガティブ体験を反転させてポジティブな意味付けをしている集団についても調べました。ネガティブ体験とは学校での失敗や理不尽な経験のことです。ネガティブな体験という困難性を反転させて生きる力に向かうためには、学校が温かく、寛容で安心感があり、なおかつ挑戦性のある学校風土が重要であることがわかりました。そのような学校風土のもとで子どもたちは「よし、もう一回やってみる！」という意欲が高まるのと考えられます。

　「生きる力」を考えるにあたって首尾一貫感覚という概念を導入しましたが、金科玉条と考えているわけではありません。類似の概念やポジティブ心理学など多様なアプローチが存在します。今、教育の世界で必要なことはそれらさまざまな概念や尺度を活用し、現行の教育活動を客観的に評価し、新たな価値の存在を認識すべきではないかと考えます。強化すべきものはより効果的な取り組みにし、減じるべきものを見極める姿勢が重要ではないかと考えます。いのちの教育はいま、そこに存在しています。

いのちの教育

安全教育を通した〈いのち〉の教育

一般社団法人Clerc　子どものいのちと権利の教育研究会　副理事長
奈良学園大学教授　松井典夫

「いのちを大切にしましょう」
　たとえばこの言葉を、先生が児童生徒に言ったとき、あるいは黒板に書いたとき、児童生徒の反応はどのようなものでしょう。この言葉は、折に触れて教師が使う言葉ではないでしょうか。「いのちの大切さ」の涵養は、学校教育においては不朽の命題であることは言うまでもありません。
　逆にそれが理由になっているのでしょうか。冒頭の言葉を発した瞬間、児童生徒は潜在的に、（またか）（そんなことはわかっている）と感じています。そして児童生徒の瞬間的な潜在を、じつは言っている教師が実感しているのです。その中で紡ぎだされる「いのちの教育」は、互い（児童生徒と教師）にとってどこか空虚で、達成感や学習の到達感が得られないものです。
　問題の所在はどこにあるのでしょう。
　さまざまな要因が考えられますが、本稿ではいのちの「実感」に焦点を当てて考え、児童生徒の「いのちの大切さの実感」を喚起する授業プログラムを提案したいと思います。

いのちの実感の稀薄性

　警察署の前の掲示ボードに、「○○県 本日の交通事故死者数」という報告があります。そこに「1人」という結果を見たとき、どのように感じるでしょう。あるいは新聞の報道で、火災現場から焼死体が発見されたという記事を見たときはどうでしょう。それらが自身や、あるいは近しい他者以外の「三人称の死」（Vladimir Jankelevitch）である限り、その日、交通事故や火災で失われたいのちへの実感は、稀薄であることは否めないのです。
　そしてこのことは、死を実感できないことが責められるべきではなく、「しかたのないこと」なのです。なぜなら、いのちとは実体のないものだからであり、生命の不可逆性や唯一性は、言葉で教えられても理解することは困難だからです。私たちは、その前提に立った上でいのちの教育を考えていかなければ、それこそ、実体なき学びに陥ってしまいます。
　そこで本稿では「いのちのバイスタンダー」の授業を紹介します。この実践では、いのちを実感するために、子どもたちが「いのち」に直面する場面を設定しました。そしてその場面で、子どもたちが個々に自己の内面で沸き起こるいのちへの感情を認知することによって、いのちの「実感」へとつなげようとする試みです。

BLS（Basic Life Support）学習とは

　BLS（Basic Life Support）とは、心肺停止状態にある人に施す一次救命処置のことであり、大きく分けて胸骨圧迫を中心としたCPRに、AED（自動体外式除細動器）による処置を含むものになります。BLSはすでに、中・高等学校の学習指導要領に導入されています。しかし、ここで見誤ってはならない大切な問題があります。
　2011年9月29日、さいたま市立小学校6年生の桐田明日香さんが、駅伝の練習中に倒れ、翌

いのちの教育

日に亡くなりました。このとき大きな問題となったのが、駆け付けた複数の教員（養護教諭を含む）が呼吸や脈、動きなどによる反応を見誤り、CPRやAEDによる救命処置を行わなかったことでした[※1]。普通救命講習を受講していた教員にとっても、救命現場での判断、処置は非常に困難なものなのです。そのBLSを小学生の児童に学習させる意義はどこにあるのでしょう。筆者がこの授業を実施する際に相談に行ったある救命センターの医師の言葉が、その意義を的確に表していると思います。

「北欧では幼児期からBLS教育を行っています。その点、日本は遅れている。ぜひ、小学校で実践してください」。そして、「BLSを学ぶことはいのちの教育です」と言われました。この学習は、一次救命処置の技能を教え、人の命を救うことができる子どもを育てることが目的ではありません。いのちのために、自分自身に何ができるかを真剣に考えることができる、豊かな心情と実践力を育むことが目的なのです。

「いのちのバイスタンダー」の授業[※2]

1）BLS技能の習得

本実践のタイトルで使用しているバイスタンダー（By-Stander）とは、いわゆる「やじうま」のことです。しかし1990年代、アメリカ心臓学会（the American Heart Association）が中心となって規定したガイドライン（病院外心停止事例の記録を統一するための推奨ガイドライン：ウツタイン様式）では、「心停止を目撃した者がバイスタンダーとなる」と定義されました。ここから、バイスタンダーとは、「やじうま」なのではなく、傷病者の「そばにいる人」であり、そのいのちを救うために何かしよう、という機運が広まったのです。

6年生を対象に行った本実践では、授業を始める前に、事前調査を行いました。「もし目の前に傷病者がいたとき、あなたはどうしますか」という質問です。三者択一での回答を求めたのですが、結果は「助ける」が37人、「どちらともいえない」が0人、「助けることができない」が3人という結果でした（当該学級40人）。そして、「助ける方法」について質問したところ、多かった回答が「助けを呼ぶ」「119番通報をする」でしたが、「AEDを使用する」「心臓マッサージをする」「人工呼吸をする」などの回答も見られました。この時点では、児童はBLSの知識を持っているわけでもなく、それらの言葉を知っているにすぎません。それでも、「できるのではないか」と考える無知からくる実態が見られました。同時に、人が苦しんでいるなら助けるべきだ、という純粋な心情も見られたのです。

そして、AEDトレーナーとマネキンを用いたBLS学習を始めました。私たち大人であれば、普通救命講習は3時間とされているのですが、授業では一つ一つの手技を1時間かけて指導[※3]、体験し、毎回ワークシートに感想を書かせていきました。子どもたちの技能は見る見るうちに上達し、大人顔負けの技能を習得していきました。同時に、ワークシートに記されている言葉には、「いのち」という言葉がおのずと増えていきました。人の生命を救うことができる技能を自分は身につけていっているのだという、自己有能感の高まりが見られていました。

2）本物の「いのちの実感」へ

この段階における子どもたちの学びが、いのちの大切さを実感しているとはまだ言えません。子どもたちはBLSの手技を習得し、「私は人のいのちを救うことができる」と、「実体のない実感」を持ったにすぎません。ここから、本物のいのちの実感へと結びつけていくことが、本実践の重要な目標です。

しかし、そう簡単に「いのちに直面」する場面など作れるはずもありません。そのような教材を得たのは、じつは偶然からの始まりでした。

私が当時、「いのちのバイスタンダー」の授業を進めていたとき、そのクラスの児童の母親から電話をいただきました。その母親は、折しもその

頃に、子どもの柔道の試合を応援している会場で、心肺停止で昏倒した男性の選手をAEDを使用して助け、市から表彰されていたのです。その電話の内容は、当時、救命に使用したAEDにはボイスレコーダーがついているので、その音声を「いのちのバイスタンダー」の授業で教材として使ってはどうか、という内容でした。筆者はこの提案に飛びつきました。AEDの記録を管理している消防署へ行き、授業案を見せて説明し、その音声を授業で使わせてほしいとお願いしました。最初は、傷病者のうめき声なども記録されているからプライバシーに関わるという理由で断られました。しかし、授業の趣旨を話しながら何度もお願いすると、最後には承諾してくださいました。それはかりか、授業の趣旨を十分に理解してくださった消防署長さんが、その音声とともに記録されていた心電図のペーパーも提供してくださり、「子どもたちのいのちの教育に役立たせてください」と言ってくださいました。筆者はその資料を持ち帰り、音声と心電図を合わせた動画を作成しました。そして、「いのちの実感」場面の授業を迎えました。

3）動けなかった子どもたち

　授業は年に1度の研究会で公開授業として実施し、およそ100人の教師や管理職、教育関係者が見る中で行われました。授業の冒頭で、グループごとに、BLS技能をおさらいしながら、チェックしていく活動を行いました。そのときの子どもたちの様子は、「いのちの教育」とは少しかけ離れた様子でした。BLSの技能を習得したことがうれしかったのでしょう。多くの参加者の前で、喜々としてその活動に取り組み、時折友だちとふざけ合いながら胸骨圧迫をする様子も見られました。この様子を見ていたある参観者が、授業後の協議会で「なぜ松井先生が子どもたちの態度を注意しなかったのか、その時は疑問でした」とおっしゃいました。しかしその後、授業を見るうちにその疑問は解消されたと言います。その理由はここからの展開にありました。

　グループでチェックする活動が終わり、私は教室の電気を消して、「いのちの現場」の動画を見ることを伝えました。そして、緊迫したいのちの現場の音声、怒号、本物のAEDの音、それに伴って流れる心電図は、細動を起こした心臓の不規則な、そして止まってしまいそうな心拍を表す動画を視聴しながら、子どもたちは声を失っていました。そして、1回の電気ショックの後、少しずつ心電図は動きを取り戻し、救命にあたる人たちの「よかったー」という安堵の声が聞こえ、"この傷病者は、無事に社会復帰を果たすことができました"というテロップとともに動画を終えました。教室の電気をつけても、子どもたちは声一つ漏らすことなく、そのままの姿勢で動けずにいました。それほどまでに、いのちの現場の緊迫感に、子どもたちは圧倒されていました。そして私は子どもたちに、教室の真ん中に丸く輪の形になって座るように言いました。まだふらふらと、動画の衝撃が残っているような足取りで、子どもたちは輪になって座りました。その真ん中にマネキンを置き、私は唐突に声を上げました。「あ、だれか人が倒れている！」

　その瞬間、子どもたちはビクッと体を震わせました。そして、だれも動こうとしません。私はもう一度、「だれか倒れている！」と声を出しました。それでも、子どもたちは動くことができませんでした。のちの協議会で、参観者の方が時間を測ってくれていたことがわかり、私は1分半の間、これをくり返していたそうです。なぜ待つことができたのか。それは、先に述べたワークシートに表れていた、子どもたちの意識の変容でした。この子どもたちは、「いのち」の重さに気づき始めている。私には、その実感がありました。そう思いながら待つうちに、一人の児童が立ち上がって声を出しました。

「傷病者発見！すみません、だれかいませんか？！」

　すると、何人かの児童が駆け寄りました。その表情は、安堵の表情にも見て取れました。「これなら自分もできる」という、本当の「いのちに対

いのちの教育

する実感」だったのです。

 ### いのちに触れることの怖さ

この実践は、いのちを実感する方法として、いのちの怖さ、重さを感じ、ただ単にBLSの技能を習得した自尊心で終わらせるのではなく、そのとき動くことができなかった自分を知り、なぜ動けなかったのかを考え、いのちと向き合うことによって「いのちの実感」へと結びつける取り組みでした。この授業の最後に、「もし目の前に傷病者がいたら？」の問いをもう一度投げかけました。授業前にはほとんどが「BLSを使って助ける」という意思を示していたのですが、このとき多くの児童が、「少し怖いけど何かする」という意思を示しました。"AEDを取りに行く"や"大人を呼びに行く"など、自分に本当にできることを考え始めたのです。笑いながらBLSの活動をしていた子どもたちとは、明らかに変わったのです。

現在、多くの学校や地域で、小学生のBLS習得学習が実施されています。しかし、その目的を誤ってはならないと思うのです。児童がBLSを学ぶ目的は、救急救命への道筋なのではなく、いのちを実感するための学習であるということなのです。

先に紹介した、柔道の試合会場で救命にあたり、私に貴重な教材をもたらしてくれた保護者を、本実践の最後に学校へ招き、子どもたちに当時の救命現場の話をしていただきました。そのときに、子どもたちに言われた言葉をご紹介したいと思います。

「私たち大人は、あなたたちに一次救命をして、いのちを救ってほしいと思っているんじゃないよ。今、この学習をしているあなたたちは、それだけで素晴らしい」。

 ### 本当に必要な学校安全

2011年10月、滋賀県大津市の中学校2年生の男子生徒が、いじめを苦に自死する事件が起こりました。この事件では、学校や教育委員会のいじめに対する認識の在り方についても世論を揺るがし、大きな社会問題になりました。そしてこの事件は、あらためていじめが「いのち」と結びつくものだという認識を深めさせることとなり、2年後の2013年9月、「いじめ防止対策推進法」が改訂されるに至りました。この法律は、「いじめが、いじめを受けた児童等の（略）、その生命又は身体に重大な危険を生じさせるおそれがあるものであることに鑑み（略）」制定されたという目的を明示しており、いじめが命に関わるものであると明文化しました。

しかしながら、法律ができたからといっていじめがなくなるわけではありませんでした。その後も、いじめを苦に命を失う悲しい事件が発生しています。それにもかかわらず、「学校の設置者又は学校において、いじめの重大事態が発生しているにもかかわらず、法、基本方針及び調査の指針に基づく対応を行わないなどの不適切な対応があり、児童生徒に深刻な被害を与えたり、保護者等に対して大きな不信を与えたりした事案が発生している」※4）など、大津市の事件の教訓が生かされず、学校関係者のいじめに対する認識不足が指摘されています。

学校の安全について考えたとき、過去に発生した事件や事故、災害等に対して、学校現場は真摯に向き合い、対応しようとしてきました。それは、各校や自治体で行われる不審者対応訓練や、防災教育の推進などにもよく表れています。教師はさすまたを持ち、訓練に励み、子どもたちを守ろうという使命感を持っています。しかし、子どもたちにとって、今、目の前にある現実的に必要な学校の安全とは何でしょう。それは、毎日笑顔で通うことのできる学校なのではないでしょうか。いじめのない、いじめに遭う不安と闘わなくてもよい学校なのです。教師や学校は、そのことに強く目を向け、取り組みを推進していかなくてはなりません。

いじめの実態

国立教育政策研究所（以下、国研）は、さまざまな要件（大都市近郊、住宅地や商業地、農地など）を域内に抱える地方都市を選び、その市内の全小中学校に在籍する全児童生徒を対象としたいじめの実態調査を継続的に実施しています。この調査の特長は、同じ内容の調査を同じ地点でくり返されるため、経年的な変化を追うことができる点です。また、匿名性を維持しながらも、個人を特定できるように調査されるため、どの子がどのように記述したのか、経年調査できるようになっています。

たとえば【図1】は、後で紹介する「Smile School」の実践で使用したデータですが、714人の対象者に3年間で計6回実施した調査のうち、「仲間はずれ・無視・陰口」に特定したデータをまとめたものです。このグラフの見方ですが、中1の6月に実施された調査では、「仲間はずれ・無視・陰口」について、週1回以上の被害経験を訴えたのは84人です。そして、中1の11月に実施された同調査では、週1回以上の被害経験者が73人となっています。

そこで注目するのは73人の右側の4層に分かれた部分です。そこが表しているのは、中1の6月における対象者の移動状況なのです。したがって、中1の11月の週1回以上の被害経験を訴えた73人のうち、29人は6月から引き続き週1回以上の被害経験を訴えているということなのです。また、73人のうち16人は、6月の時点では被害経験は「ぜんぜんなかった」のです。この調査結果から、文部科学省は「いじめにピークはない」ことや、「いじめっ子やいじめられっ子と呼ぶべき子どもはほとんど存在せず、どの子にも起こり得る（加害者にもなり得る）」という分析を行いました。この分析は、特定の児童生徒に対してその注意を払うのではなく、学校や教師が、「どの子にも起こり得る」という視点をもって未然防止に努めることが大切であることを示唆するものです。

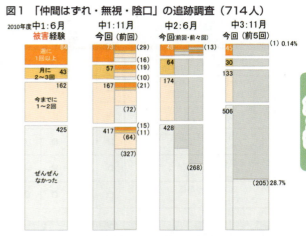

図1 「仲間はずれ・無視・陰口」の追跡調査（714人）

出典：国立教育政策研究所「いじめ追跡調査2010-2012」

しかし、それは大人が持っているべき視点です。実際の教育活動では別の視点を持つ必要があるでしょう。いじめは命と結びつくものであるということ、いじめはしてはいけないということは、言葉だけで通じるものではありません。その視点で【図1】を見ると、別のことが見えてきます。中3の11月を見ると、最も右側に「(1) 0.14%」と記されています。これは、中1の6月から中3の11月までの3年間、計6回の調査で、週1回以上の被害経験を訴えた、たった1人の生徒なのです。「いじめられっ子はいない」「入れ替わる」「継続していじめられる子はほとんどいない」という分析が重要なのではなく、3年間いじめられ続けた生徒がいるという事実と、その生徒はどのような思いで学校生活を送ってきたのだろうと、想像することができる感性なのです。そこで、この資料を用いた実践、「Smile School」を紹介します。

Smile School 「いじめと命」未来に向けて考えよう

1）「されたこと」と「したこと」

この実践は、小学校の6年生を対象にしたものです。初めに、国研の「いじめ追跡調査」で用いられているデータを使用し、友だちから「されたこと」についてアンケート調査を行いました。そして日を改め、そのアンケート調査の一部文言

いのちの教育

図2　研究授業実践時のアンケート（6年生対象：2013年2月）

① 友だちから、「されたこと」について

	一週間に何度も	一週間に一回くらい	一カ月に2〜3回ほど	今までに1〜2回ほど	全くない
ア）仲間はずれにされたり、無視されたり、陰で悪口を言われた	2	9	11	11	4
イ）からかわれたり、おどされたり、悪口や、いやなことを言われた	6	12	5	12	2
ウ）軽くぶつかられたり、遊ぶふりをしてたたかれたり、けられたりした	4	7	12	8	6
エ）ひどくぶつかられたり、たたかれたり、けられたりした	2	1	8	15	11
オ）お金やものをとられたり、こわされたりした	0	0	2	11	23
カ）パソコンや携帯電話で、いやがることをされた	0	0	0	0	37

② 友だちに、「したこと」について

	一週間に何度も	一週間に一回くらい	一カ月に2〜3回ほど	今までに1〜2回ほど	全くない
ア）仲間はずれにされたり、無視されたり、陰で悪口を言われた	1	6	13	13	4
イ）からかわれたり、おどされたり、悪口や、いやなことを言われた	0	7	7	17	6
ウ）軽くぶつかられたり、遊ぶふりをしてたたかれたり、けられたりした	1	3	10	8	15
エ）ひどくぶつかられたり、たたかれたり、けられたりした	0	1	3	9	24
オ）お金やものをとられたり、こわされたりした	0	0	1	7	29
カ）パソコンや携帯電話で、いやがることをされた	0	0	0	0	37

を替えて「したこと」の調査を行いました。結果は【図2】の通りです（6年生37人）。

　この調査結果を、子どもたちに提示して皆で分析します。すると子どもたちの中から「とくにイ）のからかわれたり…のところを見ると、された人は多いけど、した人は少ない」「同じクラスでしたアンケートなのに、どうして人数に差がでるんだろう」という疑問の声が上がります。そして、「されたことは言うけど、したことは言いにくい」という発言や、「もしかしたら、された方はよく覚えているけど、した方は覚えていないのかもしれない」など、いじめの見えにくい、閉ざされた部分に自然と踏み込んでいく様子が出始めます。

2）「たった一人」への気づき

　そこで、先の「いじめ追跡調査」のグラフを提示します。まずこのデータの読み取りを始めると、「週に1回以上がどんどん減っている」というところに児童は注目します。そして、「成長するにつれて、いじめは減っていくのではないか」という子どもたちなりの分析をします。しばらくさまざまな読み取りの成果を発表しますが、そのうちに、ある児童が気づきました。「3年間、ずっといじめられている人がたった一人いる」と。

　「3年間被害経験を訴え続けているたった一人の中学生」に注目した子どもたちは、「3年間もの間、毎週『仲間外れ・無視・陰口』をされ続けたら、自分ならどうなるだろう」「この人は、学校に通い続けることができたのだろうか」ということを想像しはじめました。そして、「たった一人」の苦しみ続けたであろう中学生に注目した中で、別の「たった一人」の中学生に目を向け、いじめの悲惨さの一つの象徴的な例へとつなぎ、いじめに対する認識の変容をはかるべく、「ある一人の中学生」のことを話しました。

3）いのちの教訓から

　ここで資料として、過去に発生したいじめ自死事件で、その中学生が残した遺書を取り扱いました。その遺書は、遺族が2度とこのような事件が起こらないようにと、新聞紙上に公開したものです。その残された教訓を、授業で取り扱うことにしました。遺書には、いじめを受けていた事実が刻々と、そしてどこか淡々とつづられています。

　"これから生きていても……" "もっと生きたかったけど……" "僕は、旅立ちます" "まだやりたいことがたくさんあったけど……" "また、会えるといいですね"

　児童にその遺書を読み聞かせると、大粒の涙を流す子もいました。子どもたちの中で「いじめといのち」が結びついた瞬間でした。そして子どもたちに、「いじめとは何ですか」と問いかけました。"いじめはいのちを奪うものだ"など、そこには授業の入り口とは違う、「いじめといのち」が結びついた言葉がいくつも出されました。また、実際にいじめを受けて苦しんでいる児童もいます。その児童が、自分自身の姿と、いじめを苦に自死を選んだ中学生を結びつけて終わってはなりません。授業のいじめの定義を見て、周りの友人た

ちがいじめに対する態度や認識を変容させる姿を見て、安心感に結びつけてほしいと願いました。

　これは、いじめでいのちを失った中学生が残した「いのちの教訓」からの学びなのです。いじめが原因で自死という最悪の事態にまで発展し、"まだやりたいことがたくさんあったけど"死を選んだ子どもたちが現実にいるということを、子どもたちが実感することは大切な学びです。もちろん、このような取り組みを行うには、児童の発達段階、友人関係、現在置かれている状況、学級経営の状態など、さまざまな要因を考慮して行わなければなりません。しかし、事件や事故、災害に関する心理の常として、明日わが身に降り掛かるものとは考え難いものです。子どもたちの中で、どこか遠い所にあった、そして言葉だけで理解したつもりでいた「いじめといのち」の結びつきが、実際に悲しい思いをした過去の教訓から学ぶことによって、「実体験に近い体験」をすることができるのです。その積み重ねが「いのちの大切さ」を実感する子どもを育むのではないでしょうか。

　「Smile School」の実践は、「いじめ」の授業という意味があるのみならず、いじめによって生じた悲しい教訓を基にした、「いのちの教育」なのです。

※1）さいたま市教育委員会はその後、協働して事故を分析し、『体育活動時等における事故対応テキスト ～ASUKAモデル～ 』を作成した。
※2）拙著「どうすれば子どもたちのいのちは守れるのか　－事件・災害の教訓に学ぶ学校安全と安全教育」（松井典夫著　ミネルヴァ書房　2017年2月）に詳細を記載。
※3）授業者（松井）は、この授業を行うにあたり、「応急手当普及員」の資格を取得して行った。
※4）「いじめの重大事態の調査に関するガイドライン」（平成29年3月、文部科学省）

いのちの教育

＜いのち＞の教育とウエルビーイング

一般社団法人Clerc　子どものいのちと権利の教育研究会　名誉顧問
元 兵庫教育大学学長　梶田叡一

ウェルビーイングということ

　あらためて言うまでもないことですが、＜いのち＞の問題を考える際の土台として、＜生きる＞ということをどうしても考えておかなくてはなりません。＜いのち＞が保たれているだけでなく、人間らしく充実した形で満足感をもって生きているかどうかが問題とならざるを得ないのです。古代ギリシャの哲学者ソクラテスは、ただ単に生きているだけでなく「良く生きる」のでなくてはならない、と言います。今の言葉で言えば、まさにウェルビーイング（人間としての幸福なあり方）という視点から＜いのち＞を、＜生きる＞ということを、考えてみなくてはならないのです。

　ちなみにソクラテスの場合、「良く生きる」ということは、「自分自身の魂の世話をして徳の高い優れたものとし、倦まず弛まず知の探究をする」という在り方を実現することでした。

　ウェルビーイングについては、WHO（世界保健機関）で早くから「身体的な健康だけでなく精神的社会的にも良好で幸福感のある状態が大切」といった議論がなされてきました。そして近年はOECD（経済協力開発機構）で、「GNPといった社会的豊かさだけでなく一人ひとりが身体的精神的社会的に良好で幸福なあり方の実現を」といった議論が積み重ねられています。

　わが国では一昨年（2023年）3月の中央教育審議会総会で了承され、6月に閣議決定された第4期教育振興基本計画で、今後の学校教育の基本的在り方について「日本社会に根差したウェルビーイングの向上」を目指す、とされたところから、にわかに広範な注目を集めている感があります。次期学習指導要領の策定についての中央教育審議会教育課程部会での議論の中でも、この「ウェルビーイングの向上」が取り上げられ論じられているとも報じられています。

　しかしながら、ウェルビーイングが具体的に何を意味しているのかについては、「自己への満足や高い評価、幸福感」というだけの上滑りな浅い理解が横行しているように見えて仕方がありません。単なる幸福感に満たされているのがウェルビーイング、といった誤解は、まさに困ったものです（注1）。

　第4期教育振興基本計画では、「持続可能な社会の創り手の育成」と「日本社会に根差したウェルビーイングの向上」が2つの柱として掲げられていますが、ウェルビーイングについては、身体的・精神的・社会的に良い状態にあることをいい、短期的な幸福のみならず、生きがいや人生の意義など将来にわたる持続的な幸福を含むものです。

　また、個人のみならず、個人を取り巻く場や地域、社会が持続的に良い状態にあることを含む包括的な概念であるとされています。その上で、日本社会に根差したウェルビーイングの要素としては、

・「幸福観（現在と将来、自分と周りの他者）」
・「学校や地域でのつながり」
・「協働性」
・「利他性」
・「多様性への理解」
・「サポートを受けられる環境」
・「社会貢献意識」

・「自己肯定感」
・「自己実現（達成感、キャリア意識など）」
・「心身の健康」
・「安全・安心な環境」

などが挙げられます。これらを、教育を通じて向上させていくことが重要であり、その結果として、とくに子どもたちの主観的な認識が変化したかについてエビデンスを収集していくことが求められるとされています。

結局のところ、「ウェルな＝良い」「ビーイング＝状態・在り方」ということであり、そのことを「自分自身でも認識し理解し満足している」ことであると考えてよいでしょう。「自分自身が人間として望ましい状態・在り方をしていると自認していること」と考えていいのではないでしょうか。

もちろん、それは単に「自分自身の現在の状態に満足し、幸福感に満たされた」状態であれば何でもいい、といった単純なことではないはずです。その「自己への満足感・幸福感」が、自己中心的で、はた迷惑なものであっては、まさに困った状態と言わねばなりません。

また「自己への満足感・幸福感」の中身も、単に「心地よい睡眠をとって」「おいしいものを食べて」といったレベルに留るものであっては、とりたてて教育課題とするまでもありません。さらに進んで「周囲から認められて」「皆から温かい拍手を貰って」といったレベルのものであったとしても、人間としてそれで満足していいのか、ということになります。

やはり、自分自身に「精神的に深い充足感をもたらす何か」がなければどうにもならないでしょう。これは、現行の学習指導要領で最終的な教育成果として目指されている「人間性の涵養」とも深い内的関連性を持つ目標と言っていいのではないでしょうか（注2）。

ウェルビーイングは「実現への努力＝自力」だけで向上するのか

そうしたウェルビーイングをどのようにして向上させていくかです。人間としての在り方、それに伴う意識世界の持ち方なり境涯なりの向上に向けて、環境を整え、さまざまな経験を積み重ねていく機会を準備し、当人に対しては自分自身の向上の状況について十分に意識し、それに向かって最大限の努力を傾注するよう指導していくことが必要となるでしょう（注3）。

しかしながら、問題は「自分自身の向上のために頑張る」という当人の決意と努力を、そのままの形で認め支援していくだけでいいのか、ということです。当人が「こうした意味で自分自身に満足でき、幸福と感じるように頑張っていく」といった「自力」中心の努力を継続していくというだけでは、本当の「ウェルビーイングの向上」は実現できないままになるのではないか、と思われてならないのです。

ヨーロッパでは「神の思し召し」への埋没が長く続いた後、ルネッサンスを機会に、近代的自我の目覚めを背景とした個人主義が勃興しました。「神の全面的支配の下での我」という中世的な自己意識から脱却し、「自己決定」「自己の努力」「自己責任」を自分自身の生きる原理とする「自力」本位の自己観に転換したわけです。これが現代に至るまで主流となってきたわけですが、そうした「自力」本位の自己観を修正する動きが、とくに20世紀初頭以降、さまざまな形で強まってきています。

たとえば、フロイトの精神分析理論に典型的な形で見られるように、あらゆる決定や努力の主体となる自分自身の意識の在り方が、現実には自分では気付いていない内的な無意識の世界によって決定されており、それは自分自身の意識世界での意志や価値観と時に矛盾葛藤するものであることが指摘されています。

また、さまざまな形で展開されてきた大衆社会論や社会心理学の研究の進展によって、個々人の意志や価値観が、さらには対自的な態度までもが、マスコミやSNSなどを通じて押し寄せて来る他の人たちの行動や考え方などによって大きく左右されていることも明白になっています。

今まで「目標意識」「決意」「克己勉励」「反省

いのちの教育

と評価」など、その人の意識世界の中の自己を究極の主体と想定し、自己の決意と努力によって自分自身を前進させていくことが可能であり、また望ましいものとされてきたわけですが、それは単なる思いこみに終る場合が少なくないのでは、という見方が強くなってきているのです。いずれの場合も、意識された自分自身が必ずしも自己の究極の主体ではない、ということの気付きです。

意識されている「私」を究極の主体とするのでなく、生かされている「私」、そう思わされ、そう努めさせられている「私」、を大前提とせざるをえないのです。しかしながら、結局のところ最後には、その人自身の意識世界においてさまざまなことを決めて、やっていかなければなりません。そうすると、自分自身の内的な意識の操作だけではどうにもならない内外の諸要素について、常にアンテナを張り、時には自分の気に染まなくても受容し、内外から押し寄せて来る諸力諸条件を活用し、その結果もたらされるものについての賢明な対応を考える、といった柔軟な自己対応力をつけていくことが不可欠、ということにならざるをえないのです（注4）。

そうであるとするなら、親や教師が「がんばれ！」「がんばれ！」と叱咤激励するだけでは済まなくなります。当人がいくら頑張ってもどうにもならないことがあることを、指導する側も十分に理解し、前提としなければならないのです。その上で当人には「頑張ってもうまく行かないことがあるからね、そんなときに落ち込んじゃいけないよ、次のチャンスを待ってまたトライしようね！」などと言ってあげることも必要となるでしょう。もちろん、これと同時に、失敗や不達成を恐れて何もしないでそっとしているのが「心の平安」を守る上で一番！と言った消極的な姿勢に陥らないよう十分配慮したいものですが。

ここで述べてきたように、＜いのち＞の教育の課題は、まさに「ウェルビーイングをどう実現していくか」ということである、と言っても過言ではないように思われます。今後の「＜いのち＞の教育」の重点課題として、精力的に取り組んでいきたいものです。

（注1）溝上慎一『幸福と訳すな！ウェルビーイング論』東信堂，2023年12月。
（注2）日本人間教育学会『人間性の涵養――新学習指導要領の究極的な目標は［教育フォーラム63］』金子書房、2019年、を参照されたい。
（注3）例えば「人間的な成長・成熟と内面世界・自己概念」（拙著『自己意識と人間教育［自己意識論集Ⅱ］』東京書籍、2020年、16～32）も参照されたい。
（注4）例えば「内奥の本源的自己という基盤」（拙著『内面性の心理学［自己意識論集Ⅴ］』東京書籍、2021年、68～89）も参照されたい。

参考文献
・梶田叡一『＜いのち＞の教育のために――生命存在の理解を踏まえた真の自覚と共生を』金子書房，2018年。

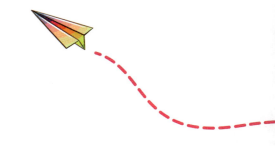

いのちの教育

絵本ではぐくむ心と体

森ノ宮医療大学教授　松田智子

「死」という視点から迫る教育実践

　幼稚園や小学校低学年の幼い子どもを対象とする命の教育は、生まれてきたことや生きていることの喜びや素晴らしさを実感する「生命賛歌」の思想を中心としています。本来「死」と「生」は表裏一体であるべきですが、無宗教である日本の教育界は、とくに「死」を意図的に避けてきたように思います。その理由の1つとしては、未来のある子どもには命の素晴らしさを教えるべきで、暗いイメージのある死を教える必要はないという意見です。次に人生経験が浅い子どもが、死について理解するのは不可能ではないかという考え方です。そして最後に、仮に前述した2つのことが解決しても、教える教師側が死というものについての自覚、すなわち自らの死生観を持っていなければ指導できないだろうとする主張があるからです。私は、子どもの周囲から意図的に「死」が遠ざけられている現代こそ、学校教育で「死」から「生」を教えることが必要だと考えます。最近は状況も変化し、2人称や3人称の「死」から「生」を考える教材が、国語の教科書でも取り上げられています。

　生きることと表裏一体である3人称と1人称の「死」を直接的に扱いつつ、子どもにエネルギーを与えてくれる1冊の絵本を紹介します。とりわけ1人称の「死」を取り扱ったこの絵本の意義は大きいです。

絵本『しんでくれた』について

　この絵本は、谷川俊太郎の詩に、後から塚本やすしが絵をつけ、詩と絵がしっかりと補完し合っています。表紙には、大きなハンバーグがドーンと真ん中に配置され、色鮮やかな野菜がいろいろと添えられています。その横にひらがなで「しんでくれた」と黒々としたタイトルが並びます。死を直接的に表現した題にドキッとしますが、表と裏の見返しには、命の源である輝く太陽が黄色であふれるように描かれています。中表紙には、体内を流れる血のような色鮮やかな赤全面、そこに白抜きで「しんでくれた」の文字、この鮮やかな赤と白と黒の効果的な対比が、息詰まるような空間を力強く作ります。ページを進めると「うし／しんでくれた　ぼくのために／そいではんばーぐになった／ありがとう　うし」と続きます。命のつながりを、残酷になりすぎず、また感謝の気持ちを強制することもなく、淡々と谷川らしい明快な言葉で表現しています。

　この絵本の狙いは、多くの動物の死に対して感傷的になることではありません。生き物は生き物を食べて生きる、人間は他の生き物の死のおかげで生きているという忘れがちな大切な事実を、私たちにハッと気づかせてくれる絵本です。絵本の前半に登場する、牛・豚・鶏・魚たちは、真っすぐ読み手を見据えて、その表情は見る者の心に迫ります。さらに、僕のために次々と死んでくれた多くの動物たちが暗闇の中で眠るようにぼんやりと見える見開きページには、3人称の死に対しても心がぐっと重くなります。

　しかし次では、話は3人称の死から1人称の死へと、大きな展開を迎えます。僕は地面の上に直立し「ぼくはしんでやれない／だれもぼくをたべないから」と1人称の死の否定とともに食物連鎖の

69

いのちの教育

頂点に立っていることを宣言します。3人称の死は容認できるが、1人称の死は拒否するという人間の傲慢さを無表情に語る姿に驚きを感じる場面ですが、子どもの視点に立てば納得できます。なぜなら、次に「それに もししんだら／おかあさんがなく／おとうさんがなく／おばあちゃんも／いもうとも／だからぼくはいきる」と色とりどりの涙とともに家族の思いが展開されるからです。朝日を受け両手を力いっぱい伸ばし、ベッドから起き上がる僕、さらに「うしのぶん ぶたのぶん しんでくれたいき もののぶん／ぜんぶ」が僕の生きるエネルギーになっていると語られます。

シンプルでわかりやすい言葉が詰まった、生きるエネルギーを表現する絵本ですから、ぜひ声に出して、読み聞かせてやってください。谷川は「生き物は 生き物を食べなければ生きていけません。人間は、他の生き物のおかげで生きているのです。『いのちは いのちをいけにえとして ひかりかがやく』そのことを忘れたくありません」と述べています。さらに、この詩を谷川自身が読むときは「わりと元気よく読むことにしている」とも述べています。つまり、この詩は1人称の死と3人称の死を明確に分けるとともに、「死」と「生」は表裏一体であることを表現しているのです。

子どもの絵本で「死」を扱うことについては、宗教的になると困る、楽しく食事できなくなると困るなどの理由で賛否両論があります。しかし、最近の子どもは、死を実感として受け止めることができない状況に置かれていますので、「死」を切り離して「生」を語ることは歓迎できません。人は生きている限り食べます、食べることは他の生き物が死にます、つまり1人称の「生」は3人称の「死」で支えられているのです。

 ## 幼稚園での事例について

兵庫県にあるA幼稚園の5歳児と4歳児のクラスで、5月の朝に絵本『しんでくれた』の読み聞かせをしました。その際の子どもの反応の主な部分を紹介します。絵本を読む時期や園の環境により、子どもの反応が異なることに留意して保育をしてください。

今回は絵本をいったん全部通して読み、ポイント場面をふり返り、子どもに問いを投げかけるという手順で読み聞かせをしました。途中でその都度立ち止まり、子どもと会話しながら読み進める方法もあります。事例から幼児でも「死」と「生」を結びつけて捉えることは可能だと考えられます。「死」から「いのちの大切さ」を学ぶ絵本教材は多いので、チャレンジされることを期待します。

【5歳児の読み聞かせ（5月実施）】（教師の周囲に集まって座る）

先生	児童
（絵本の裏表紙を見せる） 何のはなしかな？ （絵本の見返しと中表紙を提示後） しんでくれた うし／しんでくれた ぼくのために そいではんばーぐになった／ありがとう うし ほんとはね ぶたもしんでくれている にわとりも それから いわしやさんまやさけやあさりや いっぱいしんでくれている （動物が沈む暗い見開き場面を提示） ぼくはしんでやれない だれもぼくをたべないから それに もししんだら／おかあさんがなく おとうさんがなく おばあちゃんも いもうとも だからぼくはいきる うしのぶん ぶたのぶん しんでくれたいきもののぶん ぜんぶ どう思った？	いつもと、なんかちゃうやん ハンバーグ（他児も口々に言う） えっ！ 食べたということや えっ？ どういう意味？ そういうことか牛肉や 豚肉や にわとりも（本を見つめ） なんかいる（じっと目を凝らす） （えっと驚いた表情で絵を見る） わあ（笑いが起こる）はだかや （静かになる） 涙かな（本をじっと見る） 何がぜんぶなん？ はやっ！ おもしろかった めっちゃおもしろかった

（動物が暗闇に沈む場面を提示）ここは暗いね どうして　だれもぼくを食べないの 最後の「ぜんぶ」に続く言葉は何ですか	はだかのところ恥ずかしかった 土の中に埋めているから見えにくいの（口々） わかんない　眠っているんじゃない 食べないよ ライオンや恐竜なら食べる 全部、食べたから 全部、食べるから 全部、人間の栄養になるから

【4歳児の読み聞かせ（5月実施）】（教師の周囲に集まって座る）

先生	児童
（絵本の表紙を見せる）しんでくれた	何が　死んでくれた？ お弁当の何が？ 何が死んだの？ わっ　真っ白（中表紙）
うし／しんでくれた　ぼくのために	死んでくれた？ 本当や、はんばーぐーや 肉や（他児も口々に）
そいではんばーぐになった／ありがとう　うし ほんとはね　ぶたもしんでくれている	おなかいっぱいや 豚も？
にわとりも　それから いわしやさんまやさけやあさりや　いっぱいしんでくれている （動物が沈む暗い見開き場面を提示）	えっ、死んだ（口々に言う） 骨、怖そう 火が燃えているよ 動物が下にいるよ
ぼくはしんでやれない だれもぼくをたべないから	（はっ！とした表情の子どもたち） 食べないよ さむっ！ お肉じゃないから
それに　もししんだら／おかあさんがなく　おとうさんがなく おばあちゃんも　いもうとも だからぼくはいきる うしのぶん　ぶたのぶん　しんでくれたいきもののぶん ぜんぶ	いつも泣く（じっと見入る） 全部って　なにが？ 怖い
怖かった？ （動物が沈む場面を提示）なぜ見えないの	地震が起きたら　死ぬよ 全部　食べた 動物が死んだ 骨がある（立ち上がり本を指し） 死んでるの（立ち上がり本を指し） 隠れてるの（立ち上がり本を指し） 死んでくれた　火が飛んでいる
ぼくは　死んでやれないの 人だったら食べないの 最後の「ぜんぶ」の続きは何ですか 全部死んでくれたの	人だもん（口々に言う） 鬼は人を食べるよ 全部死んだ 人が生きれるように 背が伸びるように（口々に） 死んでくれて生きるパワーが入るから

小学校低学年の事例について

　兵庫県阪神間の小学校低学年で、絵本『しんでくれた』を教材として、生活科の飼育・栽培の発展教材として授業をしました。指導案と授業後の指導者の感想を掲載します。

【目標】
・生き物を食べて生きる、自分たちの生活に気づく
・生き物の「死」に支えられた自分の「生」を、１年生として前向きに生きようとする

授業後の指導者の感想

　児童は「死んでくれた」という題名に、まず衝撃を受けますが、子どもの感性に響き、あちこちでつぶやきが聞こえました。体言止めの力強い言葉と、赤と白と黒のコントラストが、一

いのちの教育

【展開（全45分構成）】

分	学習内容	指導上の留意点　★評価
5	・学校で飼育している動物のことについて話を聞く	・ペットとしての動物、家畜としての動物がいることを意識させる。
10	・絵本の読み聞かせを聞く	・児童を教師の周囲に集めて読む ・子どものつぶやきも受け止める ・場面の転換は、間を大きく置く ・見返しも見せて、明るい感じを出す ・ゆっくりと力強く読む ★絵本の色や表現に着目して聞いているか
15	・最初から絵本の色を意識して見直す ・暗闇に何が見えるか話し合う 　どうして、ぼくはしんでやれないのですか	・子どもの多様な発言に付け足す ★死の世界の表現に気づいているか
20	・僕のはだかの意味を考える ・「だからぼくはいきる」の「だから」の理由を考える	・3人称から1人称の死への変化に気づかせる ・はだかで人も動物であることを意識させる ・周囲の人の悲しみを絵本から感じさせる
35	「ぜんぶ」の後にどのような言葉が続きますか ・全部…と、続く意見を交流する ・教師の話を聞いて感想を書く	・僕の背景の色と僕の顔に注目させる ・なぜ、僕はランドセルを背負っているのかを考えさせる ・生き物に感謝する発言を強調しない ★生活を前向きに考えようとしているか

部の児童に恐怖感を抱かせますが、ページをめくるたびに聞き手の驚きと静寂がくり返され、児童の心の揺れが伝わってきます。小学校の毎日の給食の「残してはいけない。感謝の気持ちは大切」との指導のせいか、最後のシートには生き物への感謝の言葉も多く出てきます。しかし「僕たちは生きる」という前向きの表現がもっと多く見られます。また、最後のページで僕が背負っているのは、ランドセルだけでなく「多くの生き物の命」とともに「家族の気持ち」だとの発言もありました。

「いのち」を軽く感じてしまう背景

今日の日本では、テレビやゲームソフトの中では、死は無機質に描かれ、その裏にある関係者の苦しみや精神的負担は無視される傾向があります。そのような環境に慣れた子どもの中には、「誰でもいいから殺してみたかった」という体験願望だけで実際に人を殺してしまった例も多く報道されています。これは、日本社会全体が死を正しく捉え直すべきであり、それとともに命のことを考える必要を示しています。たとえば、マスコミが子どもに視聴させる映像などは、犯人が事件を起こしたり容疑者が逮捕されたりする活劇警官ドラマではなく、肉親を失った遺族の悲しみや犯人の親族の苦しみや容疑者や死刑囚が感じる後悔の念や死への恐怖であってほしいものです。

フランスのアリエスは「恐れられる死は、つまり己の死ではなくて、汝の死なのです」と述べています。つまり子どもにとっての死に対する覚悟とは、1人称（自分自身）だけでなく2人称（自分にとり大切な人）のそれについて思索することです。

グリーフ・プロセスの普遍性と独自性

日本の学校では長年にわたり、死の授業はタブーでしたが、最近は担任や養護教諭が、イベント的にその時の出来事や行事などと関連させて、死に関する授業を実施する例が見られます。子どもの死生観や死に対面する経験は、一人ひとりに大きな差があります。筆者はクラスで一斉に授業を行うことも重要ですが、緊急の心のケアが求められる際には、一斉指導で対応するのは不適切だと考えます。なぜなら、子どもが生活している環境や経験により、悲嘆のプロセスが大きく異なっているからです。

アルフォンス・デーケンは、東洋人や西欧人にも共通する悲嘆の普遍的なプロセスは、12段階あると述べています。その時期を追って項目で紹介すると、①精神的打撃とまひ状態、②否認、③パニック、④怒りと不当感、⑤敵意と恨み、⑥罪悪感、⑦空想形成、幻想、⑧孤独感と抑うつ、⑨精神的混乱と無関心、⑩諦めと受容、⑪新しい希望、⑫立ち直りの段階、となります。しかし、子どもはもちろん大人も、この順序通りに悲嘆のプロセスが訪れるはずはありません。幼い子どもであっても、短いながら人生経験の違いや独自性があります。そのためこのプロセスは、異なる段階が重なったり、項目間を行きつ戻りつしたりするのです。デーケンは、悲嘆プロセスの共通性も理解しつつ、その子独自のライフ・ストーリーに配慮が必要であると述べています。

子どもにとり大切な存在である2人称の死に遭遇し、緊急に心のケアを必要とする場合は、学校園では担任や養護教諭が、子どもの状態にそっと寄り添いつつ、一人ひとりのニーズに合わせて、謙虚な態度でケアするべきです。この場合、子どもの話には言語的・非言語的なものを問わず丁寧に傾聴すること、性急に判断しようとしないことが求められます。グリーフケアのアプローチには、読書療法や自分史の執筆や音楽療法などいろいろありますが、本稿では、絵本療法に焦点を当てて、適切な作品を具体的に紹介します。

絵本療法は、その本が子どもの現在の内面を映し出す鏡のような役割を備えています。鏡に映る自分の内面や、自己と死者との絆に向き合うことが、心のケアに有効になると考えられています。つまり子どもが作品の主人公に自分の悲嘆を重ね合わせることにより、主人公と一緒に自分を成長させようと思う効果を狙いとしています。

悲嘆の感情を発散させる

悲しみの感情を自由に存分に表現することは、死別による悲嘆を解決する上で最も重要な要素の一つだと、過去の研究で証明されています。ところが日本では民族的気質や社会的慣習の影響により、とくに男子は公に自分の感情を表すことがタブー視されることがあります。感情を抑圧すると、積極的に悲嘆に立ち向かうことができず、悲嘆が心に内攻して新たな深刻な害を、心身に及ぼす場合があると発表されています。

ディック・ブルーナー（Dick Bruna）文・絵のうさこちゃんシリーズの『だいすきなおばあちゃん』を悲嘆の発散絵本としてお勧めします。教員は子どもに寄り添って、静かな場所でゆっくりと落ち着いた声でこれを読んであげてください。

まず最初のページからうさこちゃんがぽろぽろと涙を流す画面いっぱいの大きな顔が登場し、「だいすきなおばあちゃんが　しんでしまったのです。」と始まります。うさこちゃんは、初めておじいちゃんまでもが大粒の涙を流すのを見ます。お父さん、お母さん、おばさん、誰もが大粒の涙を流しています。全員が、大粒の涙を流しながらお別れをします。登場人物誰もが、読者を真っすぐに見据え大粒の涙を流すのです。最後は、大きな大きな森の中で「うさこちゃんは、おはかのまえで　だいすきな　おばあちゃん、と、よびかけます。すると、おばあちゃんが　ちゃんと　きいてくれているのがわかります。」と死を受容していくのです。

筆者は、この絵本には、キリスト教的な死後復活や再会の思想よりも、日本人の先祖供養的な発想を感じます。愛する者の死を受容するためには、意識的に死者を忘れたり拒んだり乗り越えたりするのでなく、儀礼や祈り、心の中で対話する絆が大切なのです。このシリーズは誕生から半世紀以上が経過し、世界の人々に親しまれてきました。真正面のうさこちゃんと向き合うと、ほっとする不思議な気持ちになります。黒い輪郭線は筆で描かれ、均一でなくゆがみがあり、作者のさまざまな感情がその線を通して伝わってきます。赤・黄・緑・青などメーンの6色以外の色彩はなく登場人物はデザイン化されたシンプルな形で、鮮やかな単色で彩色されています。登場人物の顔は同じパーツの組み合わせで一見無表情に見える造形ですが、かえって

いのちの教育

子どもには感情移入しやすいようです。文字も少なく粗筋もシンプルで悲嘆の感情を十分に表現することが、死の受容につながることが理解できます。その意味で幼い子どもを対象に活用できます。さらにこの絵本は、大人にも忘れかけていた悲嘆感情の発散の大切さを思い出させてくれます。

 予告された死に対する悲嘆

死別には、突然の死別以外に、予期された比較的緩徐な死別もあります。2人称の人が、がんなどの病気等で死ぬことが予想されるケースです。この場合、日本は義務教育なので、子どもは登校するのが当然と考える風潮があります。

この予期的悲嘆とは、本当に死が訪れる前に死別時のことを予想して嘆き悲しむことです。事前に悲嘆・苦悩の経験をすることにより、現実の死別に対しての心の準備をします。つまり悲しみを先取りすることにより死別の衝撃に耐える力が強められ、それに対応する心の準備を整えるのです。適切な予期的悲嘆の経験は、突然の死別の悲嘆より、心の回復も早くなりがちです。現在は医療が発達し、がんなどによる予期的な死別が増えつつあり、学校関係者もこの時期の対応を学ぶ必要があります。学校には、このような予期的な悲嘆を抱えた子どもが多く存在するので、担任や養護教諭は、子どもの予期的悲嘆の危機のプロセスを理解して、心のケアに当たっていただきたいです。

予期された悲嘆に対応する絵本として、筆者はマーガレット・ワイルド（Margaret Wild）文、アン・スパッドビィラス（Anne Spudvilas）絵の『ジェニー・エンジェル』を紹介します。

この作品は姉ジェニーが、死が迫った弟デイビーを懸命にサポートする姿とともに、彼女自身が弟の死を受け入れる過程のグリーフケアが克明に描かれています。ジェニーの不安な重い心理を紫の色調で、一抹の希望を、黄色を中心とした暖色で表現し、透明感があり印象派を思わせる色使いです。ジェニーを中心とした人々の淡々とした日常生活がアップで描かれ、その表情が読み手に静かに迫ってきます。

絵本は弟の死を受容できない姉が、衝撃の段階にいるところから始まります。姉は弟の回復しない病に防御的に対抗するために、古ぼけた茶色の大人用のレインコートを常時まといます。自己の存在を一時的に維持し、ショックから立ち直るエネルギーを蓄えているのでしょう。ジェニーは古びたレインコートを、学校の教室でも家の中でも決して脱ぎません。レインコートの中に想像の天使の羽を隠し、死を迎える弟の希望になるためです。姉は、ときどき先生のお使いで教室を出ると、弟のクラスをのぞき込み、その場の様子や雰囲気を詳細に記憶し弟に話して聞かせます。毎夜、弟のベッドで互いに見つめ合って手ぶり身ぶりたっぷりに話す姉、それをじっと食い入るように見つめる弟、絵本の見開き中心に2人の姿がぽっと描かれます。まるで時間と空間が止まっているようです。ジェニーは声がかれるまで毎晩語り、彼がやっと満足してベッドにぐったりと横になるまで、そっと弟の手と自分の手を合わせながら話し続けます。

防御のレインコート着用を、家族や友だちや学校の教師が何事もないように淡々と受け入れ、そっと見守ることが可能な環境に筆者は驚きます。また、ジェニーのいまにも切れそうな心の細い糸を保ち太くなるように、常時レインコートの着用を受け入れてくれる学校が、日本に存在してほしいと願います。

やがて弟は、もう片手で空に放り上げられそうなくらい軽くなり、何も尋ねなくなり、姉の背中の羽にも触ることもなくなる時が訪れます。これを承認の段階と呼びますが、ジェ

ニーはそれから何日も学校を休み、デイビーのそばにいました。混乱はあるものの、彼女にとりこれは2回目の衝撃であり、前回よりは衝撃は軽くなります。この段階で、ジェニーの命の細い糸が太くなっていなければ、自死の可能性もあります。教師や家族が古ぼけたレインコートの着用を認めたからこそ、ジェニーは新しい現実を認知して自己を再構成しようと試みることができたと筆者は考えます。ついに弟は亡くなり、葬式の日に姉が古びたレインコートを脱いだことが、死別に対し適応する段階に向かっている証しです。絵本の最後に、母とともに屋根の上で肩を寄せ合いレインコートを羽織る姿が、古びたレインコートの果たした役割を象徴的に物語っています。

本稿は死別により残される子どものケアを中心に述べました。しかし死にゆく当事者である弟の視点から見ると、この絵本はまた異なった意味を持ちます。同じ絵本であっても、読み手が、自分自身の姿を登場人物の誰に投影するかにより、その価値や効果は異なります。教師であった筆者は、ジェニーの学校内での振る舞いや教師や友人関係に目が行き、日本の学校制度や文化における、児童生徒へのグリーフケアの在り方を反省しました。

これからのグリーフケアの在り方

グリーフケアに関わる2冊の本を例示しましたが、実際の場合はさらに個別性・独自性が求められます。例示の2冊以外にも、グリーフケアの参考絵本は多数あります。たとえば、『でも、わすれないよベンジャミン』エルフィ・ネイセン作　エリーネ・ファン・リンデンハウゼン絵　野沢悦子訳（講談社）は、幼い子対象のグリーフケアの大人に振る舞いの参考になります。とくに、自然災害などの後の子どものケアについて参考となる作品です。

『さよならをいえるまで』マーガレット・ワイルド文　フレヤ・ブラックウッド絵　石崎洋司訳（岩崎書店）では、愛するペットのジャンピーを突然失い、悲嘆に暮れる少年を見守る、さりげない家族の様子に注目

してください。とくに父親と少年の会話から学ぶことが多いです。毎夜、丁寧な心の別れの儀式をする主人公に、子どもは自己を重ねて共感するでしょう。

子どもに最も適切な援助を提供できるのは、専門のカウンセラーを除けば、やはり身近に接する医師や看護師、親戚や友人だと思います。学校では、ケアについての見識のある養護教諭をはじめとした学校教員です。子どもと多くの時間を過ごす教員だからこそ、死をタブー視するのでなく、死についての絵本や小説や音楽に対し、もっと分析的に積極的に関わり、自らの死生観も含めて論議するべき時期にきています。

最近のグリーフケアの研究結果では、予期された悲嘆への援助、愛する人との死別前の子どもへの働きかけが重要であり、これが死別後の子どもの人間的な成長に大きな影響を与えるといわれています。そしてとくにケアで注意が必要なことは、子どもが衝撃や防御の段階にあるときは、周囲の積極的な働きかけはよくないことも研究発表されています。この段階では、誠意ある態度で傍らに付き添って悲しみを共有し、子どものエネルギーの回復を待ちます。エネルギーが回復すると現実を認め承認の段階に入りますが、そのときには事実を何度でも、教師が正しく語ることが必要となります。

教員がこのような見識を持ち、すでに読んだことのある絵本を見直すと、新たな価値を見いだせると期待しています。

子どもにとって「いのち」とは　−幼稚園の実践−

幼稚園児に、「いのちはどこにありますか」と尋ねると、心臓を押さえたり頭を触ったりします。いのちとは、大切なものと思っていますが、具体的に何を意味するかはわからないことが多いからです。幼児が直接的に〈いのち〉に触れる機会は、飼育活動です。本稿では幼稚園のウサギの飼育を通して〈いのち〉を考える実践を紹介します。

園で飼育係をする目的は、係活動の責任感や集団での役割意識を育むことです。年長児から年少

いのちの教育

児へウサギの世話が引き継がれ、年長児としての意欲も向上します。

（1） ウサギのお世話当番

年長のS担任は、4月になってもウサギの当番を決めません。ウサギの世話を、子どもの自主性に任せることで出発しました。4月中には、年長になった意欲も影響し、クラスの多くの子どもがウサギの世話をしました。5月に入っても、ウサギの世話をまだ一度もしていない幼児には「ウサギが怖いから」「遊びたいから」「臭いから」とさまざまな理由がありましたが、担任は、「5月中に必ず一度はやってみよう」と誘いました。すると「怖い」と言っていた幼児も、友だちに励まされ取り組むようになりました。

実際に触れ合うと「怖くなかった。明日もしてみようかな」と声が出ました。「面倒くさい」というA児以外はクラス全員が当番を体験しました。しかし、A児は5月の終わりに「今日、お当番する」と自主的に申し出ました。当番後、担任が感想を聞くと「臭いし汚いし、2度としたくない」との返事です。S先生は、「そうか、大変ね」とA児の正直な思いを受け止めました。

6月に入ると、B児が「お当番を決めて順番にする方が、ウサギさんも安心する」と言いに来ました。これを機会に、ウサギ当番をどうするか話し合うことにしました。

```
B：時々だれもお世話をしない日があって、先生から
　　「今日はだれかな」と教えてもらうことがあった
　　でしょう。私は、ウサギさんが安心するから、お
　　当番のグループを決めたらいいと思う。
C：お隣のクラスは、前からそうしてお世話しているよ。
D：だったら、4人ずつぐらいで当番はいいんじゃない。
　　（クラス全体にはBの提案に賛成する雰囲気が漂って
　　いた）
T：A君は、どう思う？
　　（担任はAの顔をのぞき込むが、Aは無言で動かない）
T：したくないの？
　　（Aは黙ってうなずく）
E：ダメだよ、そしたら、うさこちゃん死んじゃうよ。
F：大きい組になったら、嫌なことでも頑張らないとい
　　けないこともあるんだよ。
　　（自分たちに言い聞かせるような発言が続くので、
　　Aに理由を言うように促す）
```

```
A：だって臭くても、僕だって頑張って1回したよ。
G：A君がお世話しないと、うさこちゃんが悲しいと
　　思うよ。
E：A君が竹馬を取りにいったときも、A君を見たらう
　　さこちゃんが、後ろを向くよ。
H：もう一度してみたら、お世話に慣れるのじゃない。
S：できそうかな。
　　（無言を続けるAをのぞき込んでS担任が尋ねる）
A：したくない。
F：卒園式で、大きい組さんから当番をまかされて『は
　　い』とA君も返事したんだよ。
I：お掃除したり、ご飯をあげないと、うさこちゃん
　　死んでしまうんだよ。
J：そうだよ、うさこちゃんの命が終わって死んじゃう
　　のはいいけど、ご飯あげないで死んじゃうのは悲
　　しいよ。
I：死んじゃうと、もう会えなくなるんだよ。
K：A君ならできるよ。
L：私は、A君にやってほしいな。
A：わかったよ、やるよ、やるやる。
```

（2） 話し合い活動

話が、A児を責める言葉から期待に変わったこと、目的が義務からウサギの命に変わったことがA児の心を動かしたように思えた。

（3） その後のA児

その後、A児は「やっぱり臭いな」と言いながら小屋の掃除をしつつ、大きなウサギを抱いて隣の小屋に移していました。やがて「何だか僕、今日もお当番がしたくなっちゃった」とS先生に言いに来ました。仲間からは「重くて大きいウサギを抱っこできるなんてすごいね」「A君、あんなに嫌がっていたのにね」「ウサギさんもうれしそう」A児を認める発言が続きました。

S担任が幼児に当番を指示することからスタートすれば、A児は規則に従い、いやいやでも形だけは参加したでしょう。しかし、子どもたちが「なぜうさぎの世話をするか」から〈いのち〉について考える機会を持つことはなかったでしょう。あえて当番を決めずにトラブルについて話し合わせ、"ウサギの世話をすることは、義務だけでなく、いのちを預かること"だと気づかせる取り組みです。これは時間のかかる実践なので、遊びと教育が一体となった幼稚園だからこそ可能なのです。

いのちの教育

<いのち>に触れて豊かな感性を育む教育・保育

梅花女子大学教授　赤木公子

● はじめに

　2020年以降3年間、世界的に猛威を振るった新型コロナウィルス感染症も、2023年5月からはインフルエンザ同等の5類措置に移行しています。2024年度の5歳児は、乳幼児期をコロナと共（Withコロナ）に生きた子どもたちです。コロナ禍にあっても子どもたちは、身近にある環境からさまざまな<いのち>に触れる経験を重ね、感性豊かに育とうとしています。

　本節は、人格形成の基礎を育む乳幼児期をコロナ禍で過ごした子どもたちの実態や、生活様式の変化が起因した心と体への影響等を探るとともに、afterコロナの世界をたくましく生きぬいていく子どもたちの育ちについて、保育実践を通して探っていきます。同時に、保育者として子どもたちが<いのち>に触れることで、自身の力で自立していく過程を支援した保育実践についても紹介いたします。過酷な状況下を生きてきた子ども達です。時代が多様に変わろうとしている地点に立って、保育者として、幼児教育の普遍の理念を大切にしながらも、時代の流れに対応した保育の在り方を模索する発想の転換力をもつことが、求められているのではないでしょうか。

● 保育の中で気になる子どもの様子と子どもの育ちへの不安について

　2022年5月、日本保育学会では「コロナ下における子どもの育ちを考えるⅠ」企画シンポジウムが行われ、子どもの実態の詳細等が事前調査結果の中から明らかとなり、2023年1月にReportとしてまとめられました。以下は、2021年9～10月12都道府県の保育者213人からの調査回答の報告です。

（1）気になる子どもの様子
・高齢者や地域の人々との交流の減少…65.5%
・小学校との交流や合同活動等の連携の困難さ…57.1%
・園外保育等が減り、自然体験や社会体験の機会が減少…31.0%
・みんなで歌ったり、踊ったり、楽器を使うなどの表現する機会の減少…16.4%
・マスクの着用で、咀嚼など乳幼児の食育が困難…13.8%

（2）子どもの育ちへの不安（言葉や感性、感覚の発達を懸念）
・高齢者や地域の人々との交流機会や公共施設等の使用機会が減少し、社会性や公共性の発達…89.2%
・小学校生活への適応…78.7%
・会食の楽しさや望ましい食習慣の形成…85.9%
・微妙な表情が伝わりにくく言語感覚の発達…74.5%
・直接体験の不足で優しさやたくましさ、確かな知識、感覚などが身についているか…76.3%
・発音や発声の発達…72.2%

（3）子どもの遊びや活動について努力・工夫していること
・行事中心の保育構成から子ども主体の活動展

いのちの教育

開へと変え、好きな遊びやプロジェクト活動が増加…82.9%
・戸外で十分に体を動かす活動を意識的に導入…80.2%

上記の結果から、人との直接的なかかわり（コミュニケーション力）、言語感覚の発達、咀嚼力・食育などに留意した生活様式や保育展開がコロナ下では難しく、そのため保育者が、戸外遊びの意識的導入・行事の見直し・主体性を育む保育活動の展開等の工夫を行っていったことが窺えます。

保育現場での詳細な場面においての、保育者の懸念事項をあげてみましょう。

育ちへの不安場面	保育現場での詳細な場面
衛生面	・唾液の分泌の多い子どもや鼻水の出る子どもは、一日に何枚もマスクを変えることとなり、常に口の周りが湿気ている。 ・マスクの中で、常時唇やマスクをなめるなど、指しゃぶり・爪かみの代替となる行為を行う子どもも多い。 ・手洗い・消毒・マスク着用等の感染予防に過敏になっており、必要以上に汚れることを嫌う。清潔にする意識は高くなる。 ・感染を気にするあまり人に触れられない。免疫力や危険回避能力の低下の不安がある。
咀嚼・食育面	・保育現場での食育の機会が少なくなると共に、咀嚼力が非常に落ちている。食事時間が集中して短くなり、一方向を向きパーテーションで区切られた状態で食事をするために、食事が楽しい時間・楽しい雰囲気と感じづらい。食に対する興味や関心が薄れる子どももいる。会食の楽しさ、望ましい食習慣の形成の工夫が求められる。
言語感覚発達の場面	・マスク越しの会話に、人の話などの聞き取りや理解ができにくくなった。保育者の口元を見て言葉を読み取る機会が失われた結果、発音や発声の良好な発達を促しにくい状態になった。 ・マスクを通すことで、自分の気持ちを言葉で表現する時に、伝えづらそうにする。 ・子ども同士、微妙な表情やニュアンスがわかりにくく、自己表現が伝わりにくいため、情緒や感情の発達に影響がでる。（伝わらないためのもどかしさ）更に、言語感覚の発達への大きな影響があると、7割以上の保育者が危機感を感じている。
コミュニケーションをとる場面	・乳児は保育者がマスクを外すと口が怖い・見慣れぬ人であると感じ泣く。また、違う色のマスクを保育者がすると違和感を覚え泣く。（マスクが顔の1パーツとなり、口・鼻の存在で保育者を識別できない） ・高齢者や地域の人々等との交流の機会や公共施設や共同の遊具・用具の使用の機会が減り、社会性や公共性の発達への影響が懸念される。（人との交流メインの行事がなくなった） ・小学校との交流や連携が持ちにくくなり、小学校生活への適応が心配である。 ・多人数の友だちとの活動や用具の共同使用・異年齢交流が減少し、人との関わりに課題が見られる。保育者との信頼関係構築にも影響がでてきている。

	・入園して初めて家族以外の人と関わる幼児が増えた。 ・自己主張や人間関係調整力などのコミュニケーション能力の発達が不安であるという割合が5割に達している。
情緒・感情面	・登園を嫌がる・不安な様子・休みがち、イライラする、些細なことにも敏感、個別の援助が必要、大人の支持を待つ等の子どもが増えている。 ・触れ合ったり大声を出したりして笑い合う姿があまり見られなくなった。
表現・直接体験・遊びの場面	・自然体験や社会体験が減った一方で、コンピューターゲームやスマホ等のICT機器の使用が増えた。直接的体験の不足で優しさやたくましさ、確かな知識、感覚等が身についているか懸念される。半面、保育活動の様々な場面で、ICTを活用した探求活動を楽しんでいる様子もうかがえる。 ・感染予防のため、素手で触れない習慣や、物品の使い捨てが増えたため、ものを大切にする気持ちや繊細な心情が育っているのか不安である。 ・みんなで、歌う・踊る・演奏する・演じるなどから得る人と共鳴する感覚や楽しさが獲得できる機会が減少した。

保育実践を通してピンチをチャンスに変える発想の転換

保育者は、日々の保育の中で上記のような懸念事項をもちながら、環境構成・教師の援助を試行錯誤し、弊害を克服すべく子どもの育ちをどのように保障していったのでしょうか。

たとえば、初期の昼食時には、少しでも楽しい雰囲気で食事が行えるようにとの思いから、多数の園が、パーテーションづくりを保育活動の計画の中に急遽位置づけ、子どもと作成しました。子どもたちが好きな絵を描き、フレームから全てお手製の自慢のMyパーテーションを作りました。子どもがつくるパーテーションには、一人ひとりの個性があり、保育室が忽ち色のある楽しい空間となりました。ただし、持久性は望められず、何度も作り直しては使用して、次第に傾き、変形した味のあるパーテーションとなっていきました。

まさに「Withコロナになったからの保育内容」です。保育者のねらいは、生活に必要と考える身近なものを自分たちで作成し、壊れたならその度に修理をして活用していこうという、「物を大切にする心」を育むところにありました。コロナ禍では、コロナ前の既存の保育活動が通用しなくなり、新生活様式を取り入れたカリキュラムの編成が早急に求められました。

同時に、新生活様式にそった環境整備も早急に行われました。環境整備の工夫として、たとえば手洗い場の衛生管理では、子どもたちが一列に並ぶための、足形づくりや水道ごとに分けたパーテーション付けも、当初は行っていました。

写真1　環境整備

いのちの教育

　日々の園内の清掃、特に消毒には、保育後の多くの時間を費やすこととなりました。また、玩具や遊具、保育備品への消毒を行い感染対策の徹底に努められていました。パーソナルスペースが設定され、持ち物全てを身近に確保しての生活でした。今までには、考えられないような保育環境でしたが、整理棚に子どもが集中するのを回避するために、保育者同士で最善の方法を考え抜いた末の環境設定でした。しかし、子どもの動きは大幅に制限され心身に大きな歪みが出てくることを、保育関係者は懸念していました。

　そこで、子どもたちの3年間の心身の発達の保障を考えて、現場ではピンチをチャンスに変える発想の転換、新しい生活様式に対応した保育カリキュラムの創造を模索しました。今後、更に重要となる異年齢保育の実践事例を紹介いたします。

> **保育実践　1**　トトロの森で遊ぼう
> 　　　　　　　　（異年齢戸外遊び）事例
> T市立N幼稚園　3年保育　好きな遊び
> 　　　　　　　　　　　2021年11月25日
> 【ねらい】
> ・秋の自然物と触れ合いながら、友だちとイメージを共有したり、協力したりしながら作ることを楽しむ。（感性を豊かにする力の育成）
> 【内容】
> ・自然物の色合いや形、大きさ、感触などを全身や指先、手のひらなどで感じながら、自然物に関わったり、作ったりすることを楽しむ。
> ・自分が作りたいと思ったものを、友だちとイメージを共有し友だちと作り方を教え合ったり、一緒に試したりしながらリースなどを大きな枝に飾ることを楽しむ。
> ・<u>3歳児や4歳児のやってみたい思いを受け止めて、遊びに誘い入れたり、作り方を教えたりする（1）</u>

　3歳児K児が、三角形（木の形）のオーナメントをつくりましたが、リースへの付け方に悩んでいました。すると、5歳児のN児がその様

写真2　3歳児に寄り添う5歳児（リースに付けるまで）

子を遠目で見ていて駆けつけました。
N児：「どうしたの」
K児：「あそこに付けたいの」
N児：「わかった付けに行こう」
K児：「どの枝がいいかな」

この園ではコロナ前から異年齢で好きな遊びをしていましたが、人と関わる経験が希薄になったこの時期、保育者自身が日々の保育の内容にも意識的に挙げているように、異年齢保育の具体案をカリキュラム化する（1）ことで、思いやりの心・信頼関係・憧れの気持ちなどを育んでいきました。こういった気持ちを幼児期から育むことで、小学校での異年齢活動や円滑な小学校生活への適応ができていくと考えます。

　ロシアの心理学者ヴィゴツキーの「発達の最近接領域」説の中でも、子どもの育ち合いの重要性を促しており、「子どもが今日、共同でできることは、明日には独立でできるようになる。ある子どもが異年齢の子どもとのかかわりを通して身に付けたことは、一人でできるようになる可能性が大きい」と示唆しています。また、同じレベルの集団または、自分一人では育ちにくい部分も、少し上のレベルの子どもと接することで育っていくと、異年齢保育や、異年齢活動を推奨しています。

　以下は、異年齢集団において遊びを学ぶ過程での教育的意義です。

①<u>遊びの技術・知識に優れた成熟者の行動モデルに対して、未成熟者が模倣する。</u>
・年下の子どもの**モデリング**・年上の子どもが**手本**となる（**観察学習**）。

②異年齢の子どもが、一緒に、<u>同じ作業に取り組む。</u>
・<u>一緒にいること</u>自体に大きな教育的意義がある。

③同年齢の子どもと友だち関係が築きにくい子どもが、<u>年下の子どもとはスムーズに遊べる。</u>
・年上の子どもにとっての人間関係づくりの意義がある。

　上記の教育的意義を見るにつけ、平素の生活の中で異年齢でのかかわりをもつことが、学びに向かう能力（学習への基盤）をますます育んでいることが見えてきます。

　幼児期に育まれる「学習の基盤となる力」には、

図　学習の基礎となる力

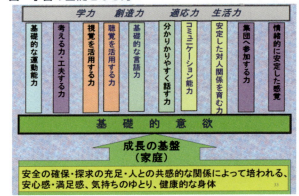

コロナ禍においてもとくに注視しなければならない項目が多数あります。右上の図の項目を意識しながら好きな遊びを行う中で、コロナ感染症対応への気遣いを生活に取り入れた、子どもたちの遊びの事例を次に紹介いたします。

保育実践　2　新生活様式を子ども目線で取り入れた実践事例

I市立I幼稚園　3年保育3クラス　好きな遊び（異年齢保育）　2022年12月8日

※I園では、3．4．5歳児の保育室と園庭を開放し、好きな場所で自分のしたい遊びを存分に行う形態の遊びを行っています。

【ねらい】
・自分の考えた事や思った事を、友だちに伝えたり、試してみたりしようとする。
・友だちの姿に興味関心をもち、一緒に遊んだり、真似て取り組んだりと関わり合って遊ぶことを楽しむ。
・友だちと役割を分担してお店屋さんごっこやごっこ遊びに用いる制作を作ることを楽しむ。

【内容】
・自分の思いを発信し、相手に伝わる楽しさや、他者と一緒に取り組んだり、試したりして実現させていく面白さなどを感じる。
・友だちがしている遊びの様子に興味関心をもち、遊びについて尋ねたり、一緒に取り組んだり遊んだりする。

　この日は、4歳児の保育室でパン屋さんが始まっていました。新生活様式が定着し始めた子どもたちのごっこ遊びが見られました。子どもの様子と育ちについて探ります。

いのちの教育

新生活様式を取り入れたパン屋さんごっこ

パン屋さんの隣で制作づくりの遊びをしている3歳児が、「スュナハコあげる」とバターの空箱で作った制作物を手渡してくれます。振ってみても、音はしません。

パン屋さんの入り口では、紙製のコック帽と布エプロンをした4歳児の女児が、「消毒お願いします」と、ビニール手袋を付けて消毒容器をもって、お客さんを迎えます。

パン屋さんの店内では、4歳児が個包装したパンをトレーに並べようと、トングの使い方に四苦八苦しながら集中した面持ちで準備を始めています。

「いらっしゃいませ美味しいパンです。どれにしましょう」ここで初めて5歳児の店員さんが3歳児のお客さんに応対してくれます。個包装のパンを、紙袋に入れますが、「どこで食べるの？」と3歳児が問いかけると、「食べるところは今ありません。お持ち帰りください」テイクアウトということです。この時勢からイートインの場所は用意されていないのです。さらに、「100円です」の後に、「ここにタッチしてください」と箱を指さします。衛生上キャッシュレスになっているのです。保育室ではじめに3歳児に手渡された、「スュナハコ」が、やっと役に立ちました。まだ、発音（言語機能）が未発達である3歳児からの、スマートフォンの贈り物だったのです。そこに、5歳児が、背中に箱を担ぎ「おうちまでお届けしましょうか」とウーバーイーツの宅配屋となりやって来ました。

「住所はどこですか」と大きな地図が書かれている四角い箱で、配達先を調べています。こうして、パソコンを活用しての配達を行います。

一つひとつの遊びの裏には、学習の基盤につながる意味が込められています。例えば、「スュナハコあげる」・「消毒お願いします」・「いらっしゃいませ美味しいパンです。どれにしましょう」と話しかける中で、基礎的な言語力やコミュニケーション能力が育まれています。スマートフォンやパソコン、ウーバーイーツの宅配屋をイメージし作る中で考える力、工夫する力が育ちます。

今回のごっこ遊びのように、新生活様式に順応しながら、保育は楽しく行われています。

新生活様式に順応するこのたくましさが、子どもの「学習の基盤となる力」を育んでいると考えられます。

おわりに

子どもたちは、今を生き、未来に向かって希望をもって進んでいます。幼児期には遊びながら多くの学びの基礎を身に付けています。「幼児期をコロナと共に生きた子どもたち」は、本稿で述べました不安やピンチはありましたが、教育機関に携わる者たちが、今後も育ちのチャンスになる場面の工夫や教材・カリキュラム開発を行い、時勢に不具合なことやものを選択していく勇気と発想の転換力をもつことが必要です。今、それぞれの立場で、子どもたちのバランスよい発達の保障に心がけていくことが求められています。

参考文献
・一般社団法人日本保育学会（2023．1）．コロナ下における保育と子どもの育ちを考えるⅠ —予備調査から明らかになったこと　一般社団法人日本保育学会課題研究委員会

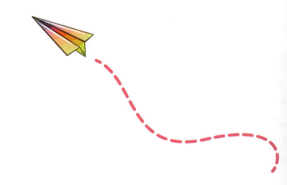

いのちの教育

＜いのち＞との出会いから自立へ
日々の出来事から見つめる「いのち」と「自立」

兵庫県神戸親和大学附属親和幼稚園　上木美佳
兵庫県宝塚市立末成幼稚園　吉田ゆかり

 はじめに

　就学前の教育・保育現場で41年間過ごすなかで、感性が豊かに育つ就学前の子ども時代には日々の小さな一つひとつの体験が貴重であり、この経験なくして心身の健やかな成長はないと感じてきました。子どもたちは、服のボタンを自分でとめることができると喜び、おもちゃの取り合いの中で、相手にも自分と同じ気持ちがあるということに気づき、小さなダンゴムシを手に乗せることができたときには世界制覇でもしたような嬉しさをかみしめています。

　園生活の中での小さな生き物の存在は、子どもたちの心をひきつけ、興味をくすぐり発見や驚きの対象となります。時には、その小さな生き物が幼児の心を落ち着け、周りに心を拓き、園生活の楽しさに、そっと導いてくれることもあります。日々の身近な出来事の中で、多くの感情体験をし、心を揺らし、社会で生きる人としての礎を築いていきます。

　私は、子どもの世界がいかに真剣で生きる喜びに満ちているか、私たち大人も共有し、学び、子どもと共に生きる時間を大事にしながら、子どもを核に据えた地域社会をつくっていきたいと考えています。そこで、園長になってから、毎月、エピソードを「園だより」にしたためて発行するようになりました。その一部を紹介します。「いのち」との出会いから自立に向かう子どもたちの生き生きとした生活を感じていただければ幸いです。

 園長便りから見る子どもの世界

(1) ダンゴムシとネギ：2歳児と3歳児
＜5月の園だより＞

　職員室前のダンゴムシのおうち（丸いたらい）の周りでは、子どもたちが頭を寄せ合っておしゃべりし合う光景が続いています。ある日、お片付けの時間になってもたらいの周りを離れない子どもが数人いました。腰をかがめて一緒にのぞいてみると、誰が入れたのか園で植えている玉ネギの長い葉が一本たらいの中に入っていました。Sちゃんはその柔らかい葉先でダンゴムシを追いかけたりつついたりしていました。

　「部屋に入ろう」と誘ったところで、きっと誰も動いてくれそうになく、私はしばらく子どもたちと一緒にたらいの中を見ていることにしました。しばらく見ていると、何とダンゴムシが一匹、ネギの葉の中にもそもそと入っていきました。Sちゃんは驚いて私の目をじっと見つめてきました。「葉っぱのトンネルに入っちゃったね！」と私も驚いてSちゃんに話しかけました。みんなで葉の中を覗いてみました。ずいぶんと遠くに黒いものが見えます。みんな、ますます部屋には帰れない状況になってしまいました。「お部屋に帰るよ〜」遠くで担任の先生たちの声が聞こえます。

　Sちゃんは、ダンゴムシがいそうなネギの葉の中央を指さして猛アピールしてきました。「見てみたい？」「うん！」「そうね。ダンゴムシさん心配だしね。でも、ダンゴムシさんが出てきたらお部屋に帰ろうね」「うん！」そして、長いネギの葉を端からそっ

いのちの教育

と開いてみました。みんな、かたずをのんでのぞき込んでいます。

中央まで葉が開いたとき、一匹のダンゴムシが出てきました。でも、何ともう一匹続いてダンゴムシが出てきたのです。「わっ」と歓声が上がり、みんな目が真ん丸です。「トンネルの中、楽しかったのかな？」「うん！」と興奮冷めやらず。その後もいろいろとやり取りをしたのち、最後は、透明のお味噌のケースに土を少しと2匹のダンゴムシを入れてご満悦でお部屋に戻っていたSちゃんでした。

自然は、予想もつかない驚きや発見で子どもたちの生活を彩ってくれます。子どもたちの驚きや興味が豊かな感性を育てることを願って、ネイチャーを楽しみたいと思います。

(2) ダンゴムシと紡ぐ豊かな生活：4歳児
＜3月の園だより＞

2学期途中から転園してきたA児は、園の門を通るときは「おはよう！」と元気よく挨拶をするものの、保育室の中にはなかなか入らず、学級の友達ともかかわりをもてずにいました。担任が折を見て声をかけても、学級活動には入りにくい姿が見られました。他の職員もA児の様子を見ながらかわるがわる部屋に誘いますが、どうも気が向かない様子でした。それでも少し話を聞こうとする気持ちが向いているときは、園庭で他の教諭とスクーターにのって過ごしたり、ダンゴムシを見つけて捕まえたりしながら、一日を過ごすことが多くありました。

他の子どもたちは1学期に虫と触れ合う経験をし

ていましたが、2学期に入園したA児にとっては、じっくりとダンゴムシと向き合うのは初めてだったのでしょう。日に日にダンゴムシと向き合う時間が増え、興味をもって遊び、熱心に見ていました。A児は部屋に入りにくい様子がありますが、部屋の入口にあるダンゴムシの入ったケースのところには、見つけたダンゴムシを入れてじっと観察する姿が見られました。担任は、そんなA児に寄り添い、一緒に過ごしながら学級の子どもたちの様子を伝えてつながりがもてるようにしたり、A児が興味を示したタイミングを逃さず、学級の遊びに誘う機会をもったりしていきました。

3学期になると、部屋の前で過ごすことが多くなり、部屋の中の様子も気にしながら、保育室前の花壇でダンゴムシを見つけては教師に話しかける姿がよく見られるようになりました。例年は3学期にダンゴムシを入れたケースはあまり登場しないのですが、この年はダンゴムシの様子を毎日確認するA児の気持ちを受け、3学期にもケースを置きダンゴムシに触れられるようにしていました。すると、2月も終わりに近づいたある日、1本の枝を持ち、花壇の周りを歩いているA児がいました。

ふと教師と視線が合うと枝を示して「これな、ダンゴムシセンサーやねん」とにっこり笑って見せます。「センサーって、ピピってわかるっていうこと？」と尋ねると、「そうだよ、どこにダンゴムシがいるかわかるねん」と、枝で花をつけ始めたビオラの上をなでるように動かしていました。「ピッ、ここにいると思う」ビオラの上で枝を止めるとそう話すA児。「その花の下、見て！」とビオラの根元を枝で指し示したので、そばにいた学級の子どもたちも一緒にA児が示す花の下を見てみると、ダンゴムシが2匹丸くなっているのが見えました。「わーほんとだ！」と驚く友達と教師を見て、「な、おったやろ」と得意そうに笑顔を向けるA児。転入からずっと、ダンゴムシ探しをし、じっと見つめ一緒に遊びながら少しずつ友だちへ目を向けてきました。

A児は、身近な虫と遊びながら、新しい環境への不安な気持ちを安定させ、時間をかけて友だち

とのつながりをもち、園生活の楽しさを見つけていきました。園生活ではこのように小さな生き物たちが、友だちとのつながりに大切な役割を果たします。だからこそさまざまな生き物と触れ合うチャンスを多くもち、魅力あふれる園の環境をつくっていく事が保育者には求められるのだと考えます。

(3) お父ちゃんの木：4歳児
　　　　　　　　　　　　　＜6月の園だより＞
　先日行われた5月の誕生会では、朝、園庭をぐるりと一周し、緑の葉をつけた木々の枝を少しずついただいて、子どもたちに見せ、「みどりの葉をつける木々」の話をしました。
　身近にある木々の葉は、普段「緑の葉をつけた木」というぼんやりとした印象しかありませんが、よく見ると葉の大きさも形も緑の色も触り心地も香りも、そして、咲く花もそれぞれに違います。
　まず、柿の木の葉を見せて「何の木の葉？」と子どもたちに尋ねてみました。なかなか答えが出ないので、つける実のヒントを出してみると、「カキ！」と元気に答えてくれました。次に、桜の木の葉、やまぼうしの木についた葉と花などを紹介し、最後に「栗の木の葉」を見せました。
少しギザギザになった葉っぱをたわわに付けた枝先に、栗の花が細長く何本もシュッシュッと、まるで猫のひげのように伸びています。面白いので、子どもたちに見せたいと思いました。でも、予想通り「栗の木」と答える子どもは誰もいません。「おひげが生えているのよ…ほらね…」と子どもたちによく見えるように近くに行って見せて歩きました。そのひげの枝をじっと見つめ、「はい！！」と元気に手を挙げたAくん。普段は、あまり手をあげないAくんの自信満々の表情が目にとまり「Aくん！」と指名しました。Aくんはすっと立ち上がり、にっこり笑顔で「お父ちゃんの木！」と答えました。「大正解！！」予想をはるかに上回る、楽しくて優しい発想に大拍手。
　「おひげの木」…「お父ちゃんの木」…ぬくもりのある家庭で、大事に育った証でしょう。心で感じ、心で考える。そうすれば、答えは一つではありません。導き出す答えの豊かさの分だけ、人生は豊かになる…。子どもならではの発想に、大人顔負けの趣を学んだ気がしました。
　栗の木は、これから初夏にかけて独特の匂いを放ちます。謎めいた自然の営みを身近に感じながら、子ども達と豊かな生活を送りたいと思います。

(4) ヤモリの気持ち：4歳児
　　　　　　　　　　　　　＜5月の園だより＞
　入園式の翌日から毎日、戸外に飛び出して元気に遊ぶ子どもたちです。さわやかな風も心地よく、先生たちが園庭に用意したスズランテープのカーテンの下を、うれしそうに潜り抜ける子どもたちの可愛い姿が見られます。
　さて、こんな出来事がありました。おうちの人と離れるのがいやで泣いて登園してきたAちゃんが、ようやく外に出て遊び始めました。虫が大好きなAちゃんは、K先生と一緒に小さなヤモリを見つけ、うれしそうに見せてくれました。涙も止まり、小さな容器にヤモリを入れて、ままごとのザルでふたをして、保育室に戻っていきました。
　翌日、「今日もヤモリと遊ぼうね…」そう思いながら幼稚園の門で、Aちゃんを迎えました。そして、朝の身支度を済ませていく子どもたちを見届けた後、Aちゃんと一緒にヤモリの観察をしようと、昨日ヤモリを置いた場所に行きました。すると、ふたをしていたザルだけが置いてあり、Aちゃんが大事にしていたヤモリの入れ物がありません。何も知らない誰かが、ふたを開けてしまったのかな？一緒に、虫かごに入れて帰ればよかったな…と残念に思っていました。
　しばらくすると、Aちゃんがやってきました。「Aちゃん、ヤモリ、いなくなっているんだよ」と、悲しむAちゃんの顔を思い浮かべながら、恐る恐るAちゃんに話しかけました。すると、Aちゃんは「あ、それね…。ヤモリ少し小さくなって元気がなくなっていたから逃がしたんだよ。お腹すいて、かわいそうでしょ？お母さんの所に帰りたいでしょ？」と…。

いのちの教育

　Aちゃんも登園してすぐにヤモリを見に行き、自分でヤモリを観察し、自分でヤモリを逃がしてやったのだと知りました。おうちの人から離れるのが嫌で泣いていたAちゃんが、ヤモリの心と自分の気持ちを重ねて取った行動でした。胸がじんとなりました。か弱く見えたAちゃんですが、私よりずっとしっかりとヤモリの命を受け止めていました。

　子どもは、遊びの中で、これまでに経験した事を活かし、精いっぱいの思いを向けて、成長しているのだな…とあらためて気づかされた出来事です。子どもたちの豊かな感性に学びながら遊び、共に育っていく幼稚園でありたいと思います。

(5) 小さないのち・地域の人：3・4歳児
　　　　　　　　　　　　　　＜6月の園だより＞

　Sさんは、地域に住んでおられる「虫の先生」です。珍しい虫や生態を見つけては、幼稚園にもってきてくださり、子どもたちに話をしてくださいます。今年度の第1回目は、「クチベニマイマイ（カタツムリ）」。第2回目は、「タイワンタケクマバチ」。第3回目は、4歳児の子どもからリクエストがあった「テントウムシ」。

　第2回目「タイワンタケクマバチ」を見せていただいた日のことです。3歳児いちご組さんも椅子に座ってSさんの話に耳を傾け、透明ケースの中の生きた「クマバチ」を観察します。子どもたちは、時折、羽音を立ててケースの中でとび回る蜂の羽の振動を楽しむように、じっと見つめています。誰も怖がったりしないで、納得がいくまで観察すると、ケースを隣の友だちに回します。「早く見たいな」とつぶやきが聞こえますが、誰も怒ったりしません。「生きている小さな命」を感じる子どもたちのキラキラした目と、3歳児なりの連帯感がぐんと伝わってくる時間でした。

　第3回目「テントウムシ」を見せていただいた日の4歳児の様子です。子どもたちは、Sさんの周りに集まり、自分たちが見つけたダンゴムシのケースを自慢げに見せていました。そのうちに「ねえ、おじいちゃん？」「そうだな。もうおじいちゃんだな」

「どうして、髪の毛白いの？」「そうだな。白くなっちゃったんだよ」と、ハラハラする子どもたちの質問に、Sさんは穏やかに丁寧に応えてくださいました（感謝！）。4歳児たちはSさんを囲んで、幸せそうな可愛い笑顔でした。

　地域の人が持ってきてくださる小さな命を囲んで、楽しい会話が弾みます。この経験を通して、私たちが多くを語るより、子どもたちは「生きるいのちの力強さ」や「大切さ」を学んでいるように思いました。「小さないのち・地域の人」。地域の幼稚園として、「人がさながらに生きる場所」であることが大事だと教えられたように思います。「今」を生きる生き物や「今」の出来事が子ども達の大事な教材です。これからも大切にしたいと思います。

 おわりに

　少子化が本格化し、地球の未来はAIとの共存なくしては語れない時代になってきました。だからこそ、身近な自然や人と触れ合う幼き時代を大事にしたい。子どもらしい時代を保障する大人たちのまなざしを豊かにしたい、子どもたちの感性に学びながら、乳幼児が育つ環境を仲間たちと共に大切に育んでいきたいと思っています。

　子どもたちの日々の小さくも貴重な経験の営みを書きとめて、保護者や地域の人々に発信し続けてきた園だよりが、皆さんの何かのご参考になれば幸いです。

いのちの教育

幼小接続・地域と育てる子ども
明日も行きたい学校

兵庫県伊丹市立荻野小学校校長（当時）　奥村智香子

はじめに

伊丹市においては、2018年に「伊丹市幼児教育推進計画」が策定され、すべての幼児の就学前教育を視野に入れて、公私立や施設の種別にかかわらず、市全体で幼児教育の質の向上を図ることとなりました。そして翌年には、『発達と学びの連続性』を重視した教育推進をめざし、市長部局にあった保育所、こども園、私立認可保育所等を教育委員会に移管する教育行政組織の改編も行われました。

2019年度までは、17小学校区すべてに公立幼稚園（内、認定こども園1園）が配置され、隣接する幼小間で交流が進められてきました。荻野小学校でも隣接するおぎの幼稚園と給食交流会や入学説明会時に行う「一日入学（1年生が入学予定の年長児をもてなす）」での交流、音楽鑑賞会、作品展などへの園児の参加、プールや運動場などの施設の貸し出しを行ってきました。また、職員が合同で地域の夏祭りに店を出したり、年度末には引き継ぎ会を行ったりといった交流も進めてきました。

一方、本市の考える「幼小接続」は幼児と児童の交流のみならず、「幼児教育」と「小学校教育」の接続であり、一人ひとりの子どもの発達と学びの連続性を支えていくものと捉えています。そのためには、就学前施設と小学校が互いの教育活動を知り、ともに架け橋期の教育を充実させていくことが重要になってきます。

今回は、公私立を問わず地域の就学前施設と小学校をつなぐ役割をもつ「拠点園」としてのおぎの幼稚園との研究と、取組がきっかけで学校や地域が変わってきた様子を紹介します。

幼稚園と小学校
－お互いを知ることから－

本校は、伊丹市の北部に位置し、2025年に創立50周年を迎える全校生約600人の中規模校です。3つの自治会からなる地域のみなさんは協力的で、以前から子どもたちのためにと見守り活動やあいさつ運動を続けてくださっています。また、幼稚園では地域の方が中心になって実施される焼き芋や餅つきなどの季節行事が恒例となっています。

この地域において、前述のような交流を行っている幼稚園と小学校でしたが、これまでお互いの取り組みについて交流し合ったことはほとんどありませんでした。令和2年におぎの幼稚園が県の幼小接続推進事業の研究指定を受けたことから、お互いを知る合同研究を始めることにしたのです。

小学校でのこの研究の担当者は、新任から3年目で初めて1年生を担任する教員でした。初めての保育参観から帰ってきた彼に参観の様子を尋ねると、「幼稚園の子は裸足で部屋の中を走り回っているのですね。だから教室でもすぐに走るのだとわかりました」と答えたのです。彼は、何を観てきたのかと愕然としましたが、保育を参観したこともなく、乳幼児が身近にいないのだから無理もありません。きっと、彼だけでなく、今までに就学前教育に関わったことのない小学校教員の中には、今でも「保育所や幼稚園って、遊んでいるだけ」と考えている者もいるのではないでしょうか。だからこそ、一人でも多くの教員に幼稚園での取り組みを知り、幼児教

いのちの教育

育での育ちを引き継いだ教育を行ってほしいのです。この研究を通して、担当者が何をつかみ、意識や授業がどのように変わるのか、彼の変容もこの研究の成果になるのではと楽しみになりました。

 共通のテーマで研究する

はじめに、経営方針と研究推進計画を持ち寄り、実態とめざす子ども像、具体的な取り組みの交流を行いました。

同じ地域の子どもたちを育てている幼稚園と小学校なので、実態や課題は似ていました。子どもたちは、明るく、人懐っこく、いろいろなことに興味を持つことができます。しかし、初めてのことには不安を感じ、自分から挑戦することは苦手です。また、基本的な生活習慣や学習習慣の定着が十分でなく、支援の必要な家庭も多いです。このような実態を踏まえた小学校の学校教育目標は、「自ら学び、熱く、生き抜く子どもの育成」、幼稚園の教育目標は、「元気でよく遊ぶ、心あたたかい子どもの育成」でした。どちらも、「子どもたち自ら」や「自分の力で」という点を大切にし、「自立」をめざし取り組んでいこうとしていることがわかりました。そこで、「自立」を共通のテーマとして研究を進めていくことにしました。

次に、めざす「自立」とは何か、「自立」をどのように支えていくのかについて協議しました。その結果、「自立」には「学びの自立」「生活上の自立」「精神的な自立」の3つの自立があり、この「自立」を支えていくためには、「人への安心感」や「人と関わる力」「人との信頼関係」、つまり「社会性の伸長」が必要であるという考えに至りました。（図1）

では、どんな学校なら子どもたちの社会性を伸ばすことができるのでしょうか。私たちは、「安心して登校できる学校」「行きたいと思える学校」「かかわりたい友達や先生のいる学校」こそ、子どもたちの自立を支える学校だと考えました。

このように、子どもや地域の実態と、めざす子ども像・学校像を話し合ったこの研究は、後に、本校の学校教育目標を変えるきっかけにもなりました。

 共通の視点で保育・授業参観を行う

担当教員の初めての参観後の言葉から、保育・授業を観るための明確な視点が必要だとわかりました。私たちが大切にしていきたい子どもたちの自立を支え伸ばしていくための保育・授業には、意欲的に活動に向かう子どもの姿がなければなりません。そのためには、子どもたちの意欲を引き出す教師の言葉かけや関わりが

図1　目指す「自立」について

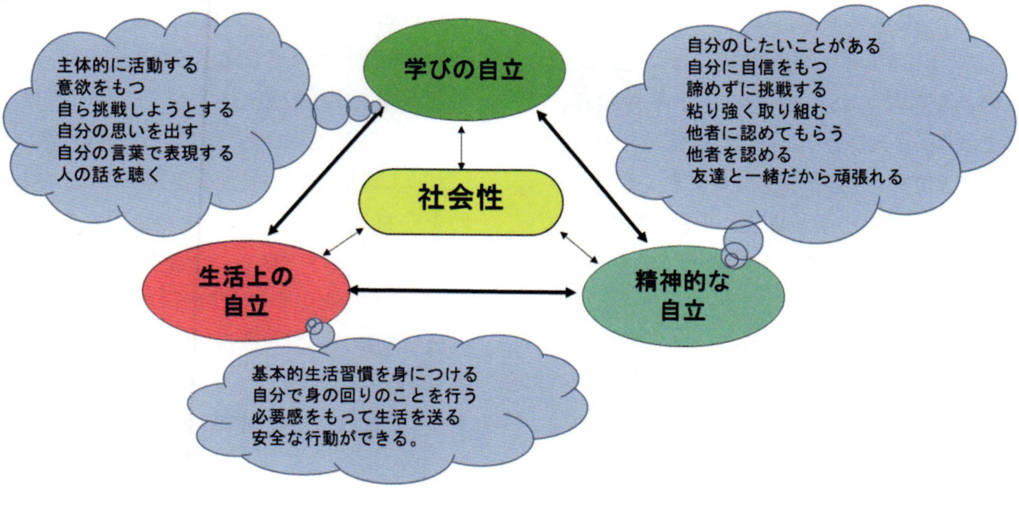

重要であると考えました。そこで、「意欲につながる教師の言葉かけや関わり」を参観の視点にすることにし、参観記録カードを作成しました。

図2　参観記録カード

保育・授業　参観記録シート		
月　日（　）　内容		（おぎの幼・荻野小）_____
☆意欲につながる 言葉がけや教師のかかわり	・子どもの姿	自立の振り分け （学び、生活、 人間関係）

(1) 事前研修

それぞれの指導案を持ち寄り以下の内容を話し合いました。
- 指導案で伝えたい内容と表記の仕方の共通理解
- 参観当日までの保育・授業の様子や取り組みの共有
- 保育・授業内容と具体的な援助や指導の工夫の共有
- 「遊び」の捉え方の共通理解

(2) 相互参観

国語科の物語文「くじらぐも」（光村図書）を題材として、体育科や図工科とつなぎ、合科的な授業を行うことにしました。これは、幼児期の子どもたちが絵本や物語の世界に浸りイメージを膨らませ、一日の生活のほとんどをその世界の中で夢中になって遊んだり、友だちと協力して表現を工夫したりする活動を経験してきていることを知ったからです。

1年生図工科「くじらぐもにのったじぶんをかこう」では、教室の中央に大きな雲のくじらを置き、体操服姿の子どもたちが周りを囲みました。「雲の上でどんなことしたい？」「どんな格好しているかな？」「みんなでやってみよう」と次々とポーズを楽しんでから、雲に乗って遊んでいる自分を描きました。

絵を描く前には、動画で描き方を示しました。これは、どの子も絵を描くことができるようにするためです。そして全員が描き終わった後には、またみんなでくじらぐもを囲んでポーズしたりお話ししたりして楽しみました。（写真1、2）

写真1、2　ポーズを楽しんでから、雲に乗って遊んでいる自分を描く様子

(3) 事後研修

これまでの参観や事前研修、相互参観を通して気づいたことやこれからの授業に生かしていきたいことなど以下の内容を話し合いました。

① **独自性の違い**：時間をたくさん確保できる幼稚園では、じっくり活動に取り組むことができ、失敗をくり返して考えるプロセスを大事にできる。小学校では決まった時間の中で結果を出さなければならない。

② **社会性の大切さ**：小学校では、授業中、困ったときに声をかけあったり、教え合ったりする時間をとっている。幼児期にも助け合える仲間づくりを促す必要がある。

③ **主体性を促す導入**：幼稚園で、教師の話からだけでなく実際に体を動かしたり、絵や写真を見たりする導入を経験してきているからこそ、小学校の授業の導入のみんなで体を動かす活動にも自然に入り込めたのではないか。

④ **次の活動につながる意欲**：幼稚園でも小学校でも、「楽しかった」「またやりたい」と感じることが意欲につながる。「くじらぐも」の授業の最後に「本当にくじらぐもに乗ったみたいで楽しかった」「ポーズをとって楽しかった」といった感想があり、子どもたちの意欲につながっていることがわかった。

 幼小接続研究のまとめ

いのちの教育

この研究を通して、まずは、教職員がお互いを知ること、同じ地域の子どもを育てている学校園が、めざす子ども像を共有し、それぞれの立場でしっかりと教育活動を進めていくことが大切であると確認できました。また、幼稚園と小学校がそれぞれの良さを取り入れ、子ども一人ひとりが安心して思いや考えを出し、認められながら過ごせる環境づくりを進めていくことが重要だとわかりました。

担当教員は次のようにふり返っています。
「この研究で就学前の子どもの姿と教育活動を知りました。そして、保育参観や研究協議が、小学校の授業を見直すきっかけになりました。幼稚園と小学校の教育は違うと割り切るのではなく、「幼小の学びの共通点」を探すことが大切だと考えました。「心で感じたことは学びを深いものにする」という事前事後の指導を受けて、動作化と動画を視る活動で意欲の向上をめざしました。それが結果的に小学校で求められている知識・技能につながるとわかりました。これからも子どもの心を動かし、感情を揺さぶりながら学びを深いものにしていく教育をしていきたいです。」

幼小接続はお互いの教育をつなぐことです。担当教員は、次年度も1年担任となり、入学後すぐから、学年集会を開いたり、年間を通じて幼稚園と交流をしたり、幼小接続で得た学びをつなぐことと子どもをつなぐこと、心が動く体験をさせることの大切さを生かした取り組みを進めました。(図3)

● 幼小接続を小学校全体の取り組みにつなげる

幼稚園との研究でわかったことや成長した若手教員の取り組みを学校全体に広げていくのは管理職の役割です。

前述のように、本校の子どもたちには3つの自立の力をつけていってほしい。そして自立を支える学校は「安心して登校できる学校」「行き

図3　1学期の主な取組と幼稚園との交流

実施月	主な活動名	活動内容
4月	あつまれ1年生	ゲームでグループ作り 自己紹介　就学前施設での思い出紹介
4月	めいしでじこしょうかい	名刺づくり クラスの友だちと名刺交換
4、5月	がっこうたんけん	校舎に隠されたメッセージを探す お気に入りの場所を紹介(タブレットで写真を撮る)
6月	どろんこあそび	運動場の水たまりに寝転んだり、泥水をかけあったり
7月	シャボン玉つくろう	ラップの芯やうちわ道具もシャボン玉液も子どもたちが考えて
幼稚園と	いっしょにあそぼう	休み時間に園庭や運動場で自由に遊ぶ
	体育大会練習見学	保育所の子どもたちもいっしょに見学
	合同体育	1年生の体育の授業に園児も参加

たいと思える学校」「かかわりたい友だちや先生のいる学校」にしたい。その願いを込め、「笑顔あふれ　明日も行きたい学校―かしこくあたたかく　たくましく　自立して生きぬく児童の育成―」に学校教育目標を変えることにしました。そして、めざす子ども像には、3つの自立を明記しました。

学校教育目標が変わったので、研究も見直すことにしました。これまでも「学びに向かう力の育成」をテーマに研究を行ってきましたが、授業を楽しみに子どもたちが学校に来てくれるようにしよう、もっと子どもたちが主体的に学ぶ授業にしたいと「自らすすんで粘り強く考える子ども～学ぶ必然性のある単元づくりを中心に」に変えることにしました。そして、生活科や総合的な学習の時間を中心に全教科を通して子どもたちの興味を引く導入や子どもたちにとってやりがいのある活動、子ども同士が見方・考え方を交流したり地域とつながったりする活動のある単元（授業）づくりに取り組むことにしたのです。

〈いのち〉の教育の実践　第1章　就学前の教育・保育における実践例

地域とえがく　めざす子どもの姿

　幼稚園と子どもや地域の実態を共有した研究がきっかけで、学校教育目標や研究テーマが変わり、これまで以上に地域とのつながりが必要になってきました。本校は、平成29年度にコミュニティー・スクールとなり、学校の課題や目標を学校運営委員会委員と共有し、委員による学校関係者評価も実施しています。委員は、各自治会の代表や保護者代表、就学前施設の管理職などです。

　まずは、教職員と委員合同でめざす子ども像を具体化する「グランドデザイン研修」を行いました。①児童や家庭、地域の実態、②どんな子どもに育てたいか、③どのようにして育てるか、④プロジェクトの名前を話し合いまとめました（写真3）。

　次に、地域の方に、地域の歴史や特色、産業について教えていただきました。

　このように、教職員が地域のことを知り、学校と地域が同じ目標を持つことで、学校だけで行っていた行事や学習の場が広がり、地域からの協力も得やすくなっていきました。また、教職員の多くが、地域資源を学習に取り入れようと考えたり、自ら委員に相談や協力依頼をしたりするようになりました。

つながりが子どもを主体的にさせる

　生活科・総合的な学習を中心に教科横断的な視点で単元づくりを行いました。問題意識を持たせる単元の導入と他学年や全校生、保護者、地域などに発信する表現活動を設定したゴールを工夫し、子どもたちの意欲を引き出し、学習活動に粘り強く取り組む姿をめざしました。

　2年生生活科「ニコニコＵ（ゆー）びんきょくをひらこう」では、地域郵便局での取材を導入に、校内郵便局を開くことをゴールにしました。2年生が、上級生の教室で説明したり、郵便配達

写真3　学校運営協議会委員との合同研修

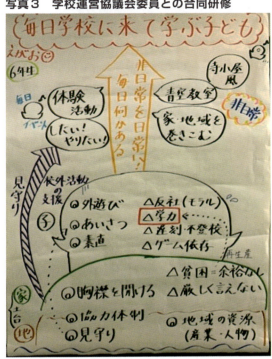

写真4　郵便窓口ではがきを買う6年生

員役の児童が各教室に設置された郵便受けに葉書を届けたりする姿は、コロナ禍の学校の空気を明るく温かなものに変えてくれました。また、この取り組みは2年生だけの学習に終わらず、他学年でも国語科の「はがきの書き方」の学習や道徳の授業などに関連付けた学習が行われました。（写真4）

　1年生は、生活科「あきのパーティーをひらこう」で地域の就学前施設の園児を招待しました。この単元の前には、2年生が1年生を招待する「おもちゃランド」があります。そこで楽しんだ1年生が、次年度に入学してくる地域の年長児を招待するのです。秋の素材を使い、園児が楽しめるように飾り付けをしたり、おもちゃを工夫したり、試行錯誤しながら粘り強く取り組みました。

いのちの教育

　後日、いくつかの就学前施設を訪ねると、どんぐりを使ったおもちゃやお店屋さんなどで遊ぶ子どもの姿がたくさん見られました。この単元によって、2年生の取組を基に1年生がパーティーを開き、招待された園児の遊びが広がるという、異年齢、異校種間で学びがつながり、広がっていくことになったのです。

 ## 地域とともに育てる子ども

　他学年や地域に発信する学習を行うことによって、たくさんのつながりが生まれました。そして、地域の方もこれまで以上に学校に関わってくださるようになりました。

　3年生は、社会科で自分たちの住んでいる地域について学びます。以前は、教師主導で校区探検を行っていましたが、「地域のことは地域の方に教えてもらうことが一番」ということで、自治協議会の「まちあるき」と3年生の「校区探検」を一緒に行ってもらうことにしました。どんなコースで回るのか、どこでどのような説明をするのか、当日の引率、学校に帰ってきてからのふり返りまで、すべて地域の方が計画し、地域主導で行われます。どこにつながっているのかわからない路地を歩いたり、お寺で住職さんの話を聞いたり、畑の作物について説明してもらったり、校区のよさを直に教えてもらえるのですから、子どもたちも一生懸命メモしたり写真を撮ったりします。

　この学習のゴールは、校区のおすすめマップづくりと他校との交流です。地域とのつながりで学んだことを他校との交流で広げ深めていくのです。

　3年生は、消防団見学や環境体験学習でのサツマイモ栽培など、年間を通じて地域の方にお世話になります。教えてもらったこと、お世話になったことに感謝して、3学期には子どもたちが企画し「ありがとうの会」を開きます。地域の方に1年間の学びの成果と感謝の気持ちが伝わるようにと一生懸命準備した子どもたちの思いと努力は、当日、地域の方からの賞賛の言葉で「自信」へと変化していくのです。

 ## おわりに

　ここで紹介した取り組みは、本校の取組の一部です。全学年で取り組んできたひと・もの・ことと子どもたちをつなぎ、「誰かのために」「誰かに楽しんでもらえるように」「みんなに伝えたい」などの思いを実現する学習のゴール設定は、子どもたちに学ぶ必然性を持たせ、主体的に活動に取り組ませました。そして、つながった他学年や保護者、地域、異校種、専門家などの人からの評価が、子どもたちの自信や次の学びへの意欲を生みました。さらに、その子どもたちの成長が、教職員の「やりがい」にもなり、学校や地域が明るく前向きな雰囲気になったと感じています。

　幼小接続をきっかけに教育をつなぐこと、学びをつなぐこと、子どもたちと多くのひと・もの・ことをつなぐことの大切さを学びました。つなげ、つながることが「明日も行きたい学校」の実現と、これからの未来を生き抜く子どもたちの自立を支え、子どもたちと教職員、保護者、地域のウェルビーイングにつながるのです。

いのちの教育

戦争で失われた命が教えてくれたこと

兵庫県芦屋市立朝日ケ丘小学校　教諭（当時）　小西三枝
兵庫県芦屋市立朝日ケ丘小学校　教諭　梁　裕司

はじめに

本校は、2018年度より人権教育の重点課題を「平和教育」とし、参観や学習活動の中に平和教育を取り入れ、取り組んできました。また、2019年度より、修学旅行先を広島に変えて、この2年間手探りの中、6年生の平和教育にも努めてきました。本校の平和教育の取り組みについて紹介します。何かのご参考になれば幸いです。

これまでの取り組み

1．平和教育研修会

2018年、2019年の夏休みに、元西宮市立樋ノ口小学校の高見祥一先生に平和教育のあり方についてお話しいただきました。

平和教育の三本柱としては、①戦争体験を継承していく。②科学的歴史認識を育てる。③戦争を起こさないためにどうしたらよいかを考えさせる。の3つが挙げられました。また平和教育を行う上での視点として、①戦争を学び伝える平和教育、②子どもの日常とつながる平和教育、③子どもが気付き、考える平和教育、④平和形成のための教育、という4つから授業を構成していくことを教えていただきました。

教材は、教師が自分の気持ちを発信できる教材を選び、子どもたちが考えて終わりではなく、考えて行動するところまで視野に入れて授業を作ることの大切さを教えていただき、夏休みの終わりに、各学年の指導案を全体で共有する研修を行い、学年に応じた平和教育について協議しました。

2．平和カリキュラムづくり

（1）カリキュラム完成までの計画について

前提として、3年でカリキュラムを完成させることを考えています。カリキュラムの作成を、「負担なく、みんなで話し合いながら」決めることに重点を置きたいと考えたからです。完成までの計画は以下の通りです。

年度	カリキュラムの完成目標
2019年度	①平和教育の学習目標の文言について検討→共有 ②「関心・意欲・態度」の目標をねらった実践を行い、記録に残す。
2020年度	①「知識・理解」の目標をねらった実践を行い、記録に残す。
2021年度	①「思考・判断・表現」の目標をねらった実践を行い、記録に残す。 ②全実践を整理し、「平和教育カリキュラム」として完成させる。

（2）平和教育の学習目標

1・2・3年生 【小学校前期】	戦争体験の実相（ありのままの姿）に触れ、平和や生命の大切さに気付く。 （例） ・児童が絵本や副読本などの教材を通して、当時の戦災の様子や人々の気持ちに触れる。 ・自分や家族、友達、動植物など生命あるすべてを大切なものとして尊重し、大事にする心情を育てる。命や家族の大切さ、恐ろしさを理解できる学習内容とする。
4・5・6年生 【小学校後期】	戦争の実相（ありのままの姿）を理解し、地域社会や日本の平和形成について考える。

いのちの教育

4・5・6年生【小学校後期】	・児童が地域にある戦争体験を聴いたり、副読本を活用したり、地域の戦争の実相を理解する。地域や日本の戦争の歴史について調べて発表するなどの学習を通して、戦争の実相について理解する。 ・平和形成の方法を考え、平和社会の形成に貢献した人々や団体に対する尊敬や感謝の念を深めることができる学習内容とする。

3. 各学年の取り組みと共有（2019年度）

坂部俊次先生（大阪市立上福島小学校）にお越しいただき道徳研修会を行いました。全体会では、乳幼児期から、高学年・中学生に至るまでの道徳性の発達について学び、とくに6～11歳は激的にかわる時期であり、このときに道徳教育は、非常に大切であるということを教えていただきました。

また、これまでの内面的資質・能力向上の道徳教育に加え、道徳的行為・習慣への筋道が立てられるようにする考え・議論する道徳への質的変換について、ご指導いただきました。道徳科の基本的な考え方は、道徳的価値についての理解を基に、自己を見つめ、物事を多面的、多角的に考える（価値理解）（人間理解）（他者理解）3つをあわせて、高めていく必要があり、生活の実態や学習を通して自己の生き方について、考えを深めることが大切です。その中で「道徳の時間にできるだけ道徳性を伸ばす。また、各教科ごとに道徳的価値を意識することが大切である。道徳の時間が学級経営そのものであり、日常生活におけるさまざまな関わりを通して身についていく」ということを具体的に教えていただき、日々の関わりの大切さをあらためて学ぶことができました。

全体会終了後、各学年の道徳参観授業について指導案をもとに、坂部先生と共に全体で交流・検討しました。1～6年生まで発達段階が違うので、計画的・発展的に指導する必要があり、道徳教育と密接な関連を図りながら、補ったり、深めたり、相互の関連を考えて総合したりすることなどが重要です。今後も学年を超えて、共有したことをもとに、平和学習、道徳学習に生かし深めていけるよう、話し合いを行う必要があります。

1年 『へいわって すてきだね』（絵本 ブロンズ新社）

小学校低学年においては、「生命の尊さを知的に理解するというより、日々の生活経験の中で生きていることのすばらしさを感じ取ることが中心になる」と学習指導要領に書かれています。たとえば、「体にはぬくもりがあり、心臓の鼓動が規則的に続いている」「夜はぐっすり眠り、朝は元気に起きられる」「おいしく朝食が食べられる」「学校に来てみんなと楽しく学習や生活ができる」などが考えられます。

使用した資料は、沖縄県与那国町立久部良小学校1年生の安里有生くんが書いた「へいわってすてきだね」という詩の絵本です。沖縄県平和祈念資料館がつのった「平和のメッセージ」によせた詩で、2013年6月23日、沖縄平和祈念公園での「沖縄戦没者追悼式」で安里くんが朗読しました。その詩に感銘を受けた絵本作家の長谷川義史さんが、与那国島の大自然を大らかに健やかに描いたものです。

授業では、この詩の最後にある「これからも、ずっとへいわがつづくように ぼくも、ぼくのできることからがんばるよ。」という言葉をもとに、戦争があった事実だけを知るのではなく、戦争のない平和な世の中を想像し、今後も戦争のない平和な世界を築くために、自分に何ができるかを子どもたちに考えさせました。子どもたちのふり返りを見ると、普段の何気ない生活ができることの喜びをすばらしいことと感じることによって、生命の大切さがわかったようでした。

2年 『へいわってどんなこと？』（絵本 童心社）

使用した資料は、見開き1ページずつに平和とはきっとこんなこと、という具体例が短い文と大きな絵で書き記されている絵本です。実際に子どもたちが生活している場面からあげられており、とて

もわかりやすく、低学年の児童でもなるほどと理解しやすい内容になっています。

　戦争がなく、平和な時代に生きている子どもたちに実際にあった戦争について学習する機会はとても大切なことですが、戦争を体験していない子どもたちが平和、戦争について学習するのはとても難しいと考えました。そこで、子どもたちの身近な絵本を用いて、読み聞かせを行い、担任が問いかけをしながら、平和とはどんなことなのかを把握させ、平和を守るために自分ができそうなこと、普段の生活でみんなが気持ちよく過ごすために大切なことは何かを考えさせました。

　この資料を通して、平和とは何気ない普通の生活であることに気付き、自分や他人の命の大切さや、お互いを尊重することの大切さに気付くきっかけになったと考えます。

　身近なことから、平和ってどんなことなのかを一つひとつ確認していくことで、子どもたちの平和についての意識や、平和な世の中を作るために自分ができることは何かを考える機会となったように考えます。また、自分たちが取り組めることは、小さなことでも取り組んでいきたいという態度を培い、今後に生かしていきたいです。

3年　『かわいそうなぞう』（絵本　金の星社）

　子どもたちは、理科で「昆虫」について学習したり、芦屋川（本校の近くにある川）に行って、川に住む生き物に触れたり、小動物の誕生や死に接してきています。1学期に戦争についてどれぐらいのことを知っているのかを子どもたちに尋ねました。「アメリカと戦争して負けた」「原子爆弾を落とされた」と知っていることを発言する子はたくさんいました。しかし、その様子から、ただ知識として知っているだけ、過去のことで自分たちとは関係のない、遠いことのようにも感じられました。中学年になったとはいえ、自分たちとつなげて「戦争」について考えるということは難しいようでした。

　今回の教材は、子どもたちに話の内容がわかりやすく、子どもたちは、象の気持ち、飼育員さんの気持ちを考えることで、「戦争は悲しい」「つらかっただろうな」など考えることができているようでした。

　また、今まで「戦争でたくさんの人が死んだ」ということは知っていましたが、この話を通して、戦争で命を落とすことになるのは人間だけではないことを知り、「戦争は怖い」「戦争はしたくない」「戦争をしなきゃよかった」という思いをもっていました。家族のように関わってきた動物の命を、自らの手で奪わなければならなかったつらさ・残酷さの一端に触れると共に、現在もなお戦争が行われている国があることから、決して自分たちにとって無関係な話ではないことを知りました。

　この学習とつなげて国語の学習「ちいちゃんのかげおくり」の学習をしています。これらの学習を通して、決して戦争を起こしてはいけない、平和は大切なものだということを考えるきっかけになればと考えています。

4年　『8月6日のこと』（出版社　河出書房新社）

　「広島の学習の入り口」として『8月6日のこと』という絵本を使って学習を進めました。この本は、作者の中川ひろたかさんの母と伯父に起こった事実をもとに書かれています。

　「広島県産業奨励館の近くの軍隊にいる伯父にこっそり差し入れを届けていた母。原爆投下のあと差し入れを持って伯父を探しに市内へ入ったものの、会うことはできなかった。その母は今年82歳になる。…」というお話です。被爆前後の空や山の色、主人公の兄妹の緊張に満ちた表情、黒く暗く塗りつぶされた被爆後の人と町の様子など、絵の力が非常に強いです。3人に1部ずつカラーコピーしたもの配布し、「知る」ことよりも「感じる」ことに重きをおき、子どもたちのつぶやきを中心に学習を進めました。

　兄のことを思い、1人で汽車に乗って広島にむかう「おかあさん」、原爆がお兄さんの軍の近くに落ちてから一週間たった広島の町を見た「おかあさん」、そして82歳になった「おかあさん」など、さまざま

いのちの教育

な場面の「おかあさん」の気持ちを考えました。そうすることで、子どもたちは、大切な家族を亡くした現在までも続いている「おかあさん」の深い悲しみを感じることができました。また核兵器のむごさを知り、戦争への憎しみ、平和の希求へとつながる思いを育むことができました。

5年 『限られた酸素ボンベ』(「国境なき医師団：貫戸朋子」KTC中央出版)

 高学年になり、主体的に行動できるようになりました。一方で、相手や周りから自分の行動がどのように見られているのかを考えずに主観で行動してしまう姿もあります。主体的に判断することに伴う「責任」の所在は、自分の意志で考え判断し、行動しなければならない場面やその後の影響を考えることなどを通して、より深く理解できるようになると考えました。そこで、授業では、選んだ「行動」によって「結果」が変わる選択を迫る授業展開としました。

 教材は、国境なき医師団の貫戸朋子氏の体験をもととしたものを扱いました。「貫戸さんのもとへ感染症に侵された5歳の少年が緊急搬送されてくるが、現場に酸素ボンベは1本しかない。助かる見込みのない少年に酸素を与えるか否か」という緊迫した局面は、少年の命、あるいは、その後の不特定多数の命のいずれを選択するのかという判断を貫戸さんに迫ります。「医師」の役割や、少年を取り巻くさまざまな人々の心情を踏まえながら、「こうした状況に置かれたとき、自分ならどうするか」という葛藤に子どもたちを向き合わせたいと考えました。

 当日の子どもたちは、酸素ボンベを切るべきか否かで大いに葛藤し、活発な議論を交わしました。医師としての知識と経験に基づいて適切に判断を下すことが「責任」だと考える子どももいれば、最後まで命をあきらめないことが医師としての責任だという子もいました。議論を交わす中で、「責任」は「行動」ではなく、「その結果を引き受ける」という「心の持ち方」であることに子どもたちは気付いていきました。

 また、子どもの中には、「貫戸さんは、医師として最善の努力をしたにもかかわらず、救えない命があった。それが戦争のひどさだと思った」と書いた子どもが多数いました。葛藤を通して、戦争の悲惨さを理解する子どもたちの姿がありました。

 保護者の方々からも「どちらかに答えがあるのではなく、お互いの考えから『責任』の意味について理解を深める子どもたちの姿に親としても考えさせられた」という意見をいただきました。本校の修学旅行の行き先が広島になったこともあり、道徳人権参観でも、平和についての教材を取り入れることで、保護者にも広く戦争と平和について関心を持ってもらうことが可能だと考えました。

6年 『杉原千畝—大勢の人の命を守った外交官—』(「小学道徳 生きる力」日本文教出版)

 小学校高学年の段階においては、差別や偏見がいじめなどの問題につながることを理解できるようになる一方、いじめなどの場面に出会ったときに、ともすると傍観的な立場に立ち、問題から目を背けてしまうことも少なくありません。そのため、差別や偏見、いじめなどの問題は、自分自身の問題でもあるという意識を持たせながら考えさせていくことが大切です。その上で、社会正義の実現は決して容易ではないことを自覚させ、身近な差別や偏見に向き合い、公平で公正な態度で行動する態度を育成したいと考えました。

 教材としては、第二次世界大戦中、政府の方針にそむいてまでも、ナチスに迫害されたユダヤ人に日本通過のビザを発行した外交官・杉原千畝の話を扱いました。杉原は外交官として国からの指示に従わなければいけないという立場でした。また、国際情勢は非常に不安定であり、杉原がビザを発行するということは国同士の大きな国際問題に発展する可能性をはらんでいました。一方で、ビザの発行を行わなければ、多くのユダヤ人の命を見捨てることになる。「こうした状況に置かれたとき、自分ならどうするか」という葛藤に子どもたちが向き合うことで、社会正義を行うことの難しさと尊さ

を理解することができると考えました。

実際の授業で子どもたちは、「自分ならどうするか」と考えることを通して「命」が大切という当たり前のことを理解しつつも、他人の命を守ることで自分の命や人生を危険にさらす状況に悩みながら発言を続けました。この葛藤によって、ユダヤ人迫害の根源である「差別」を憎む気持ちや、その「差別」を許さずに人道をつらぬいた杉原氏の「社会正義の実現」の尊さに気付きました。そして、本当におかしいと思ったことは、それがたとえ友だちであっても、先生であっても、しっかり伝えなければただの傍観者であり、差別している側の一員であることを自覚する子どもたちの姿が見られました。

6年生の取り組み

1．みんたの（歴史編）

総合の時間に、日本の歴史（①なぜ、戦争が起きたのか　②満州建国　③アジア・太平洋に広がる戦争　④戦争と人々のくらし・子どもたちのくらし　⑤終戦）について学年で学習しました。資料や写真（フォトランゲージ）を使って、当時の時代背景をさらに詳しく学習する時間をとりました。

2．全校生の折り鶴の会

例年、いろいろな形で「折り鶴の会」を行っています。たとえば、2020年度は、1年生から5年生までの各クラスへ6年生が折り鶴の会を行いました。平和学習実行委員会が「広島でどのようなことを学ぶのか」「なぜ折り鶴を折るのか」をまとめたパワーポイントを作成し、各クラスで鶴の折り方を説明しました。全校生が折った鶴は、6年生が千羽鶴にまとめて広島へ持って行きました。

3．絵本による読み聞かせ

朝のスキルタイムや読書タイム、国語の時間を使って、図書室にある広島に関連する絵本の読み聞かせや本の紹介をしています。

『さだ子と千羽鶴』『おりづるの旅』

原爆による白血病の実態、後遺症など、原爆が落とされた後の被害の話。原爆の子の像がどうし

実行委員によるパワーポイント

てできたのか。折り鶴の会を進行するにあたっては、ぜひ紹介したいお話です。

『いわたくんちのおばあちゃん』

本川小学校が舞台。いわたくんちのおばあちゃんの体験から当時の原爆によって奪われた家族の話。本川小学校では、いわたくんのお母さんが現在もガイドボランティアをされています。

『伸ちゃんのさんりんしゃ』『さがしています』
『真っ黒なおべんとう』

平和記念資料館に展示されている遺物にまつわる話。資料館に行く前にぜひ紹介したいお話です。

4．被爆体験伝承者のお話

国立広島原爆死没者追悼平和祈念館の「被爆体験伝承者派遣事業」を利用し、広島より、被爆体験伝承者（平和学習ガイド）の松田久美子さんに来ていただきました。「広島原爆の被害の実

いのちの教育

相」「被爆者の体験」「広島平和記念公園」「伝承者のメッセージ」の講話の後、子どもたちの質疑応答・感想交流の時間となりました。講和については、修学旅行へ行く1週間前に来ていただくことがさらに修学旅行で何を学ぶのかを考えるのに効果的でした。

松田さんには、教員の広島平和記念公園の下見や修学旅行当日の碑めぐりと本川小学校見学にも同行、ガイドをしていただき、子どもだけでなく引率教員にとっても有意義なフィールドワークの時間となりました。

5. 修学旅行

コロナ禍中の修学旅行では、ほかの宿泊校とタイムスケジュールが被らない配慮が必要でした。そのため、平和記念公園も資料館も比較的すいており、子どもたちにとっても充実した時間となったようでした。また、碑めぐりでは、島内科、被爆地蔵とお墓、原爆ドームを平和ガイドの松田さんに案内していただきました。2日目の平和学習の効果として、修学旅行後の学校でのふり返りを新鮮な状態で行うことができました。

6. 5年生への報告会

本校では「自分にできることは何か」「自分たちの考える平和とは何か」「受け継ぐことの大切さ」など、これまでに学習してきたこと、議論してきたことをもとに、6年生が次年度広島に修学旅行に向かう5年生に向けて意見文を作成し、報告しています。

「今がどれだけ恵まれているか」「今自分たちに何ができるのか」「碑は何を伝えているのか」「被爆したのは日本人だけじゃない」「世界にどれだけの核があるか」「原爆の恐ろしさや被害」など、子どもたちは私たちが想像する以上に5年生に伝えたいという思いを持って準備を進めました。

報告会当日は、学習してきたことを集めたピースファイルをもとに、小グループまたは1対1の対面での報告を行いました。報告を一生懸命聴く5年生の質問に対して、真摯に答える6年生のふり返りより、修学旅行の引継ぎを5年生にしっかり伝えることができた達成感がみられました。

おわりに

2018年度から取り組んできた朝日ケ丘小学校の平和学習は、少しずつ各学年に広がってきています。重点課題を平和学習にすることで、全教員が1年に1度、平和をテーマに考えたカリキュラムで交流できることは、最終学年での学びの充実、学年を超えた関わりにつながります。同時に、無理なく平和学習に取り組むことができることも魅力のひとつです。「原爆の実相」、今もある世界の核兵器の数や製造国の話は子どもたちにとって印象が強く、調べ学習などで世界核兵器禁止条約について意欲的に調べる児童も多くいます。なぜ日本がそこに入っていないのかと疑問を持ち、政治に興味を持つなど児童の感想もありました。私たち教職員自身も、過去の原爆の被害だけでなく、今の核兵器の問題に目を向けた平和学習の大切さをあらためて考えさせられました。

私たち教職員が、子どもたちがいる教室や学校において命を大切にする、いじめや校内暴力がない平和的な状況（場）を形成できているか、アンテナを高く持っておく必要があります。また、平和学習は、過去の話ではなく、今の自分たちの生き方にどうつながっているかに気付かせるしかけが必要です。

思いやりを大切にする、いじめや暴力を許さない仲間づくりをする、相手を非難・中傷することがない暖かい教室とはどんな教室なのか、どう考え行動するべきかをくり返し実践し、子どもたちが自由で安心できる学校現場を育むことが大切です。

『子どもの日常につながっている平和学習』という視点を大切に、『学校教育における平和学習』をこれからも取り組んでいきたいです。

いのちの教育

＜いのち＞を大切にする心を育む道徳の授業

桃山学院教育大学准教授　龍神美和

「特別の教科　道徳」のスタート

小学校では平成30年度、中学校では31年度から「特別の教科　道徳」が実施されました。その背景の一つには、いじめ問題を受けて、子どもが命の尊さを知り、自己肯定感を高め、他者への思いやり、規範意識、自主性、責任感などの人間性・社会性を育むよう、道徳教育の充実をはかることが求められたことがあります。

では、「特別の教科　道徳」の中で、「いのち」に関するものは、どのように取り上げられているのでしょうか。

「小学校学習指導要領解説『特別の教科　道徳編』」では、道徳教育の目標を達成するために指導すべき内容項目を、以下のように4つの視点に分けて示してあります。

> A　主として自分自身に関すること
> B　主として人との関わりに関すること
> C　主として集団や社会との関わりに関すること
> D　主として生命や自然、崇高なものとの関わりに関すること

A～Dすべての視点は、互いに深く関連し合っているものであるので、一面的に捉えるべきものではありませんが、「いのち」に深く関わりのある内容項目として、「D　主として生命や自然、崇高なものとの関わりに関すること」が挙げられるでしょう。

さらに、Dの視点を詳しく見てみると、「生命の尊さ」・「自然愛護」・「感動、畏敬の念」・「よりよく生きる喜び」という内容項目が挙げられ、それぞれについて、学年段階ごとに指導の要点が示してあります。

ここでは、「生命の尊さ」に焦点を当てて、子どもたちが「いのちの大切さ」を考えるために大切にしたいことを考えたいと思います。

「いのちは大切だから大切」？！

子どもたちの現状として、「いのちは大切ですか?」との問いに対して、「大切!!」と多くの子どもたちが答えるでしょう。しかし、この問いに対する答えには、子どもたちにとって、強い支えになるものや、裏付けがないように感じています。

「大切ですか?」と問われると、「大切である」と答えるべきものとなっていたり、「大切なものだから大切」というような根拠のよくわからない、子どもたちからするとそう答えるのが当たり前、そうあるべきものというものになっていたりするように思います。

この「大切である」という答えに確かな力を持たせるためには、生命に対する多面的で深まりのある見方が必要であり、そして、このことが、生命を尊重する心の高まりにつながると考えます。多面的な見方の例として次のようなものが挙げられます（次ページ例）。

加えて、子どもたちが、多様に考え、語り合い、イメージを深め、広げ、関わり、豊かな体験を通して、いのちの実感を深めていくことが大切であるといわれています。

いのちの教育

```
例1
①偶然性  ②有限性  ③唯一性
④連続性  ⑤共存性  ⑥発展性 など

例2
①いのちが生まれ育つ
②いのちといのちが共存する
③いのちといのちがつながる
④いのちといのちが支えあう
⑤いのちをかがやかせる
⑥いのちを守りぬく
⑦いのちの有限さ
```
永田繁雄『生命尊重の教育を充実させるために』より

このようなことから、「特別の教科 道徳」の時間に読み物教材をもとに、子どもたちそれぞれが自分の中にもつ「いのちの大切さ」の根拠を掘り起こし、また、友だちと考え合い、語り合う中で友だちの考える「いのちの大切さ」を知ることを通して、子どもたちの「いのちが大切なものである」という言葉に、確かさを少しでも持たせたい、生命尊重への意識を高めたいと考えます。

また、自分のいのちが大切なものであるという実感があればこそ、多くの人々と関わりなどを通して、いのちとは、自分のいのちが大切なように他者のいのちも大切であり、誰にとってもかけがえのないものであることを学ぶことができるものであると考えます。

子どもたちの成長に応じた学びを

子どもたちに、いのちを多面的に捉えさせることをねらいとしても、そこには発達段階の課題があります。

学習指導要領の「道徳科の内容」では、D「生命の尊さ」に関しては次のように記されています。

- **小学校第1学年及び第2学年**
  生きることのすばらしさを知り、生命を大切にすること
- **小学校第3学年及び第4学年**
  生命の尊さを知り、生命あるものを大切にすること
- **小学校第5学年及び第6学年**
  生命が多くの生命のつながりの中にあるかけがえのないものであることを理解し、生命を尊重すること
- **中学校**
  生命の尊重について、その連続性や有限性なども含めて理解し、かけがえのない生命を尊重すること

また、『生命尊重の道徳授業における長期的プログラムの必要性について』（金光靖樹 大阪教育大学紀要2007）では、小学校段階での子どもたちが、生命を考える上で最低限必要な要素として、「喜び」「一回性」「関係性」の三要素を挙げています。そして、これらを系統的にみて、役割取得能力が未発達であることなどから、低学年に「喜び」を、生物は死ぬと生き返ることがないという自然科学的事実を確固たるものとしていく中学年に「一回性」を、二重の役割取得や抽象化・一般化されたシミュレーションを身につけることが期待される高学年に「関係性」を配列しています。

これらのことから、低学年において「生きている喜び」、中学年では「限りあるいのち・かけがえのないいのち」、高学年では「人との関わりの中でのいのち」を中心におきながら、いのちの大切さについて、子どもたちが考え、多面的に捉えることができる道徳の授業づくりが必要であると考えます。

参考

絵本『あいしてくれて ありがとう』（宮西達也 ポプラ社）を用いた3年生の授業
～子どもたちの学習のふり返りから～

☆ 絶対にわたしにやさしくしてくれたり、たくさんはげましてくれる人がいることがわかりました。人生でかなしいことがあっても楽しいことの方がたくさんあることがわかりました。

☆ 自分へ…きみは必ずだれかにささえてもらってこの場所にいるんです。これからもささえてもらっているひとに感謝してしっかり生きていきましょう。

☆ ひとはひとりでは生きていけない。だから、自分をささえてくれている、家族や友

> だちを大切にしたい。さみしくても、つらくても生きていく自信があれば何があってもたえられると思った。だから、自分はひとにささえてもらいながら、自分もささえていきたい。
>
> ☆ 一人ぼっちだと思っても、人生を大切に生きていかないと人生はどうなるかわからない。今を大切に生きようと思った。あと、ひとのためにできることは、しないとなと思いました。

子どもたちにいのちについて豊かに捉えさせるために…

いのちの大切さについて多面的に捉えるためには、子どもたちが、友だちの考え方を聞いたり、自分の考えを伝えたりしながら、自分の考えを見つめ直したり、自分にはなかった新たな概念をつくりだしていく必要があります。いのちについて、こうした関わり合いのなかで学習することが、自分一人だけのいのちではないこと、誰かの思いのなかにあるいのちであること、友だちのいのちも自分のいのちと同じように大切なものであることを、子どもたちが、知らず知らずのうちに感じ取っていくことができるものであると考えるからです。

そこで、子どもたちが、いのちについて、豊かに語り合う場をつくるために「特別の教科　道徳」の時間の取り組みの他に、次のようなことが必要であると考えました。

★各教科・領域との関連

各教科などでの学習や体験が、「特別の教科　道徳」のD生命の尊さの授業に関連付けられることによって、子どもたちの体験や学習経験が、道徳の時間と相互作用を及ぼし、いのちへの思いが高まり、深まっていくものであると考えます。

★子どもたちが共有できる学校全体・学年全体の取り組み

子どもたちが、同じ経験をしていることで、分かち合える思いや、友だちと自分の考えの違いなどが明確になっていきます。そこで、学校として、学年として、どのような取り組みを進めていくかが重要となっていきます。また栽培など、教師が「いの

ちを大切にする」という意識を持った中での日常における継続した取り組みは、子どもたちにとって「隠れたカリキュラム」として、大きなものになっていくと考えます。

保健室での隠れた継続した取り組み

子どもたちにとって、保健室は心や体が休まる場であり、日々「いのち」を感じることのできる場という面も、持つものであると思っています。

身長が伸びたとき、歯が抜けたとき、子どもたちが、自分の成長をしっかりと実感できているでしょうか。小さなことかもしれませんが、「いのちを感じる」ことが、いのちの大切さを学ぶ第一歩です。病気やけがの苦しさや痛み、それが治っていくことも生きている力です。

心が落ち着かなくて、イライラして、保健室を訪れる子もいるでしょう。でも、それも成長の過程です。乗り越えることができたとき、そのときのことをふり返ったとき、子どもたちは、自分自身の成長を実感することができるのではないでしょうか。

担任が「それくらい大丈夫！」と言っても聞き入れなくても、保健室で「大丈夫、すぐに治るよ」と養護教諭の先生に傷を洗ってもらったり、「そうだね。わかるよ」と受け止めてもらったりして元気が復活する子どもたちの姿がたくさんあります。「保健室の先生」のひと言は、子どもたちにとってすごいパワーがあるのです。

その「保健室の先生」に自分の小さな成長を見つけてもらったり、認めてもらったりしたひと言は、子どもたちにとって、「いのちを感じる」大きな支えとなり、その積み重ねは、とても大きな力を持つ「隠れたカリキュラム」になると考えます。

「いのちの教育」やっています！

さて、「いのちの教育は大切ですよね」…と言われて首を横に振る人は、まずいないでしょう。では、「『いのちの教育』をやっていますか？」と問われて、

いのちの教育

自信満々に「はい、もちろん」と答えることができる教員は、どのくらいいるでしょうか。正直なところ「やっていないことはないんだけれど…」という答えになってしまう場合も多いのではないでしょうか。わたしも、慌ただしい日々の中で「はい！もちろんやっています」なんて、胸を張っては言えない方なのですが、今回、4年生の子どもたちと一緒に過ごす中で、学校生活を「いのち」という視点からみると、たくさんのものが見えていたり、かくれていたりするものだなあ、大阪弁だと「うまいことなってんなあ」と再認識しました。その視点で、学校全体のカリキュラムをみると、また、「うまいことなってんなあ～」と。わたしの勤務校のカリキュラムが「うまいことなってる」というのはもちろんですが（手前みそです）、教科の指導内容自体が「うまいことなってる」のです。

先輩方からは、これまでの経験から「当たり前でしょう」と一蹴されてしまいそうですが、子どもたちと日々過ごす中で、つい目の前の1時間、1日を意識しがちです。けれど、立ち止まって、大きな視点で、今、自分が何につながることをしているかを意識し、認識するということは、とても大切なことだと考えるのです。それは、ねらいが明確になることはもちろん、それによって教師が意図的に行うことが増えると考えるからです。意図的に行うということの内容はさまざまありますが、いろいろ関連づけて学習プランをつくる、すると、学習内容に厚みが出てくることもあるでしょう。また、教師の言葉がけ自体も変わってくるということもあるでしょう。

つまり、「いのちの教育」という視点で日常の教育活動を見つめてみることで、「うまいことなってる」ことを活用していくことができるのです。

「うまいことなってる」4年生

4年生では、総合的な学習の時間などを活用して、10才という一つの節目に成長のふり返りや、将来の夢を語る取り組みが行われることがあります。わたしの勤務校も総合的な学習の時間の3学期に「10才をむかえて」ということで単元設定されていました。単元「10才をむかえて」の学習内容は次の通りです。

> 「10才をむかえて」
> 10年間の自分の成長をふり返り生命の尊さを感じるとともに、今の自分をみつめ、将来への夢や希望をえがき、よりよく前向きに生きていこうとする意欲と態度を育てる。
> ・学習活動
> ☆インタビューをして自分の成長をふり返ろう。
> ☆自分の成長をみつめよう。
> ☆自分の成長を支えてくれた人をみつめよう。
> ☆なりたい自分をえがこう。
> ☆10才の今、思うことを発表しよう。

「10才をむかえて」の学習で子どもたちは、家の人に、生まれた頃のことや今までのエピソードなどをインタビューしてきました。

それらの学習活動を通して、子どもたちは、「自分がこんなに大切に思われていたんだと知った」「こんなに自分が生まれてくることを楽しみにしてくれていたんだと思うとうれしくなった」などの感想を持っていました。併せて自分の成長を支えてくれている人を、たくさん思い起こす中で、家族だけでなく、地域の人にまで目を向けて考える姿がありました。

「なりたい自分をえがこう」の学習活動では、将来就きたい職業の服装を準備したり、働いている場面設定をしたりして写真を撮り、将来の自分になるために、今の自分にできることを考えていきました。

これらの学習活動を通して、子どもたちは、自分のいのちが、いろいろな人に支えられ、思われながら育まれてきたことを実感したり、自分自身の成長に目を向けたりすることができたでしょう。また、自分の可能性にも目を向けることができたでしょう。これらのことは、自尊感情を育むと同時に、友だちと一緒に学ぶことを通して、自分だけでなく、

友だちも同じように尊重されるべき存在であることをあらためて感じ取ることもできるでしょう。

この学習でも、十分に「いのちの教育」です。しかし、この学習を中心において4年生の学習内容をみていくと、本当に「うまいことなってる」のです。

☆国語
・「二十才のわたしへ」「十年後のわたしへ」「ドリームツリーを作って発表しよう」など
・「死」が登場する物語文

☆理科
・春・夏・秋・冬の生き物について
・体のつくりと運動について

☆社会
・くらしを守るしくみや、住みよいくらしのためのとりくみについて

☆保健領域
・育ちゆく体とわたし（この学習は5年生の理科「人のたんじょう」に直接つながっていますね）

以上のように教科の特性によって、それぞれの持つねらいは異なりますが、国語では、自分の将来をみつめ、理科では、生き物のいのちの変化や、ヒトのからだのつくりを学び、そして社会では、自分たちのいのちと安全や生活を守り支えてくれていることやその仕組みを、保健では、自分の体の成長や思春期、二次性徴について学ぶようになっています。

4年生の学習内容をざっと見ただけでも、こんなに「うまいことなってる」のです。4年生では、自分のまわりにあるいのちや、自分のいのちや成長を見つめ、守り、支えてくれている人やものに心を向けることが、こんなにたくさん設定されているのです。

ここに挙げた教科以外の中にも、「いのちの教育」につながっている、つなげられるという学習活動はたくさんあるのではないでしょうか。

4年生に限らず学校全体での取り組みも挙げていくと、たくさん浮かび上がってきます。たとえば、避難訓練もそうでしょう。また、異学年交流の時間も、自分の成長を知るよい機会でしょう。終業式、修了式だって、自分の学期ごとの、1年の成長を見つめさせる節目です。もっと具体になると、身体測定だってそうです。

もっとわたし自身に「いのちの教育」の視点が豊かにあれば、他にもたくさんのことが浮かび上がってきそうです。

勤務校では、毎年7月に学校全体で平和教育に取り組み、8月6日を登校日に設定して、平和について、いのちについて考える日にしています。また、地震の避難訓練を阪神淡路大震災のあった1月に設定しています。

3.11にも、子どもたちに話をしたり、絵本を読んだりして、いのちについて考える時間をとります。これらも、もちろん「いのちの教育」ですよね。

今回の4年生の取り組みでは、「10才をむかえて、今、思うこと」と題した発表会で、最後に全員で歌う歌を音楽のカリキュラムの中に設定したり、道徳科の生命の尊さの内容を3学期に設定したりすることなどを勤務校では意図的に行われていました。

 道徳科の取り組み

今回の4年生の学習では、「10才をむかえて」の取り組みを終えてから、道徳科で生命の尊さの内容を行いました。教材は「電池が切れるまで」（かがやくみらい　どうとく4年　学校図書）です。

> **教材「電池が切れるまで」のあらすじ**
> 由貴奈さんは、5才のときに、発病。その後、何度も入退院を繰り返します。手術をして、一時は、マラソン大会にも出場できるほどになりましたが、2年生になる前に再入院、亡くなる4カ月前に「命」という詩を書きます。そして、11才で亡くなられました。

この教材を設定した理由は、二つあります。まず一つ目は、この教材に登場する宮越由貴奈さんが書かれた「命」という詩が、小学4年生の理科の時間の学習をもとにしていることです。「命」

いのちの教育

という詩の中に「電池」ということばが使われています。同じ理科の学習をしながら、受け止めていることの、感じていることの違いに、そして自分たちに近い11才という年齢でいのちを亡くしてしまった由貴奈さんの思いやメッセージを、今の子どもたちに感じてほしいと考えました。

二つ目は、いのちを捉える視点です。「10才をむかえて」の学習では、成長や将来をみつめ、「そだついのち」や「支えられているいのち」、「よりよくいきる」という視点での学びが多い学習になっています。そこで、子どもたちに「限りあるいのち」という視点も持たせたいと考えたからです。これまでの学習と併せて子どもたちがいのちについて深く考えることができれば…という願いを込めて取り組みました。

授業の流れは次の通りです。

まず、由貴奈さんの写真を提示し、「どんな子だと思うか」を問いました。闘病中の写真だったので、「病気」「女の子」「入院している」などの答えが返ってきました。そして、11才で亡くなったことを伝えてから教材文を読みました。

手術をしたとき、退院をしたとき、再入院をしたとき、由貴奈さんは、どんな思いだったかを考えさせていきました。「ちょっとぐらいの入院だったら、大丈夫やろ」と言っていた子が、入院や手術を経験し、「10才をむかえて」のインタビューで、そのときのことを聞いてきた子の「こわい。わたしも(手術したことが)あるけど、こわかった。みんなすごい心配した」のことばに黙り込む場面もありました。

最後に、由貴奈さんの直筆の「命」の詩を配り、「由貴奈さんがみんなに伝えたかったことってなんだろうね」と言いながら詩を読み上げました。教室は、シーンとしていました。読み終わると、「先生、悲しいわ」「○○泣いちゃってるよ」の声がありました。

以下に子どもたちの学習のふり返りから、一部を抜粋してご紹介します。

- 「命」という詩をみて、命はこんなに大切なんだなと思いました。人生はとっても長いから自分をみすてないと心の中で強く思いました。
- …自分なんかきらいと思っていたけど、ゆきなさんと同じ「電池が切れるまで」しっかり人生を楽しもうと思いました。
- …ぼくは、まだ電池があるから、できるだけ、今できることをしたいです。好きなことをして、人を大切にして、やることはして、手術することがあっても、ゆきなさんみたいに、できることをしたいです。
- …いやなことや つらいことがあったら、すぐもういやとか 生きたくないとか言ったりしていました。それにイライラするとすぐに「死ね」とか言っていました。そんな自分が心底あほらしく思います。…
- …毎日 遊んで ご飯をたべて 勉強するのがふつうだと思っていました。でもゆきなちゃんのおかげで 命をさいごまで 使い切ろうと思いました。
- …命は死ぬまでに何個か使っているのだと思っていました。けれど、本当は1個しか使っていないんだなと思いました。だから、命をむだにしたくないなと思いました。
- …長生きしていれば、楽しいことがいっぱいあったのになと思った。

他の学年だって「うまいこと」なってます

わたしは、子どもたちが、いのちの実感を持つために毎学年成長のふり返りを行うことは、とても意味があることだと考えています。その視点からみると、1年生では、生活科で、1年間の成長のふり返りを、2年生では、赤ちゃんの頃のことをふり返りながら、今の自分をみつめる学習が設定されています。6年生も卒業を前に、自分の成長と将来をみつめる学習に取り組まれていることが多いのではないでしょうか。

これらの取り組みといろいろな教科の中に「うまいこと」含まれている「いのちの教育」の視点にわたしたちが気付き、関連させ、意識して取り組むことで、子どもたちの多様な気付きや学びにつな

がっていくのではないかと思うのです。

どの学年にも本当に「うまいこと」「いのちの教育」の視点がたくさんあります。わたしたちは、知らず知らずのうちに「いのちの教育」を実践しているのだと思うのです。けれど、教師自身が実践していることに気付いていないとき、子どもたちが受け止めることは、ほんのわずかなものになってしまうのではないでしょうか。

日々の慌ただしさについ流されてしまいそうになりますが、少し立ち止まって、子どもたちと一緒に大切にしていきたいことを考えたとき、「うまいことなってる」ことが見えてきたり、自分が日々の中に織り込んでいきたいことに気付いたりすることができるように思います。

日々の子どもたちとの関わりの中で、「いのちの教育」の視点を自分自身がしっかりと持ち、少しずつ織り込みながら…そんなふうでありたいと思うわたしです。

子どもたちは「いのち」をどう思っているのか

ところで、わたしの勤務校は、全学年単学級の小さな学校でした。わたしは、1〜6年生のすべての子どもたちに日々、授業などで関わる機会がありました。

そんなわたしが、子どもたちと接する中での日々のちょっとした出来事ですが、子どもたちが「いのち」をどんなふうに感じているのだろう…と思ったり、わたし自身の感覚とのズレを実感したりしたエピソード、そして、今わたしが考えていることを以下に述べたいと思います。

エピソード1　種から芽は出るのかな？

晩秋の4年生の理科の時間、春に種をまいたヒョウタンの実が茶色くなって、乾燥してきていました。実を採って振ると、中でシャラシャラ音がしていました。私が、「種ができているね。春になったら、種をまたまこうね」と言うと、そばにいた男の子が、なんとも不思議そうな顔をしながら、「先生、その実さわらせて」と言って手に取り、わたしがしたように、実を振って、シャラシャラと音を鳴らしてみていました。そして、また不思議そうな顔をしながら、「これ、種が入っているの?」「この種をまいたら芽が出るの?」と、私に尋ねてきました。

このとき、私は本当に驚きました。けれども態度には出さずに、「きっと、芽が出るよ。一つのヒョウタンの実から、たくさんのヒョウタンが生まれるね」と、話しました。

このときの私の驚きの理由は、①男の子はとても理科が好きな児童であったこと、②1年生でアサガオ、2年生ではミニトマト、3年生では、ヒマワリやマリーゴールド、ホウセンカなども育てた経験があったこと、つまり、私は、子どもはこれまでの学習や経験から、「種から芽が出る」ということは「すでに学んでいる」「すでに知っている」と思い込んでいたのです。生活科でも理科でも種まきや収穫をしているのだから、ヒョウタンだって同じだと、わかっていると思い込んでいたのです。

もしかすると子どもたちの中には、「種は、種苗店やホームセンターで買うもの」と思っている子がいるのかもしれません。確かに、アサガオの種まきの時には、教材として発芽率の高い種が植木鉢や支柱、肥料とセットになって販売されており、勤務校でも例年それを購入しています。けれど、花が咲いた後は、自分たちで種を採っているはずなのですが…。

売っているものと自分たちで採ったものは違うのでしょうか。

「いのちがあること」「いのちが受け継がれていること」に心を向けてほしいと願って、私たちは、学習を計画しているつもりですが、子どもの心に届いていないのかもしれません。

ちなみに同時に育てたゴーヤも立派な実を2つ3つほどつけました。夏休み直前で、みんなで食べる時間をとれなかったので希望者に持って帰ってもらって食べてもらおうと希望者を募りました。わたしは「みんなで育ててきたゴーヤだから、手がいっ

いのちの教育

ぱい挙がるだろうな…。持ち帰れない子には、何か別のことも考えておかないといけないな…」と予想していたのですが、「持って帰りたい」という子は、本当に少なかったです。じゃんけんや実を切り分ける必要もありませんでした。なぜなのでしょう…。

🔵 エピソード２
「うわぁ！はじめて！」

６年生の家庭科の時間、調理実習でボウルにタマゴを割って入れるという場面がありました。そのときのことです。

「タマゴを割るくらい、６年生だし、すぐにできるでしょ。卵かけごはんとかも、しているだろうし」なんて、わたしは思っていたのですが、一人一つずつタマゴを割ることにすると大騒ぎになりました。４分の１くらいの子どもたちが、タマゴを割るのを戸惑い、それを周りの子が、「大丈夫やって、がんばれ！」と、励ましているのです。

「先生、どれくらいの力いるの？」
「うわあっ！つぶれた」
「タマゴ割るの初めてや！」
「このうすい白いの何？」

黄身がつぶれても、後で混ぜるので問題ないのですが、つぶれたことに慌てていた子もいました。タマゴを割る機会がなかったということでしょうか。多分、おいしくいろいろな形で食べている子が多いと思うのですが…。

🔵 エピソード３
「これなに？」「…いらない」

「ワカサギの天ぷら」が給食に出た日のことです。２年生の子が、「先生、これ何かな？」と担任の先生に尋ねていました。わたしは、心の中で「どうみても魚でしょう」と思いながら様子を見ていると、担任の先生はていねいに、「ワカサギっていうお魚ですよ」と、答えていました。すると、その子は、「お魚なの？？これ？いらない。気持ち悪い」と、答えたのです。

自己紹介カードによると、その子の好きな食べ物は「おすし」です！私は、そっとその子に、「お魚好きでしょう？おすし好きだものね」と、声をかけると、その子は、「まぐろが好き！でも、このお魚は、気持ち悪い」と、答えるのです。

もう少し話を聞いてみると、「だって、頭もしっぽもあるもん」。当然、マグロだって頭もしっぽもあります。もしかすると、その子の頭の中では、魚は切り身なのかもしれません。魚だとわかると食べられない、切り身は魚ではないのでしょうか。それとも本来の姿に近いものではなく、きれいに商品化されていると、「食べ物」なのでしょうか。

🔵 エピソード４
「飛び越える理由は…」

１年生の子どもたちに読み聞かせをしていたときのことです。お話の中に、男の子が庭に赤い小さな草の芽がのびてきていることに気付いて、それを飛び越える場面がありました。わたしは、子どもたちに、「どうして、飛び越えたのかわかる？」と、尋ねてみました。わたしは「踏んだら、枯れるから」「大きくなって花が咲くかもしれないから」「草の芽を守ろうと思った」などの返事が返ってくるのではないか、と予想していましたが、見事にはずれ、子どもたちから返ってきた返事は、まず、「どんな草かわからないから」。

わたしが「どういうこと？」と尋ねると、子どもたちは、口々に「わかる、わかる！」「はーい！」と、とても元気に当ててほしいとアピールしていました。その中の一人を指名したところ、返ってきた返事が、「かぶれたらあかんから」それを聞いた子どもたちは口々に、「そうそう」「アレルギーとかあるしな」「うちもお母さんに、いらんもんさわるなっていつも言われてる」。

小さな草の芽を飛び越えることが、かぶれるのを避けるため…。確かに、今の世の中そういう注意を払うことも「危機管理能力」として必要な力なのかもしれません。けれど、同じ「飛び越える」ということに、生まれてきたいのちへの思い、成長への楽しみや願いは子どもたちの中に、なかった

のでしょうか。

　発言のなかった子の中に、そんな思いがあった子もいたでしょう。発言した子も、全ての理由が「かぶれるから」ではなかったとは思います。けれど、「かぶれるから」が一番の理由になる子どもたちとわたし自身の感覚に大きなズレがあるような気がしてならないのです。

　そして「自分の都合」が優先され、周りとの関わりが損なわれているように思えて仕方がなかったのです。

 ズレは、どこからくるのだろう…

　わたしが当たり前だと思っていることが当たり前ではないとしたら、わたしはもっと子どもたちの実態をしっかり捉えて学習課題を設定しなければいけないということは大前提です。

　もちろんわたしと子どもたちとのズレの原因の大きなものは「年齢」でしょう。

　「年齢」には、2つの意味があります。1つ目は、「いのち」に対する捉えの発達段階の違いです。ナギー（Nagy 1948）は、10歳までの子どもは、次のように分けられるとしています。

① 3〜5歳ごろ：寝ていることと死んでいることの区別がついていない。
② 5歳ごろ〜：死んだら生き返らないということは理解でき、悲しむようになるが、死の普遍性は理解していない。
③ 小学校中学年ごろ：大人と同じような認識になる。

　発達段階で言えば、違って当然です。けれど、わたしが感じるズレは、感覚的にですが、発達によるものではないように思います。

　では、2つ目の意味はなんでしょう。それは、「経験」です。年齢を重ねた分、子どもたちよりわたしの方がいろいろな意味で「いのち」に向き合う経験が多いのは、これも当然です。大切な人の死の場面に立ち合うこともあれば、生まれてきたばかりの「いのち」に出会い、「いのち」が成長する過程も見つめてきました。病気やけがをして、自分のいのちの危うさを実感することや、「生きていてよかった！」と思うような湧き上がるような感情にも出合ってきています。

　けれど、このような違いだけでなく、エピソードにあるような子どもたちと、わたしの子ども時代の経験は、ずいぶん異なるように思うのです。

　小学校入学前、のんびりした地域で育ったわたしは、外に出かければ、食べられる草を探し、採っては家に持ち帰っていました。ツクシ、ワラビ、ゼンマイ、セリ…いろいろなものを採りました。生き物もたくさん捕まえていました。

　「絶対に育てる！」と意気込んで捕まえたのはいいのですが、長く育てた記憶は全くありません。捕まえた記憶ばかりです。ダンゴムシをビンいっぱいにいつまでも入れていたり、カエルのタマゴをバケツに入れたまま放っておいて、ある朝見ると、なくなって（カエルになって逃げたのですね）いました。チョウも虫かごいっぱいに捕って、一生懸命、砂糖水をつくってチョウに吸わそうとがんばりましたが…数日で動かなくなっていた、そんなこともありました。

　スイカを食べておいしければ、親に内緒で植木鉢に種をまいてみたこともありました。そういえば、モモやビワ、クリも土の中に埋めたことがあります。知らない間に、庭にビワの実がなるようになりましたが、わたしは今でもわたしが植えたビワだと信じています。

　わたしは何も「昔はよかった！」なんて思っているわけではありません。今の子どもたちは、当時のわたしが得ることができなかったようなたくさんの知識を素早く得ることができます。映像で、普通では見ることができないものも見ることができます。とても素晴らしいことです。

　ただ、わたしは、そこに、アンバランスが生じていないかと心配になるのです。

 バーチャルと実際の体験と

　エピソード2に登場した子どもたちは、「タマゴ」

いのちの教育

についての知識がなかったわけではありません。理科の学習の中で、メダカのタマゴを観察し、ふ化する様子や成長していく過程も知っています。もちろん「タマゴを割る」ということも、割り方も知っています。本人も、「できる」と思っていたようです。

実際に割る経験をしてみることを通して、子どもたちの知識と心と体は、つながったのではないでしょうか。自分が『いただいている「いのち」』がどんなものなのかを知ることができたのではないでしょうか。エピソード2の子どももエピソード3の子どもも、『いただいている「いのち」の実感』がまだ知識ほどに育まれていないように思うのです。

エピソード1の子どもたちは、発芽率の高い種をまくことで、映像で見たことに近い形で発芽、成長し、花を咲かせるアサガオを育てるという経験はしたといえるのではないでしょうか。子どもたちに「アサガオの成長」を理解し実感させるためならそれで十分でしょう。けれど、「いのち」についての学習という視点からみると十分だったといえるでしょうか。

「小さな赤い草の芽」を飛び越える理由の1番が「かぶれるのを避けること」を挙げる子どもたちの中に、小さないのちをいとおしいと思い、慈しむ心をその心の成長に合わせて育んでやりたいと思うとき、学習の中で、わたしたち教師が、意図すべきことがたくさんあると思うのです。

動画で、長い時間の草花の成長を数分で見ることができたり、本来なら見ることができない映像を、簡単に画面上で見たりすることができる子どもたち。ともすれば、「知っている」が「わかっている・できる」と同じになってしまう…。

「いのち」についても、「知っている」が先行しがちになる場合があるのではないでしょうか。たくさんの知識や情報を得ることができる、そんな子どもたちだからこそ、その知識が、本当の意味で豊かになるような「経験」が何かを考えることが、わたしたちに求められているように思えて仕方がありません。

商品化された「いのち」やバーチャルな「いのち」に触れている子どもたちに必要な「いのち」を感じる経験とは一体何なのかを考え、意図的に子どもたちにさせることを通して、「いのちへの実感」や「いのちへの気付き」を育んでいきたい、そんなふうに考えています。

 ## まとめ

以前、テレビ番組で日本理化学工業株式会社（学校で使うチョークの製造を主とした会社です）の取り組みの紹介を放送していました。何気なく見ていたのですが、そのときのことばが、ずっと心に残っており、紹介できればと思います。

それは「人間の究極の幸せ」についてでした。

```
人間の究極の幸せは
1つ目は愛されること
2つ目はほめられること
3つ目は人の役に立つこと
4つ目は人に必要とされること
の4つです
```

このことばを知ったとき、自分の学級は、この4つを子どもたちに満たすことができているのだろうか…と考えたことが忘れられません。この4つは、子どもたちに自分のいのちの有用感を感じさせてくれるものではないでしょうか。

授業などでの取り組みと合わせて、学校生活のたくさんの場面の「隠れたカリキュラム」の中で子どもたちが、「いのちの実感」「生きている実感」「生きているねうち」をそっと、そして確かに感じていくことができることを大切にしていきたいですね。

引用・参考文献
・『小学校学習指導要領解説 特別の教科道徳編』（文部科学省、平成29年6月）
・金光靖樹『生命尊重の道徳授業における長期的プログラムの必要性について』（大阪教育大学紀要2007）

性の多様性を認め支え合う教育

元 兵庫県丹波市立春日部小学校　教諭　足立まな

はじめに

　私は、教師になる以前、地域通貨を動かすNPOや地域で男女共同参画推進の活動に関わり、2003〜2005年には、兵庫県の丹波地域女性問題相談員として働いていました。それらの経験から、誰もがしあわせを感じて暮らせる社会を作るためには、ジェンダー平等教育が大きな鍵を握っていると強く感じています。その後2009年に教師になり、子どもたちとジェンダー平等や男女共同参画について、共に学ぶことを継続しています。

　性別役割分担意識が根強い社会で暮らす子どもたちは、小学校入学までにたくさんのジェンダーのシャワーを浴び、性別による割り当ての意識を持ってしまっています。子どもたちを取り巻く人々の言動やテレビ番組・絵本などから、毎日少しずつ自然に刷り込まれており、みんなが昔から世間で言われていることを悪気なくくり返していることの影響で、子どもたちが何気なくやりとりする会話の中に考えさせられる場面が多く潜んでいるのです。

　性のあり方は人それぞれであり、自分で決めるものです。それにもかかわらず社会の中には、まず2つの性別で分けてから考えたり、性別による「らしさ」を押し付けたりすることが本当に多いように感じます。そして、他者が性別を決めつけている場面もとても多くあります。知らないのか、きちんと理解できていないのか、それとも深く考えていないのか、慣習か、思い込みが強いのか、理由が何であれ、誰かを傷つけることにつながっています。

　学校生活の中では、信頼できる教職員が掛ける言葉によって、捉え方が大きく変わる可能性があります。問題となる会話や言葉を流してしまうか、止めてじっくり一緒に考えるか、きっぱりと一言で正せるか。子どもたちは、そんな私たち大人の姿を見ているのです。「なるほど、こんなふうに考えればいいのか」という経験を積み重ねることでも人権感覚は育ちます。私たちの一言は「いのち」につながっている。それを肝に銘じておかなければならないと強く思います。普段からの、子どもたちとの信頼関係を丁寧に作ることは、もちろんこの土台となるのです。

　学校ぐるみで多様な性の教育に取り組むことは当たり前のいのちの教育・人権教育なのですが、「いざ取り組もうと思っても、思うように進められない」という声をよく耳にします。そこで、多様な子どもたちを尊重できる学校をめざした前任校での6年間の取り組みを紹介します。

学校現場での多様な性

　春日部小学校は、兵庫県丹波市の東部にあり、豊かな自然と「地域で子どもを育てる」という地域住民の思いに恵まれている、全校生106人（2023年度）の学校です。穏やかで気持ちの優しい児童が多く、休み時間になると学年や性別にかかわらず仲良く遊ぶ姿が見られます。

　多様な性についての教育は「いのちにつながる教育」という教職員共通理解のもと、さまざまな形で多様な性を尊重する学校づくりに向けて取り

いのちの教育

図1　広がりのイメージ

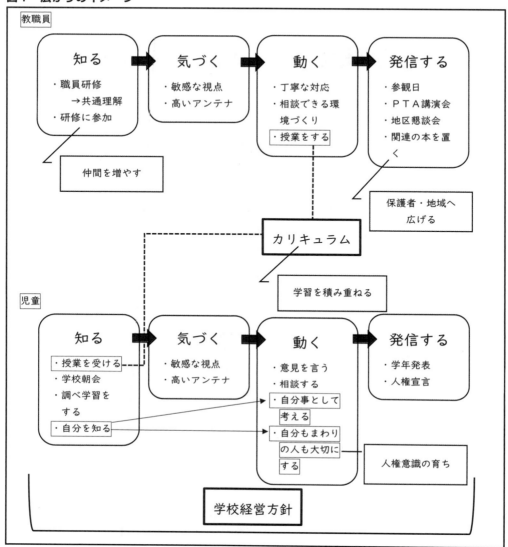

　組んでいます。

　セクシュアルマイノリティの子どもは、クラスに1～2人の割合でいると推定されます。生きづらさや悩みを抱え、学齢期においては、いじめ被害・不登校などにもつながります。また、自傷行為や自殺念慮、命を絶つケースもあります。つまり、多様な性を理解し尊重しあう集団をつくることは、学校現場において喫緊の課題であるのです。

　また、性別違和感や同性愛者であることを自覚した平均年齢は学齢期であることから、宝塚大学の日高庸晴教授は、「より早い段階から肯定的な情報を伝えることと学校教育の中で取り組みを積み上げることが必要である」と言われています。

　多様な性については、文部科学省から2015年に「性同一性障害に係る児童生徒に対するきめ細やかな対応の実施等について」が出され、2016年には教職員向け資料が出されています。2017年には「いじめの防止等のための基本的な方針」を改定。3年連続で文書等によって周知が図られ、きめ細やかな対応が求められています。

<いのち>の教育の実践　第2章 小学校における実践例

図2　ジェンダー平等教育・性の教育全体計画

２０２３年度　　ジェンダー平等教育・性の教育 全体計画

丹波市立春日部小学校

学校教育目標
心豊かにつながり、夢と勇気を持って挑戦する春日部っ子

【　めざす児童像　】

- 【知】・夢や目標を持って前向きにチャレンジする子
  ・自ら考え、友だちと学びを深められる子
- 【徳】・「はるべの郷」が大好きで誇れる子
  ・自分も相手も大切にする子
- 【体】・命や健康を大切にする子

本校のジェンダー平等教育、性の教育　目標
受け継がれている生命の神秘さ、大切さを実感し、お互い認め合い、ともに生きる心を育てる

学年別重点指導内容

学年	性の教育	性の多様性	家族・労働　意識・慣習の見直し
1年	**からだを大切に** ・男女の性器のちがい ・清潔なからだ	『わたしはあかねこ』 ・自分らしく生きることについて考える ・体の性とこころの性を知る	【視点：理解・信頼】 性別にとらわれず、**一人一人の思いや考え**を大切にする。
2年	**おなかの中の赤ちゃん** ・へその緒の役割 ・おなかの中で育つ ・周りの人の気持ち **誘いにのらない** ・知らない人に声をかけられたら ・顔見知りの人でも ・電話の対応、危険な場所や時間帯	『王さまと王さま』 ・好きになるのは、自分と違う性、異性だけではない。自分と同じ姓、同性やどちらの性も好きになったりならなかったりと気になる性の対象はさまざまである。	【視点：個性・能力の伸長】 家事について関心を持ち、**自分にできる家の仕事を考え、実践する気持ち**を持つ。
3年	**成長する私たち** ・生まれた時の様子 ・発育の個人差	『タンタンタンゴはパパふたり』 ・様々な家族のかたちがあることに気づき、いろいろな暮らし方があってよいという意識を持つ。	【視点：理解・信頼】 性別による固定観念にとらわれず、それぞれの個性を大切にし、**互いに認め合う心**を大切にする。
4年	**育ちゆく私たち**　（保健） ・発育の個人差 ・第二次性徴 **性被害にあわないために（１）** ・インターネットやＴＶからの情報 ・プライベートゾーンを守る ・被害を受けやすい場所や時間帯	『くまのトーマスはおんなのこ』 ・トランスジェンダー 　男の子の友達だったくまのトーマスが、女の子として生きたいと主人公に告白する。女の子であろうと男の子であろうと本当の自分を知っているのは本人だけ。大切なことは何かを知る。	【視点：自尊感情の形成】 "家事は女性の仕事"といった**固定化した考えを改め、家族で協力し仕事を分担していく意欲**を持つ。
5年	**ヒトの誕生**　（理科） ・受精のしくみ ・母体内での成長の様子 ・受け継がれていく命 **性被害にあわないために（２）** ・情報を正しく判断する ・自分たちにふさわしい情報	『いろんな性別』 ・当事者の方の声を聞こう ・性の多様性について正しく知り、これまでの学習を振り返る。	【視点：個性・能力の伸長】 自分の中にある**性による決めつけや偏見に気づき、個性や能力を発揮できる生き方**を考える。

いのちの教育

学校経営方針

　春日部小学校の学校経営方針の重点目標・具体的努力目標の［より良い生き方の追求］①道徳・人権教育の中に「性の多様性等の理解に関する研修を行い、ジェンダー平等教育に取り組む」という文言があります。ジェンダー平等教育は、いのちを守る教育であり、人権教育のひとつとして位置づけ、共通理解していくことが子どもたちを育てていく上で大切です。

　これらのことから、春日部小学校では2020年に「性の教育」「多様な性」「家族・労働・意識慣習の見直し」を3本柱にしたカリキュラム（前ページ図2）を整備し、各学年に応じた授業をしています。中学生になるまでに、基礎的な知識を身につけ、自分や友だちの性を尊重できる意識を育てたいと考え、そのためには、このようなカリキュラムの存在と授業の継続が必須であると考えたためです。

　1年生から、体の性（法律上の性・出生時に割り当てられた性別をもとに戸籍等に記載された性別）と心の性（性自認）を学び、子どもたちと共通理解しておくと、決めつけの場面などでの説明がスムーズに進みます。また、2年生で同性愛について学ぶのは、トランスジェンダーよりも同性愛者の割合が多いとされる（注1）からです。

　教材については、絵本や動画など授業で使えるものが増えてきているので、子どもたちの実態に合わせて変更しながら進めています。

職員研修と学校朝会での啓発

　子どもたちに授業を行うより前に、まず教職員が正しい知識を持つことが大切であると感じたため、2018年度から職員研修を始めました。最初は「多様な性について知ることから始めよう」と、性の4つの要素・LGBTやSOGIの意味について話をし、「ジェンダー平等教育・性の教育」は子どもたちの命につながる教育であることを共通理解しました。その後は、毎年下記のDVDなどを使用しながら職員研修を重ねています。

> **職員研修で活用したDVD**
> ・2019年「あなたがあなたらしく生きるために」（法務省　委託・人権教育啓発推進センター）
> ・2020年「LGBTsの子どもたちの命を守る取り組み②」（サン・エデュケーショナル）
> ・2021年「LGBTsの子どもたちの命を守る取り組み①」（サン・エデュケーショナル）
> ・2022年「はじめて学ぶLGBTs②好きになってはいけないの？」（サン・エデュケーショナル）
> ・2023年「バースデー」（兵庫県人権啓発協会）

　同時に、2018年度から毎年、ジェンダー平等について、学校朝会（全児童対象）の啓発を行っています。全校児童が共通の基本的な知識を持つことは大切です。学校生活の場面での「たった15分」ですが、「されど15分」。少しずつ時間をとることで、教職員が気持ちを引き締める機会にもなっています。

　また、その他啓発として2022年度は人権参観日の後のPTA講演会に4～6年生の児童も参加し、宍粟市の前田良さん（Like myself代表、著書「パパは女子高生だった」）のお話を聞き、授業後に学級通信で授業の様子を知らせたりもしました。

授業

　春日部小学校でのジェンダー平等教育・性の教育は、全体計画（図2）にあるように、絵本やDVDを使った授業を各学年で行っています。2022年度には参観日に全学年で授業をして、保護者や地域の方に参観いただきました。

　1年生では、絵本「わたしはあかねこ」を使って「こころの性とからだの性があること」（子どもたちにわかりやすいように、出生時に割り当てられた性を「からだの性」、性自認を「こころの性」としています）「性はこころで決まること」「自分で決めること」「見た目ではわからないこと」を学習します。このことにより学校生活の中でさまざまな問題が起こったとき（たとえば、子どもたちが発する侮蔑

的な表現）に、基本的な言葉を知っているので説明がスムーズにできます。

2年生では、絵本「王さまと王さま」で「異性を好きにならない人もいる」ということを学習します。

3年生では、絵本「タンタンタンゴはパパふたり」で多様な家族の形と「しあわせは自分で決める」ことを、4年生では絵本「くまのトーマスはおんなのこ」を使って、トランスジェンダーとまわりの人の言葉や態度の大切さを学びます。

5年生では、動画を視聴し当事者の声を聞き、6年生でも動画を視聴して理解者としての態度を学びます。

それでは、実際に2021年度に行った1年生の「わたしはあかねこ」の指導案（第1・2時）と、それぞれの板書を紹介します。

第1学年　ジェンダー平等教育　指導案

春日部小学校　足立 まな

1. **日　時**　2021年7月6日（火）4時間目・7日（水）3時間目
2. **教材名**　「わたしはあかねこ」
3. **指導にあたって**　第1時は、このお話に沿って進め、第2時は、絵本の最終場面から、生まれた虹色の7匹のこねこの性別を考えていく。子どもたちは、色（見た目）で性別を決める。しかし、からだの性とこころの性が違うねこ（水色ねこ）がいることや、まわりのねこたちも笑顔でしあわせそうな様子から、性別は見た目ではわからないこと、性別はこころで決まること、性別は自分で決めることなどを知らせる。また、第1時とは違い、それをまわりが認めることによって、みんなしあわせに暮らせていることを知らせる。子どもたちの様々な気持ちを受け止めながらつぶやきを大切に拾い、柔軟に展開していく。
4. **指導の流れ**

【第1時】ねらい　知らない間にきめつけや思い込みをしてしまっていることに気づき、友だちと考え方などが違っていても、それを尊重したり、自分の考えを大切にしたりする気持ちを育てる。

学習活動	指導上の留意点
1.本時の流れを知る。	・安心して学習ができるような雰囲気を作る。
2.絵本「わたしはあかねこ」を見る。 3.話の内容をふり返りながら、あかねこさんの気持ちをはっきりさせる。 4.ワークシートを書き、交流する。 ・家を飛び出した時の気持ち	・場面の印象とあかねこさんの気持ちの動きが心に残るように、ゆっくりと読む。 ・場面をふり返りやすくするために、挿絵を提示し、それに沿って、あかねこさんの気持ちを考えていく。
5.あおねこさんと出会ったときや、子どもたちが生まれたときの、あかねこさんの気持ちを考える。 「赤い毛並みをほめてもらってうれしい。」 「きっと、子どもたちの色を変えようと思わなかったよ。」 「とってもうれしそうだね。」	・生まれた時の家族に悪気があったわけではないことも知らせつつ、新しい家族の心地良さの理由を考えさせることによって、個性を認めることの大切さにつないでいく。

いのちの教育

6. ワークシートを記入し、交流する。 ・あたらしい家族ができた時の気持ち ・あかねこさんへの手紙 7. まとめの話を聞く。 　あかねこさんの家族について考えると、優しい気持ちではあったが、きめつけてしまっている。それがあかねこさんにとっては苦痛であることを知らせ、まとめる。 まとめ「きめつけられないのがしあわせ」	・子どもたちのつぶやきを大切にしながら、進めていく。 ・素直な気持ちが書けるようにする。 ・今日の流れをふりかえり、子どもたちのつぶやきを大切にしながら、まとめていく。

第1時の板書

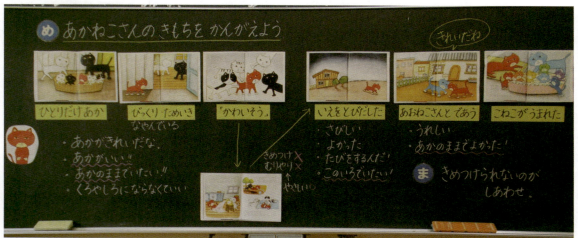

【第2時】ねらい　性は多様であることを知る。

学習活動	指導上の留意点
1. 本時の流れを知る。 2. 前時をふりかえり、「きめつけられないのがしあわせ」であり「だからこそ、きめつけない」ことを再度おさえる。 3. 絵本「わたしはあかねこ」の最終場面を見て、それぞれの性別を考え、意見を言う。 「見ただけでは、わからないな。」	・安心して学習ができるように、1時間の見通しを明確にする。 ・（しあわせそうなねこたちを黒板に貼って）こねこたちの性別について考えさせる。 ・意見がそれぞれ違っていいことを、子どもたちと確認する。
性別について、学ぼう。	
①体の性別について知る。	①まず、7匹のこねこの体の性を知らせる。生まれた時に、性別がわからない子もいることを知らせる。

114

<いのち>の教育の実践　第2章 小学校における実践例

②心の性別について知る。	②1匹だけ、体の性別と心の性別を違わせて表示する。（トランスジェンダー女の子） ・子どもたちの色々な気持ちを受け止めながら進める。 ・子どもたちにわかりやすく伝えていく。
4.性が多様であることを知り、ワークシートに記入する。 ・性別はこころで決まる。 ・性別は自分で決める。 ・性別は見た目ではわからない。など	
みずいろねこさんの気持ちを考えよう。	
・7匹のねこたちが、みんなしあわせ（笑顔）なのはどうしてか考える。 ・合わせて、まわりのねこたちはどんなねこかも考える。 ・みずいろねこがどうしてしあわせなのか、ワークシートに書き、感想を交流する。 ・みずいろねこさんに手紙を書き、交流する。 5.まとめの話をする。	・ねこたちが、みんな笑顔であったことを思い出させながら、考えさせる。 ・素直な思いが書けるようにする。 ・「自分らしくいられるのがしあわせ」であることをおさえる。 ・性は一人ひとり違うことや、困ったら相談することを伝える。

第2時の板書

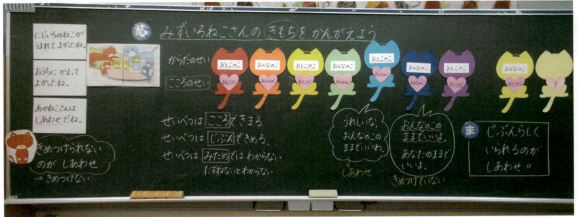

 成果

　今の6年生は、1年生から多様な性の学習を積み重ねてきました。7月に実施した「自分らしく生きる」という授業では、しっかりと理解していることを感じるつぶやきが数多く聞かれ、気持ちの良い空気が流れていました。

　今までの復習をした後は、DVD「あなたがあなたらしく生きるために」を視聴し、次の3つのことをワークシートに記入し、発表交流しました。

いのちの教育

> ① 陽菜さんが苦痛に思っていることを書き出してみましょう。
> トイレ・男女と言われる・水を飲まない・女あつかいされる・スカートをはかなければならない・相談できない・変わっていく体・サッカーができない
>
> ② 良いと思うことを書き出してみましょう。
> 優しい声かけ（奈々さん・先生たち）・「相談してね」・「言わなくてもいいよ」・「味方だよ」・先生が授業を考えていた・先生が研修をする
>
> ③ あなたができることを考えてみましょう。
> したいことを一緒にする・横にいる・相談する・声かけする・相談にのる

などが出ました。授業のふり返りの感想としては、

> ・どれだけいやか、どんなことがいやなのかよくわかったし、どれかにあてはまらなくたって、自分らしくでいいって言われたので、これからは自分らしくいようと思いました。
>
> ・よく服で（…らしくと）言われる人が多いんじゃないかなと私は思います。色・形など多分気づいていないうちに傷つけているんじゃないかなって。だから私は服とかは（…らしくと）言わないようにしています。私も言われる時があるけど、その時はちゃんと（言わないで）言うようにしています。
>
> ・今日、新しく思ったことがたくさんあって良かったです。あと、出会った時には今日の学習を思い出したいです。
>
> ・はるなさんはずっと悩んでいて相談できなくて、とても苦しかったと思うけど、保健の先生とはるなさんの友達のななさんは、はるなさんに優しい声をかけていて、相談しやすくしてくれていて、私も困っている子がいたら優しく声をかけてあげて無理に聞かずに相談にのってあげたいです。
>
> ・安心してくらせる社会をみんなでつくっていきたいです。
>
> ・相手が苦痛に思っていることがあるなら相談を聞いてあげるし、相手が話せなかったら無理に聞かない。聞いたら人にばらさない。心の性や体の性で困っている人がいたら、その人をいじらない。声をかける勇気がなかったら先生に相談する。そういうのを今日あらためて大切、大事っていうのを知りました。
>
> ・人は見た目で判断せずに、その人の性別とかは気にせずに楽しく生きられるようにしたいし、もしそういうことを言っている人がいたら、そういうことは言っちゃいけないってことを言って、もし悩んでいる人がいたら、ななさんみたいに優しく声をかけてはげまして悩みを聞いたりしてあげられるようにしたいです。
>
> ・体の性・心の性・表現する性・好きになる性のことがよくわかったし、かみの毛・服・ネイル・おけしょうで男女を決めつけないこと、みんな自分がいいと思ったらそれでいいと思う。
>
> ・今日の授業をして、（大切なことは）自分は人のことを決めつけないことだと思いました。なぜなら、もしそれが自分だったらいやです。…それが自分だったらと思うと優しいおもいやりの国になると、私は思います。

とくに最後の感想のように、今日の授業を「自分事」として引き寄せられているものも多くありました。また、多様な性について学んできた今（6学年9月）の思いを尋ねると、以下のような感想を話してくれ、本当に学びの積み重ねの大きさが感じられました。

> ・私が一番大切にしていこうと思ったのは、「自分の人生は自分で決める」です。自分の人生は一度しかありません。一度しかないからこそ、一生の人生を楽しんでほしいからです。いじめや差別を受けていて、つらい思いをしてい

る人がたくさんいます。それで自殺する人だっています。これからもジェンダーについて学びたいし、差別やいじめも少しでもなくせるようにがんばっていきたいです。差別している子がいたら注意して、ちょっとでもジェンダーのことを教えてあげたいです。
- 私は（みんな）ふつうの人だと思います。なぜなら、多様な性は、それが好きなだけだからです。1年生から習ってきた一人として多様な人も生きやすい世界を作りたいです。
- 最初はジェンダーすら知らなくて、必ず女の子は赤やピンクじゃないとだめ、男の子は青や黒じゃないとだめ、同じ性を好きになったらだめと思っていたけど、ジェンダーの勉強をしてからは、人に決められて悩んでいる子がいたり、同性を好きになってもいいとわかりました。もし、自分が友だちとかに性のこととかを相談されたりしても、周りには広めずに、心の中だけにしまっておけるような人に自分でもなれたと思うし、何より一番大事なことを知れてよかったと今は思います。

を尊重する力を育む教育こそ、生きる力の基礎となると考えています。

うれしいことに、積み重ねつつある教育活動の種が芽を出していることに気づく場面も増えてきました。一緒に実践していた仲間が異動した学校で職員研修や授業に取り組んでいる様子も見られます。職員研修やゲストティーチャーとして出向いた学校で、多様な性の授業参観が行われたり、総合的な学習の時間に子どもたちが、多様な性の調べ学習を発表したりしたこともあります。若い先生が研究集会で春日部小の取り組みを発表したり、積極的に研修を受けたりしている様子も目にすることがあり、最初は小さな種でも芽を出し成長していくことを実感しています。

大切なのは、先に知識を得た者が、本当に大切なことを一生懸命伝えていくこと、そして仲間を増やすことだと感じています。子どもたちのいのちを守るには、教育が大きな力を持ちます。ジェンダー平等教育は人権教育、いのちの教育であると肝に銘じ、行動を起こしていきましょう。子どもたちのしあわせのために授業をしましょう。

引用文献
注1) LGBT総合研究所LGBTに関する意識調査、LGBTに該当する人は約5.9%(レズビアン：1.70%、ゲイ：1.94%、バイセクシャル：1.74%、トランスジェンダー：0.47%)、またLGBTにあてはまらないAセクシャルなど、その他のセクシャルマイノリティに該当する人は約2.1%

おわりに

ジェンダーの再生産は学校も例外ではなく、まだまだ隠れたカリキュラムが存在しています。授業はもちろん、自分の着たい水着を着られるようにしたり、通学帽を自由に選べるように入学説明会で説明したりしていますが、私たち教職員に、毎日の学校生活の中での敏感な視点や高いアンテナがなければ、子どもたちの生きやすさを奪ってしまうかもしれません。人権教育の基本は、「自分がされていやなことはしない」そして、どんなことも「自分事」として考えることだと思います。誰もが「わたしはわたしでいい」という自己肯定感を持って生きていく力と「あなたはあなたでいい」という他者

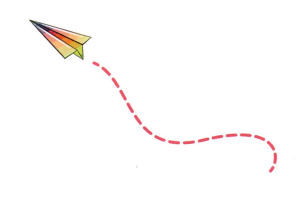

いのちの教育

<いのち>をキーワードに学校の教育活動をつなぐ

甲南大学法学部・教職教育センター特任教授　八木眞由美

はじめに

　社会の急速な進展に伴い、子どもと人や社会・自然との関わりが希薄になり、子どもが、いのちに限りがあることやかけがえのないものであることを理解したり、実感したりする機会が減少しています。一方で、子どもは、テレビ番組やコンピュータゲームなどを通じて、虚構世界の中で作られた生と死に頻繁に接しています。その結果、子どものいのちに対する感性や意識は貧弱なものになっています。加えて、子どもが他者のかけがえのないいのちを奪う重大事件の発生やいじめによる自殺、虐待の増加など、子どものいのちに関わる事案が増加しています。そのようなことから、「いのちの教育」が重要視され、子どもに「いのちの大切さ」をどのように教えるのかということが、重要な課題となっています。

　近年「いのちの教育」が大切であるという理解は進み、多くの学校でさまざまな実践がなされています。とくに、道徳や総合的な学習の時間などでの実践が多く報告されています。しかし、それらの実践が、学年や個人による取組であったり、特別の単元による一時的な取組であったりすることが多く、学校全体での取組とはならず、子どもの生命尊重の意識の継続が難しい現状があります。日常の学習活動の中で、児童生徒の生命尊重の意識を継続し、高めていくためには、個人や一部の学年で取り組むのではなく、学校全体で継続的に取り組むことが必要です。また、「いのちの教育」を特定の教科・領域に収めるのではなく、教科・領域の学習内容を「いのちの大切さ」「生命尊重」の観点で、効果的に関連づけることが大切です。たとえば、小学校6年間（中学校3年間）の学習内容を積み上げながら、「いのち」をキーワードにして関連づけたり、各学年での教科・領域の学習内容を「いのち」「生命尊重」の視点で関連付けたりすることで、継続的な取組を進めることができます。

　このような「いのちの大切さ」「生命尊重」を視点にして、教科・領域の学習内容を結び付けたカリキュラムを作成し、教育活動を推進することが、学校全体で「いのちの教育」を進めることになります。

「いのちの教育」を中核に据えたカリキュラム・マネジメント

　現行の学習指導要領の改訂では、各学校が設定する教育目標を実現するために、どのような教育課程を編成し、どのように実施・評価し、改善していくのかという「カリキュラム・マネジメント」の充実が求められています。また、教科横断的な視点で各教科の内容を見直し、配列していくことの必要性も述べられています。

　T小学校では、道徳教育が学校の全教育活動を通じて行う教科横断的な教育活動であることから、道徳教育を中核に据えたカリキュラムの編成に取り組んでいます。まず、道徳教育全体計画を作成し、全体像を把握します。道徳教育全体計画の作成にあたっては、地域の実情や子どもの道徳性の実態を明らかにすることが大切ですが、学校として育てたい子ども像を明確にすることが不可欠です。学校経営の基底が「子どものいのちが輝く学校」であることから、育てたい子ども像を「自

<いのち>の教育の実践　第2章 小学校における実践例

他のいのちを大切にする子ども」としています。

　このことを踏まえて、「生命尊重」と「思いやりの心」を基本方針として、道徳教育の重点目標「豊かなかかわりを通して、共によりよい生き方を求める子どもの育成」を設定し、全ての学年に共通する道徳重点内容項目を「D主として生命や自然、崇高なものとの関わりに関すること」にしています（図1）。また、道徳科の授業だけで道徳性を養うことが容易でないことから、重点内容項目を教科の中でどのように指導するのかを具現化した計画、すなわち各教科・領域で行う道徳教育の内容と時期を整理して示す道徳教育全体計画別葉（表）を作成しています。これらの道徳教育全体計画、道徳教育全体計画別葉（以下、別葉）、重点内容項目、年間指導計画の作成は、先生方が日々行っている子どもの見取りを重視し、その時々の子どもの姿（実態）について気づきを出し合い、子どもの成長の様子や、子どもの良いところ、改善しなくてはならないところなどについて、何度も話し合い、共通理解することが大切です。また、全学年の別葉を職員室の壁面など、全教師の目に触れやすい場所に掲示するなどして、互いに指導の状況を確認し合ったり、各教科・領域で道徳科の内容項目と関連がある指導の場面が見つかった場合に書き加えたりするなど、全教師が関わることが肝要です。そのことが、全教師による一貫性のある教育活動の推進であると言えます。

　T小学校では、図2のようなPDCAサイクルを意

図1　重点内容項目（T小学校平成28年度研究紀要より）

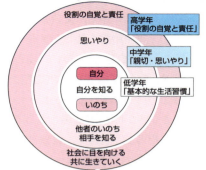

図2　道徳教育におけるPDCAサイクル

識しました。こうすることで、教科を越えて行う道徳教育の全体像がわかりやすくなります。

道徳科と教科・領域を関連づけて、自分の「いのち」を実感させる

　T小学校の5年生では、自分自身の「いのち」を大切にしたいという思いを深めさせるために、理科、学級活動、道徳科の学習を関連付けたカリキュ

表　道徳教育全体計画別葉（第5学年）一部抜粋　（明石市立鳥羽小学校 平成30年度より）

			教科										
			道徳	月	国語	月	理科	月	体育	月	総合	月	学級活動	月
D 生命や自然・崇高なもの	(19)	生命の尊さ	オオカミから教えられたこと	2	百年後のふるさとを守る	12	植物の発芽と成長 メダカの誕生 ヒトの誕生 花から実へ	4,5,6,9	けがの防止 いのちの教室 （いのちの体験学習） 心の健康	2,7	わたしの地球救出大作戦	10,11	自分のみを守ろう （避難訓練） いのちの教室 （性に関する指導）	5,9
			お父さん（心）	2										
			人類愛の金メダル	2										
	(20)	自然愛護	ホタルが照らす里（心）	6	春の空 夏の空 秋の夕暮れ 冬の朝	4,7,11,12	植物の発芽と成長 流れる水のはたらき	4,10			みんなで作ろう自然学校	5,6		
	(21)	感動、畏敬の念	稲むらの火	10	一枚の写真から	3							災害から身を守ろう	12
	(22)	よりよく生きる喜び	花に思いを込めて	1										

いのちの教育

ラム編成となっています（表）。まず、子どもは、理科の「ヒトの誕生」の学習の中で、受精卵ができる確率やお母さんの子宮や胎盤を通して酸素や栄養を供給していることと、自分が生まれてくるときの様子を重ね合わせ、自分の「いのち」を実感します。同時に、38週もの時を経て、生命が育まれるという生命の神秘も感じ取ります。そして、学級活動の「性に関する指導」の学習で、自分自身の体の変化と「いのち」を重ね合わせ、いのちを育み、いのちをつないでいくことの大切さを実感します。

次に、性に関する指導（特別活動領域）の学習へとつなぎます。5年生にとって、第二次性徴による体の変化は、不安やストレスを引き起こす要因となることが多く見られます。そのため、この時期の性に関する指導はその変化について、ホルモンや生殖との関係と関連づけて学習することになっています。すでに理科の学習で学んだことを踏まえて、やがては自分が次の「いのち」を育むことになり、そのために体が成長し、準備を始めているのだということに気づき、「いのち」と自分とのつながりを実感します。さらに理科と学級活動の前後の期間に、道徳科のD-19生命の尊さの学習を位置づけることによって、子どもは、これまでの自分の生活で「いのち」をどのように感じ、どのように捉えてきたのかをふり返り、自らの「いのち」の存在と「いのち」の大切さを実感するのです。

このような単元の構成は、道徳科を中核に据えたカリキュラム・マネジメントの一例と言えます。「主体的・対話的な深い学び」を積み重ねていく必要があります。そのためには、養護教諭は専門性を生かし、いのちへの関心が自然に喚起される環境づくりに努め、子どもたちが自分自身や友だちの存在を肯定できるような、より主体的・対話的な実践を担任や保護者、地域、専門機関とも連携しながら、組織的・計画的に実施していくことが大切です。

また、子どもの心身の健康問題に常に向き合っている養護教諭として積極的に授業に参画し、教材・教具の研究、T.Tの授業や保護者などゲストの授業参加を取り入れるなど工夫することで、自他のいのちを大切にし、自らよりよき生活をしようとする子どもの育成が実現できるのではないかと考えます。

道徳科の授業で「いのち」を深める

「人類愛の金メダル」（『私たちの道徳』文部科学省）は、東京オリンピックヨット競技の際、金メダル候補であるスウェーデンチームが、レースを中断してオーストラリアチームの人命を救助し、その結果、11位に終わるという内容です。この学習に取り組む子どもは、これまでの理科や特別活動の学習の中で、自分自身の「いのち」が生まれてきたのはさまざまな要因によるものであり、奇跡的な確率で生まれてきたものであることを理解し、実感しています。そのような子どもだからこそ、この学習で、スウェーデンチームの行動を考えることで「いのちの大切さ」についてより深く考えることができます。

別葉を作成し、「いのち」をテーマに、道徳科と各教科・領域の学習を関連付けた授業を実施することによって、子どもは「いのちの大切さ」を実感することができます。具体的には、自分の「いのち」に気づく→「いのち」を実感する→「いのち」の大切さを知る→「自他のいのち」の大切さを知るという一連の学習に取り組むことで、子どもが「いのちの大切さ」や「いのちの重み」について深く考え、「自分のいのちは大切」、「他者のいのちも大切」であることを学ぶのです。本稿では、5年生の事例の一部を取り上げましたが、「いのち」でつながる学習活動はたくさんあります。

養護教諭からの発信！ー「いのちの教育」で、学年の教育活動を縦横につなぐー

「いのちの教育」は、学校全体で取り組む教育活動です。とりわけ、担任の関わりが大切なことはもちろんですが、同様に、養護教諭の役割は重要です。養護教諭は、学校の全教職員や学校医・学校カウンセラー、家庭・地域と連携して、子どもたちの心身の成長や健康な生活を送るための力の育成に尽力しています。そのため、道徳教育全体計

画やすべての学年の別葉の作成に関わることが重要です。それは、専門的な立場からの視点に加えて、教室や学習の場では捉えることが難しい子どもの姿（外面・内面）を把握しているからです。

T小学校では、すべての学年を縦に貫く「いのちの教育」を展開しています。この学習は、養護教諭が中心になって計画しています。平成29年度は、「いのちをつなぐ」のテーマで、学年の発達段階や各学年の子どもの実態に即して、下記のような学習を実施しています。

○1年生『からだのちがい』：体の部分の名前を覚え、男女の違いに気づく。外性器の部分は、男女共に、あかちゃんのもとを作る大切な所として認識します。そして、大切にするとはどうすることかを具体的に学びます。からだを大切にする＝自分を大切にする＝友だちも大切にする。

○2年生『おへそのひみつ』『おへそは、何のためにあるのでしょう？』：見出しの問いから、へそのおの働きとおなかの中であかちゃんは、どうしていたのかを知ります。妊婦体験によって、日常の靴下の脱ぎ履きや、寝たり起きたりなど、あかちゃんをかばう動作を体験します。抱っこ体験では、小さくて首もぐらぐらで、落としてしまいそうな生まれたてのあかちゃんを大切に抱っこします。子どもは、母親の大変さと、家族・周りの人が成長を心配しつつ心待ちにしていたことに気づき、感謝の気持ちやいのちの尊さを知ります。

○3年生『いのちのつながり』：いのちは自分一人だけのものではなく、いのちのバトンでつながって自分がいる。たくさんの人に支えられ、愛され今があるということを知り、いのちの尊さと家族や自分に携わってくれた人たちへの感謝の気持ちを持ちます。そこから、つながれたバトンを大切にし、自分のいのちも友だちのいのちも大切にしようという気持ちを育てます。

○4年生『育ちゆくからだとわたし』：男女の体としくみの違いを学習し、第二次性徴で体に起こる変化について学習し、いのちのもとである自分を大切にする心を育てます。同様に、周囲の人たち（他者）も大切に思う心を育てます。

○5年生『いのちの体験学習（M助産院の方と一緒に）』：いのちのもとから始まり、おなかの中で成長するあかちゃんを映像で見て想像し、胎児3カ月、6カ月、8カ月の人形を見たり、触ったりして、大きさや形を確かめます。その後、新生児人形を抱っこして、感触や重さなどを実感し、妊婦体験や産道体験を通して、産道を通って生まれてくるいのちの素晴らしさを感じます。これらの体験を通して、子どもは家族や周囲からの愛情を実感し、感謝の気持ちが生まれます。

妊婦体験をする児童

○6年生『異性の友だち』：アンケート調査を実施して、その結果から好まれる異性とはどんな人かを知ります。思春期の脳と心の関係を知り、同性異性関係なく、人間としての思いやりを育て、いのちを育む初期段階として、男女や相手を大切に思う心を育てます。ホルモンや心の不安定な時期だからこそ、いのちや友だち、異性について考えます。

学習の終了後、養護教諭は、それぞれの取組の概要を「保健室だより」特別号として、保護者・地域に配布して、家庭や地域でも「いのちの教育」を実践していただけるよう、啓発に努めています。

おわりに

「いのちの教育」を教育環境という視点から、捉えることも大切なことです。たとえば、校内掲示や校内放送などがあります。T小学校では、保健室前に、毎月、全校生の名前を書いた誕生日カードを掲示しています。また給食時に、お誕生日おめでとう放送も行っています。これらは、一人ひとりの「いのち」が大切なものであることや自他のいのちを大切に思う心を育てることにつながっています。また、玄関や職員室前に水槽などを設置して、メダカやクワガタなどを飼育しています。生き物の成長を目の当たりにして、子どもたちは、「いのち」を身近に感じ、「いのち」を大切にする心が育ちます。

いのちの教育

生徒指導・教育相談と養護教諭を中心としたチーム支援を考える
～「いのち」を大切にする生徒指導を目指して～

姫路大学教育学部非常勤講師
神戸弘陵学園高等学校カウンセラー　根津隆男

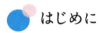 はじめに

かつて生徒指導といえば、問題行動を起こした児童生徒を強制的に正していくというイメージが強いものでした。筆者が現在勤務している大学や以前勤務していた大学で、学生たちがどんなイメージを持っているか尋ねると「厳しい」「怖い」「校門の前で、スカートの丈を測っているよう…」と答える学生が大半でした。しかし、「厳しかったが、とことん面倒を見てくれた」と答えた学生も数人いて、肯定的な捉え方をしている場合もありました。いずれにせよ学生たちは、問題行動を起こしたか起こしかけている児童生徒に対して、それを正そうとする教師の姿を生徒指導のイメージに重ねていました。

文部科学省では、新学習指導要領において「生徒が、自己の存在感を実感しながら、<u>よりよい人間関係を形成し、有意義で充実した学校生活を送る中で、現在及び将来における自己実現を図っていく</u>ことができるよう、生徒理解を深め、学習指導と関連付けながら生徒指導の充実を図る」（総則第4の1の(2)）[1]ことが強調され、問題行動の矯正に限定しているわけではありません。

2022年12月に改訂された生徒指導提要では、発達支持的な生徒指導の重要性が叫ばれ、問題が起きてから対応するよりも、問題が起きないような健全な児童生徒をいかに育てていくかということが求められています。

また、学校は校長のリーダーシップのもと、学校内の専門性の異なる多様な人材がチームとして連携し、児童生徒に必要な資質・能力を確実に身につけさせることを求めています。その前提として、校内においても、一般の教諭とは異なる専門性の高い養護教諭、SC、SSW等校内の教職員が連携・協働した校内連携型支援チームによる組織的対応が重要[2]とされています。

「いのちを大切にする」という観点で生徒指導を考える場合、一人ひとりを大切にするという視点は欠かせません。そこで、ここでは児童生徒の心身の健康の情報が集積する保健室を取り上げることで、今後の生徒指導の充実について考えていきましょう。

 養護教諭との行動連携の具体例

いささか古い話ではありますが、現在でも十分に通じる話と思うので紹介したいことがあります。

かつて、筆者は校長から不登校児の担任に指名されました。校長は、アメリカ留学から帰ってこられた方で、臨床心理学者カール・ロジャーズの直弟子でした。初めて不登校児を担任した筆者は、毎朝家庭訪問し、着替えさせ、無理矢理学校に連れてきていました。

ある日、その子は学校に来る途中で突然動かなくなり、強引に連れていこうとしても固まってしまってビクリともしなくなったので、仕方なく家に帰るのを許しました。途方に暮れた筆者は、学校に戻り校長に報告しました。校長は「この子は、学校に来たくないわけではない。その証拠に、前の晩にはきちんと翌日の準備をしているでしょう。無理に連れてこようとせず、別の方法を考えたらどうで

すか」と言われ、今後の関わり方について養護教諭と連携して当たるように指示を出されました。

この後、同僚の養護教諭に相談したところ、「朝は37度ほど熱が出たとしても、昼前には平熱に戻るのであれば、とりあえず私の知っている総合病院の小児科を受診してもらって、どこも悪くないようなら、そこから精神科に回してもらうようにしましょう」という助言を得ました。

当時の保護者の想いを考えれば、いきなり精神科を紹介されても受け入れられないのは明らかなので、小児科の医師から丁寧に説明をしていただいた上で、精神科を受診した方が、保護者の耳にも届くだろうという判断でした。実際、当時は教師の間ですら不登校に対しての認識は浅く、精神科と連携するなど考えられない状況でした。

養護教諭に紹介された小児科の医師は、腹痛や頭痛も「心の働き」が関係していることを伝え、「心身相関」という言葉について、保護者に丁寧に説明しました。そして、保護者と筆者、養護教諭に児童とのかかわり方について話してくれました。筆者や保護者の関わり方が変わったこともあって、児童は、夏休み明けには教室に復帰することができたのが不思議でした。

そのときから、筆者はカウンセリングや脳の働きに関心をもち、児童生徒の心と行動の関係を考え、養護教諭との連携も図るようになりました。

養護教諭の職務と保健室の機能

筆者は、校長に不登校児の担任に指名されるまで「保健室は児童がけがをしたときに応急処置をし、健康診断を行う部屋」という程度の認識しかありませんでした。

現在ではかなり認識が変わってきていると思いますが、相模原市が行った「保健室との連携の研究」では、一般の教諭が養護教諭に対して「児童の悩みに対応してほしい」という認識を有していたという報告があります。おそらく調査対象の小中学校教諭は、この研究[3]の共同著者の養護教諭が在籍する学校であるため、多くが専門性の高い養護教諭のことを信頼していたものと思われます。

筆者が勤務した学校にも、冒頭で述べた心の健康に関する健康相談ができる高い専門性を有している養護教諭がいましたが、そのような養護教諭は、どちらかと言えば少数派でした。まして自ら日常的な教育活動にもかかわり、積極的に予防的・発達支持的な保健学習をしようとする方はさらに少なかったと思われます。

1972年の「保健体育審議会答申」では、既に「心身の健康に問題を持つ児童への関わり」と共に「日常の教育活動への協力」が述べられており、1997年の同答申では、養護教諭の職務の特質や保健室の機能を十分生かした心や体の両面への対応を行う健康相談活動として、ヘルスカウンセリング（健康相談活動）が一層重要な役割をもってきていると記述されています。[4]

児童生徒にとっての保健室と養護教諭

現在では、保健室が児童生徒の駆け込み寺になっていると聞きます。これを肯定的に捉える場合と「生徒を甘やかしている」と否定的に捉える場合があります。いずれにしても保健室が生徒にとって甘えられる場所であり、養護教諭が困っている生徒から信頼されていることの現れでもあります。

次ページの表を見ると、「けがの手当て」「体調が悪い」以外にさまざまな理由で来室しており、その中でも「なんとなく」がかなりの数いることがわかります。また、「体調が悪い」の中にもストレスなど心の問題も含まれていると考えられます。

保健室に来室した児童生徒の中にも、体に関すること以外に「こころ」の問題や異性に関することなどを相談している者がいます。また表向きは疾病を理由としていても、実際には授業からエスケープ的に訪れる者もいます。[3]

これに関して児童生徒と養護教諭との関係を、「甘やかし」と捉えるだけでなく、心のつながりや温かさを求めていると捉えることも必要です。

いのちの教育

表　保健室利用者の来室理由（学校種別）　　（単位：%）

	小学校	中学校	高等学校
けがの手当て	35.7	16.8	12.3
鼻出血	1.6	0.6	0.4
体調が悪い（頭痛、腹痛、気持ちが悪いなど）	12.9	21.8	25.7
熱を測りたい	2.0	3.5	4.6
休養したい	0.5	1.5	3.5
困ったことがあるので先生に相談したい	1.0	1.7	2.1
先生と話をしたい	2.1	4.2	4.2
身長、体重、視力などを測りたい	1.1	6.9	3.3
手洗い、うがい、爪切り	0.2	0.9	1.2
友だちの付き合い、付き添い	10.5	12.3	12.6
係、当番、委員会活動	16.0	8.8	5.5
体や病気のことについて教えてほしい	0.3	0.4	0.8
資料や本を見る	0.3	0.2	0.1
なんとなく	3.7	8.5	5.4
着替え（小学生）	0.9	—	—
その他	11.2	11.7	18.1

出典：「保健室利用状況に関する調査書（平成28年度調査結果）」公益財団法人　日本学校保健会

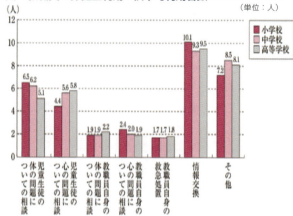

図　教職員の保健室利用1校平均利用者数（保健室利用の理由）

出典：「保健室利用状況に関する調査書（平成28年度調査結果）」公益財団法人　日本学校保健会

🔵 チーム学校を踏まえた養護教諭の役割

　望ましい生徒指導の充実のため、教師集団が組織を挙げて緊密な連携を図ることが「チームとしての学校」の前提になると考えられます。

　「チーム学校」とは、校長のリーダーシップの下に「教職員やさまざまな専門スタッフがチームとして適切に役割分担」をすることによって、「教員は授業など子どもへの指導により専念しようとする」[5]ことです。現在の学校では、教諭以外の立場の違う常勤のスタッフとして養護教諭と栄養教諭がいます。生徒指導部会（生徒指導委員会）には、養護教諭もメンバーとして所属していることが多いです。

　学校の生徒指導体制の在り方については、問題行動の未然防止など予防・発達支持的な関わりの必要性が強調されており、養護教諭が入ることによって、児童生徒全員を対象とした予防・発達支持的な生徒指導[6]に貢献すると考えられます。

　保健室は、不登校やいじめの被害者だけでなく、心に悩みのある児童生徒が、気軽に話しかけてくるところでもあります。養護教諭が信頼される教師であるからこそ、児童生徒は心を開こうとするのです。このような保健室の存在をいまだに疎ましく思っている生徒指導担当がいると聞くこともありますが、学校にとっては、大きな資源の損失です。

（1）他教諭との連携

　かつて、ある児童の母親が保健室を訪ね、病院の診断を受けた結果を医師から養護教諭に指示され、病状を説明したが、担任は、養護教諭の越権行為と捉え、立腹していたことがありました。現在では、教職員の情報交換などで保健室を利用することは増えてはいますが、学校によっては、若い養護教諭の中には、担任から「保健室に遊びに来る子は（保健室に）行かせないようにします」と言われ、戸惑っている姿がいまだに見られるのは残念なことです。

　予防・発達支持的な生徒指導を目指すのであれば、教員間で密接な連携をとる温かな雰囲気づくりが大切です。この場合も、保護者は、話に耳を傾けてくれる養護教諭だからこそ打ち明けるのであり、もし養護教諭が「担任にお話しください」と言えば、保護者は学校に不信感を抱くでしょう。それでは児童生徒の状態を知り得ない状況に陥り、それが原因で不測の事態が起きることもあり得るのです。

　担任に言えない部分を養護教諭が補ってくれると捉えることが必要です。外部の専門家と連携する「チームとしての学校」は当然必要ですが、それ以前に校内の連携が前提となるのです。

（2）スクールカウンセラーなど、他職種との連携

　心に悩みのある児童生徒の行き先といえば、2002年から中学校に全校配置されたスクールカウ

ンセラー（以下SC）があります。うまく機能しているところもありますが、日本のSCの現状はまだまだ発展途上であり、保護者にとっても児童生徒にとっても、敷居が高いのが現状です。

筆者も数年前から、私立の高等学校でSCを週1日勤めていますが、自ら相談にやってくる生徒はほとんどいません。担任や生徒指導担当を通して来室するのが普通で、「スクールカウンセラーに相談してみては？」と担任が言っても、多くの生徒は「そこまでして…」と尻込みしてしまう現状があるのです。身近な存在ではないので、信頼関係を築くためのハードルがあります。大学生にSCのことをどう思うか聞いても、「うっとおしい」と言った者が、毎年数名いる現状です。これは相談室に無理に行かされたことによるものです。

また学校においては、発達障害のある児童生徒、児童虐待を受けている児童生徒など、じつに多様な課題が生じています。この課題に対して心身の健康面でのケアを行う養護教諭の存在はますます重要な役割を占めるようになっています。そのことを配慮して、福祉の観点からスクールソーシャルワーカー（以下SSW）が徐々に配置されつつあります。環境へ働きかけるという、SCとは違った視点から問題解決を図っていくという点で、大切な存在になっていくと思われます。ただ、現状では学校内でいまだに対応策を模索しているという段階です。

わが国の現状では、保健室は児童生徒にとっては敷居が低く、より身近な存在であるだけに、担任が見落としているような児童生徒の情報が集まってきます。養護教諭は、さまざまな問題が見えやすい位置にあり、チーム学校でいわれるような他職種、関係機関とつなぐキーパーソンとなります。

これからの生徒指導は、今後配置されていく教育相談コーディネーターを中心に養護教諭や特別支援コーディネーターと共に校内体制を確立し、他職種のSC、SSWとケースコンサルテーションを持ち、情報の共有化を図り、児童生徒の健全育成に資する必要があります。さらに、そこで検討した内容については、チーム学校として外部の病院、福祉、警察などの関係機関とも連携を強化していく必要があります。

 教師の資質能力を踏まえて

昨今、教師の資質能力が問われています。このとき教師は、この問題をどのように捉えるでしょうか。人間性や実践的指導力とともに、中学校や高等学校であれば、教科学習の専門性を頭に思い浮かべるでしょう。小学校であれば、授業の指導法について思い浮かべるに違いありません。

しかし、今日の学校では「いじめや不登校など深刻な問題が生じており、教科指導の面でも、生徒指導や学級経営の面でも、教師には新たな資質能力」[7]が求められています。

ここでは「いつの時代にも教師に求められる資質能力」として、使命感や教育的愛情、教科などの専門的知識とともに、「人間の成長・発達についての深い理解、そしてこれらを基盤とした実践的指導力」[8]が求められています。

また、今後とくに教師に求められる具体的な資質能力として「地球的視野に立って行動するための資質能力」として、「豊かな人間性」「課題解決能力」に加えて、「人間関係に関わるもの」が挙げられ、詳しくは社会性、対人関係能力、コミュニケーション能力などが取り上げられています。さらに「教師の職務から必然的に求められる資質能力」として、「教科指導、生徒指導などのための知識、技能および態度」として、「子どもを思いやり、感情移入できること、カウンセリング・マインド、地域・家庭との円滑な関係を構築できる能力」[9]などを挙げています。

答申に書かれているように「全ての教師が一律に多様な資質能力を高度に身に付けることを期待しても、それは現実的ではない」[10]ですが、過度に学業を偏重した思い込みは許されません。最低限、児童生徒の個別の発達課題を把握し、発達段階の知識を持ち、学級の人間関係をつかんでこそ、何を教えるかだけではなく、どのように教えていく

いのちの教育

のかということについて理解が深まっていくのです。

筆者は、教師としてカウンセリングと出会ったときには「教えようとするな、わかろうとせよ」という言葉を言われ、現在でも頭の片隅に深く刻み込まれています。児童生徒を頭ごなしに叱るのではなく、先入観なしに児童生徒を理解することの大切さを身に染みて感じた瞬間でした。

ところで、上記に挙げた資質能力の中で、人間関係やカウンセリング・マインドについて、とくに専門的な知識と情報を有しているのが養護教諭です。この知識と技術をケース会議等で生かし、SC、特別支援コーディネーターと共にコンサルテーションにも役立てていくことが必要となるでしょう。

ここで、学校内の組織的な取組の事例を2つ紹介します。

> **事例1 不登校に陥ったA子に対する指導（中学2年生）**
>
> 中学校のバレーボール部に所属する2年生のA子は、誰とでも明るく接することができ、世話好きなタイプである。しかしバレーボール部の人間関係が悪く、主将を中心とするグループと主将たちに反発するグループとの間で、微妙な雰囲気が漂っていた。
>
> A子は主将たちのグループに属していたが、反発するグループとも親しくしていた。そのような立場であったこともあって、何とかお互いの人間関係を修復しようと努力していたが、反発するグループからは、「どちらにもいい顔をしようとしている。こうもりみたいだ」と非難の目を向けられ、SNS上に悪口を書かれた。
>
> 一方、部活動の人間関係が学年・学級経営に及びつつあることに気付いた学年教師は、当該グループの生徒たちを個別に指導していた。ただ、学年の教師は、間に入ることで、窮地に陥っているA子のことには気付かず、むしろ混乱させていると捉えていた。学年の生徒指導担当に相談しに行ったA子は悩みを聞いてもらうどころか、逆に叱られたことで、心理的にも落ち込んでしまい、翌日から心を閉ざして不登校になってしまった。

> **事例2 話すのが苦手なBへの支援（小中連携の事例）**
>
> B子は、家庭で普通に話しているが、学校ではほとんど話をすることがない。B子が登校を渋ったときに母親と保健室に来室し、養護教諭が話を聞くと、小さな声で「学校では話す相手がいない」と語った。
>
> そこで、養護教諭、SC、生徒指導担当教諭、担任、管理職でケース会議を持ち、どのような対応をするかについて検討した。中学校の養護教諭とも相談し、懇意にしている精神科の医師を紹介してもらい、保護者の了解を得て、診察を受けることができた。
>
> 病院では心理検査と発達検査を受け、知的な問題はないが興味関心に格差が大きいこと、対人関係で極度の緊張感があり、こだわりも強いことなどがわかった。医師の見立てでは、学校でソーシャルスキルトレーニング（以下SST）をすることができるのであれば、やってみるのも良いという助言があった。
>
> 保護者や精神科医と連携を取りながらアセスメントをし、決して無理強いをしないという条件で、学校でできそうなことを拾い上げていった。そこで、校長室や保健室に来室することには抵抗がないということで続けていたある日、突然校門で自ら「おはようございます」と挨拶し、その日の昼休みには隣の席で話していた教職中の会話に突然に割り込んでいった。
>
> 中学校進学後は、校長は養護教諭と連携を取りながら、保健室でSSTを継続した。中学校では、吹奏楽部に入部し、発表会ではMCを担当するようになり、観客が入った中でも臆することなく、堂々と話すことができるようになった。そして、自ら「もう大丈夫です」と保健室でのSSTの必要がないと自ら申し出て、保健室への来室を終了した。

事例1では、教師が先入観に支配され、生徒を理解しようとする視点が欠如していたことです。まずは生徒の思いをしっかり傾聴し、先入観なしの生徒理解が必要です。また情報を学年だけで占有し、養護教諭やSC、部活担当者を含めたコンサルテーションを持つこともありませんでした。

それに対して、事例2では、養護教諭が話を聴き出しにくい児童から粘り強く気持ちを聴き出して

いました。また、多様な視点を取り入れるために、直ちにケース会議を持ち、医療機関とも連携を図り、医師の助言を得て対応策を検討しています。そして、SSTを活用して、できることを援助しながら徐々に増やしていき、粘り強く自己肯定感を育てていきました。その結果、B子は、自ら行動変容していったと考えられます。

●「指導死」という言葉から考えさせられること

「指導死」という言葉は、「生徒指導をきっかけに子どもを自殺で失った遺族の間で生まれた新しい言葉」です。大貫は「指導死」の定義の一つとして「一般に『指導』と考えられている教員の行為により、子どもが精神的あるいは肉体的に追い詰められ、自殺すること」を挙げています。[11]

問題となるのは、子どもたちの声が教師に届いているかということです。筆者自身も教師生活の後半に至るまで「いいことはいい、悪いことは悪い」と確信していました。親からも教師からもスパルタ教育がよいと教えられ、それを鵜呑みにしていたため、自分が受けてきた指導をそのまま児童に「よかれと思って」くり返していました。

体罰や暴言を吐いて従わせることは、暴力や暴言で問題を解決することを教えることになります。そのことを防ぐためには、独善的にならないことが大切であり、教師自身が自分を客観的に捉えることが必要です。そのためには、養護教諭やSC、SSW、外部の医療関係者や福祉、警察など他職種の人を含めた多様な考えにも耳を傾け、チームとして対策を検討していくことが、今後の学校における生徒指導体制を構築していくことにつながるものと確信しています。

●おわりに

保健室は児童生徒の心身の情報が集積されるとともに、生徒指導上の諸問題がいわば凝縮した形で現れるところです。対症療法的な関わりはもちろん必要ですが、全校児童生徒の情報を保持している養護教諭は、全ての児童生徒を対象として、当該学年の教員と連携して、チームティーチングを行うなど予防的・発達支持的な関わりを深めていくことが求められます。養護教諭が一般の教諭とは違った視点で生徒指導に関わることで、より広い視野で生徒指導体制の充実が図られるに違いありません。

今後、養護教諭は、生徒指導体制において重要な役割を担うことになっていくと思いますが、それだけに生徒指導担当教諭や教育相談コーディネーターと緊密に連携していかなければ、保健室という場所柄、児童生徒上の問題を抱える場所にもなりかねないという側面もあります。教師間の共通理解と緊密な連携が、「チーム学校」としての前提となると考えられます。

引用・参考文献
1) 文部科学省中学校学習指導要領総則第1章4の1(2) 2017年
2) 文部科学省「生徒指導要」東洋館出版社 2022年 p.27
3) 日本学校保健会「保健室利用状況に関する調査報告書 平成28年度調査結果」
https://www.gakkohoken.jp/book/ebook/ebook_H290080/data/194/src/H290080.pdf?d=1627434970727 2024年8月8日参照
4) 文部科学省ホームページ「養護教諭の職務内容等について」
https://www.mext.go.jp/b_menu/shingi/chousa/shotou/029/shiryo/05070501/s007.htm 2024年8月8日参照
5) 中央教育審議会初等中等教育部会「チームとしての学校の在り方と今後の改善方策について」2014年7月
https://www.mext.go.jp/component/b_menu/shingi/toushin/__icsFiles/afieldfile/2015/07/28/1360375_02.pdf 2024年8月8日参照
6) 文部科学省「生徒指導要」東洋館出版 2022 p.20
7) 文部科学省「中央教育審議会 資料1-3今後の教員養成・免許制度の在り方について(答申案) 1.これからの社会と教員に求められる資質能力」
https://www.mext.go.jp/b_menu/shingi/chukyo/chukyo3/siryo/attach/1346376.htm 2024年8月8日参照
8) 前掲書
9) 前掲書
10) 前掲書
11) 大貫隆志「指導死」高文研 2013年5月 p

いのちの教育

中学校における命の意味を考えるための授業実践
～特別の教科道徳を要としたカリキュラムマネジメントの視点から～

兵庫県芦屋市教育委員会　池原征起

 はじめに

　本稿においては、公立X中学校における「いのちの教育」の実践を報告します。これは筆者がその当時担当していた学年の生徒たちが「いのちのかけがえのなさについて実感すること」を目的にして行いました。なぜ「いのちの教育」を行ったかの理由に関しては後述しますが、端的に言うと生徒たちの中に、自分の周りの人を大切にしないとともに自分自身についても大切にしていないように感じられる生徒が多くいたからです。

　さて、この実践は、特別の教科道徳を要として、総合的な学習の時間、特別活動を教科横断的に取り扱いました。実際の取り組みにおいては、とくに総合的な学習の時間と特別活動に関して、X中学校全体に関わる内容もありましたが、本稿ではとくに筆者が当時在籍していた中学1年生における実践内容を中心に論じます。また、文中の一人称は「私たち」と記述します。これは、そのときの学年団の先生方全員でこの実践を計画して取り組んだからです。

 実践について

(1) X中学校の課題と計画

　当時私たちが担当していた中学1年生の生徒たちには、友だち同士の関わり方に関する課題がありました。身体的な暴力こそ見られなかったのですが、筆箱の中身を隠したり、集団で一人の生徒をからかったり、または本人が言ってほしくないことを大声で言ったりするなどのトラブルが頻発していました。トラブルがあった日の放課後に、関わった生徒を残して指導し、家庭に連絡を入れて保護者へ報告するとともに今後の指導についての話し合いをするということを続けるのですが、翌日にはまた似たようなトラブルが起こるという状態が続いていました。加害生徒たちに確認すると、決まって「嫌な思いをさせるつもりはなかった」「遊びのつもりだった」と言いました。また、全ての事案についてではありませんが、本当にそのように感じている部分も見受けられ、人と上手に関わることができない生徒の実態も見えました。

　これについてはSST（social skills training）などを通して、人との関わり方を教えていく必要性が感じられました。それと同時に、他者を大切にし、互いを尊重し合うことの必要性について教える難しさを痛感させられる毎日でした。

　また、教科等の授業や、学級活動、部活動の場においては、「どうせやったって自分にはできない」と感じているのか、さまざまなことに挑戦しない生徒の姿がありました。このような生徒たちは、自己肯定感が低かったり、自己有用感が満たされていなかったりする状況にあることが予想されました。

　筆者はその頃から今まで継続して、「いのちの教育実践研究会[1]」という研究会に参加し、「いのちの教育」について学んでいます。そのこともあり、SSTなどトレーニング的な学びを行うとともに、もっと生徒の根本的な部分にアプローチするような実践を行いたいと考えるようになりました。そこで、

本稿のテーマである「いのちの教育」を実践することを計画しました。

(2)「いのちの教育」の定義づけと実践内容について

これまでにも多くの方々が実践を積み重ねられている「いのちの教育」ですが、その定義についてここで確認します。

近藤（2007）は「いのちの教育は基本的自尊感情を育む教育である」と定義し、その目的を「自分のいのちはかけがえなく大切なもので、自分は無条件に生きていていいのだ、と子ども自身が確認できるようにすること」であると述べています。そして、いのちの教育は、「それによって他の教育活動と峻別されるような、この教育に固有の方法と内容を持っているわけではなく、すでに学校教育の中に存在している、あるいは存在しているはずの方法と内容を、あらためていのちの視点から整理して再確認し再構成しようとする試み」であり、その方法は「体験を共有し、さらにその体験をしたときの心の動きを共有するという共有体験」であると示しています[2]。

ところで、「いのち」は大切なものであるということは、どんな子どもも理解しています。それなのになぜ「いのちの教育」が必要なのでしょうか。

兵庫・生と死を考える会（2007）は、子どもの死生観に関する大規模な調査を行いました。この調査では、命の有限性についての理解は、死の絶対性（＝死ねば生き返ることはできないということ）と死の普遍性（＝自分を含めた全ての命に死が訪れるということ）についての理解からなるとし、子どもたちに死の絶対性と普遍性に関する認識が確立する時期を明らかにするために、4歳から14歳までの子どもを対象にしたアンケートを実施しました。そこで明らかになったことは、命の有限性に関する理解は7歳ごろから深まり、9歳ごろに確立するということでした。

しかし、この結果と同時に、死の普遍性に対する理解が揺らぎ、人は生き返ることができると考えている子どもがいることや、言葉の荒れた環境で過ごし「死ね・殺すぞ」といった暴言に触れる機会が多い子どもは、死の普遍性への理解が不十分になることなども明らかにされました[3]。

やはり、本当に「いのち」について生徒とともに学びを深めるためには、「『いのち』の大切さを実感し、『いのち』と正面から向き合う[4]」ための「いのちの教育」を行う必要があるのです。

さらに、「いのち」は大切なものだということについては、多くの児童生徒が知識としては理解できていても、「心の奥底から十分に認識できていない[5]」という状態にあることも指摘されています。

そこで、私たちは、「生徒一人ひとりがいのちのかけがえのなさについて実感する」ことを目指し、表のように、全6回にわたる「いのちの教育」を実践しました。

次ページの表は、「生徒一人ひとりがいのちのかけがえのなさについて実感する」ことの実現を目指し、これまでに積み重ねられている実践を「いのちの教育」の視点から見直し、再構成して計画しました。

まず、⑤の「1.17追悼集会」が、毎年行われている伝統的な行事としてありました。これについては、3年間を一区切りとして、年度ごとに「追悼、防災、思いやり（人とのつながり）」というテーマを設定して、それらを順番に行っていました。これによって、生徒が3年間の在学中に、全てを学ぶことができるという計画です。この年度は防災がテーマでしたので、④と⑥においてその事前・事後学習を行いました。これは、「いのちの教育」に取り組むことを検討する前からの決定事項でした。

「いのちの教育」を実施するために新たに計画したのは、①②の「特別の教科道徳」の授業と、③の慰霊碑についての授業でした。

まず、「いのち」について実感を伴って考えさせるために、①と②とを「いのちの教育」の導入と捉え、生徒の心を震わせるような、ショッキングな内容を取り扱いました。とくに、②で取り上げた「わたしのいもうと」は転校していじめに遭った妹が命

いのちの教育

	実施日	単元（資料） 教育課程上の位置づけ	内容
①	10/2	【単元】 「命の価値について考える」 （自作資料） 【教育課程上の位置づけ】 特別の教科道徳	【本時のねらい】 　いのちのかけがえのなさについて、自分の考えをまとめることができる。 【内容】 　「6人の重病患者に対して、特効薬が1つだけある。あなたはその薬を誰に使うか決めなければならない。どうやって選ぶか。選んだ人と、その理由を答えなさい」という問いについて考え、議論する。 【手順と教示】 1．問いを黒板に提示し、個人で考えをまとめる。 2．4人班で話し合う。 3．4人班で話し合ったことを発表し、学級全体で話し合う。 4．「いのち」という言葉についての考えを文章にまとめる。※
②	11/6	【単元】 「いじめについて考える」 （わたしのいもうと）⁽⁶⁾ 【教育課程上の位置づけ】 特別の教科道徳	【本時のねらい】 　いじめについて考え、自分事として議論することができる。 【内容】 　『わたしのいもうと（松谷みよ子：文　味戸ケイコ：絵）』を読み、いじめについて考える。 【手順と教示】 1．いじめという言葉について、自分の考えをまとめる。 2．担任が、スライドで絵を提示しながら『わたしのいもうと』を範読する。 3．再度、いじめという言葉について、自分の考えをまとめる。その際に、いじめの残酷さについて確認できるよう留意する。
③	1/11	【単元】 「X中学校　阪神淡路大震災の慰霊碑について」 【教育課程上の位置づけ】 総合的な学習の時間	【本時のねらい】 　X中学校にある慰霊碑の歴史について知り、阪神淡路大震災による被害について自分に関わりのあることとして考える。 【内容】 　震災当時を知る教諭による講話。 【手順と教示】 1．X中学校第1学年の生徒全員が入ることができる特別教室に、学年生徒全員を集め、パワーポイントを使用しながら講話する。 2．教室に戻り、感想をまとめる。 3．感想について、学級通信などを使用してクラスごとに共有する。
④	1/15	【単元】 「一日前プロジェクト」※※ 【教育課程上の位置づけ】 総合的な学習の時間	【本時のねらい】 　防災についての意識を高める。 【内容】 　「明日、大きな地震が起こるとわかったら、どんな準備をするか」という問いについて考える。 【手順と教示】 1．問いについて個人で考える。 2．考えたことについて、班で交流し、班としての意見をまとめる。 3．班としての意見を発表し、クラスで交流する。
⑤	1/17	【単元】 「1.17追悼集会」 【教育課程上の位置づけ】 特別活動	【本時のねらい】 　阪神淡路大震災で生徒5人が犠牲になるなどの被害が甚大であった本校において、生徒、教職員が一堂に会し、震災で亡くなった方々を追悼するとともに、命の大切さを学び、思いやりと人とのつながりの大切さを次世代へ語り継いでいく。 【内容】 　講師による講話、慰霊碑への参拝 【手順と教示】 1．体育館に集合し、黙とう、地域の方、講師による講話を聞いたあと、クラスごとに慰霊碑に参拝する。 2．教室に戻り、感想を書く。
⑥	1/22	【単元】 「被災シミュレーション」※※ 【教育課程上の位置づけ】 総合的な学習の時間	【本時のねらい】 　実際に被災した際の対応についてシミュレーションし、自分たちのいのちを守ることへの意識を高める。 【内容】 　これまでの学習をふり返り「実際に被災した」と仮定して、その後24時間に起こることとその対応について考える。 【手順と教示】 1．問いについて個人で想定する。 2．1をもとにして、班で考える。 3．班ごとに発表し、互いの考えを比べる。 4．「いのち」という言葉についての考えを文章にまとめる。※

※　「いのち」の理解について、授業前後での変化を確認する目的でアンケートとして実施した。
※※　兵庫県立大学教授　諏訪清二先生にアドバイスをいただいて実施した。

を失っていくという非常に重たいテーマを扱ったものです。内容は全くハッピーエンドでない、いじめの恐ろしさを直接的に伝えるものであり、これを読み聞かせる私たちも、読んでいて胸が苦しくなるようなものでした。そこで、②に際しては、スクールカウンセラーの先生にも相談するとともに、大学教員のスーパーバイズを受け、不測の事態に備えました。そして、教師が「いのち」というテーマを扱うことに対する覚悟を持って当たるとともに、確固たる死生観を持って指導に臨むこと、そして、生徒の発達段階、成育歴、生活環境などを把握し、指導の手順を考えることに留意して授業を行いました。

下記の感想1、2は②の授業を終えた生徒の感想です。「遊びたい勉強したい＝生きていたい」と捉えた感想1からは、中学生として遊びと勉強（教科の学習や部活動等）に日々向き合っている自分自身と、絵本の内容を重ね合わせた深い理解があるように思えます。

また、感想2においては、「今はまだ」という部分から、今はまだ自分の理解が十分でないことを認識している、真摯に教材に向き合う姿勢が見て取れるように感じました。

【感想1】
この本の最後の遺書みたいな紙に「遊びたかった勉強したかった」と書かれていて私はぐっときてしまいました。なぜなら遊びたい勉強したい＝"生きたい"だと私は思うからです。うまく説明できないけれどココが一番ぐっときたところです。

【感想2】
私たちじゃわからないとこもあると思うけどまず1つは「みんな言葉に気をつけよう」という事から始めたほうがいいと思います。軽々しく「死ね」や「消えろ」と言っていいものなのか、「くさい」「キモい」は本当にいいのか？それを考える必要があると思いました。1つ目のステップはそれかなと思いました。まだ奥には行けないと思います。言葉にはすごく深い意味があるから、そこから考えたいです。

【感想3】
今回、先生の話を聞いて、震災はいつ起こるかわからなくて、この当たり前の1日が当たり前じゃなくなるかもしれないと思いました。

私たちはここでの学びをベースとして、その後の③に取り組みました。③の授業でも感想3のような感想があり、いのちについて、生徒たちが実感を持って考えられている様子が見られました。この後に、④⑤⑥を実施し、防災というテーマについて、「かけがえのないいのちを守るためにどうすべきか」という観点で学習を進めました。

 キーワードは「つなぐ」

この実践をふり返ると、キーワードは「つなぐ」であったと感じます。これには3つの意味があります。

1つ目に、「これまでの実践をつなぐ」ことです。今回は特別の教科道徳、総合的な学習の時間、特別活動の3つの領域を組み合わせて実践しました。このことについては、新学習指導要領において示されている教科横断的な視点でカリキュラムを工夫することとも重なる部分があると感じています。また、長い時間をかけて行ってきた行事などの持つ教育的意義の大きさを在校生に実感させ、次の世代につなぐという意味もありました。

2つ目は、「対話的な学びを通して、生徒と生徒をつなぐ」ことです。本実践では、ほとんどの時間において、「一人で考える→ペアやグループで意見を出し合う→クラス全体で意見を出し合い、比べる」というプロセスがありました。これによって、生徒同士が共に考え、議論することができました。ここでは生徒同士の考えがつながっていったといえます。

3つ目は、「地域と学校をつなぐ」ことです。これはとくに「1.17追悼集会」に際して強く感じられました。追悼集会では、防災の専門家の方による講話とともに、地域の方からも講話がありました。

いのちの教育

また、慰霊碑への参拝に先立って、生徒会執行部と育友会の方々によって慰霊碑の清掃が行われるなど、行事を機会に地域と学校とのつながりがより一層強化されるという側面がありました。

おわりに

多くの中学校と同様、X中学校も校区内の複数の小学校から新入生を迎えます。それに向けて小学校の先生方との引き継ぎを入念に行い、受け入れる準備を整えて入学式を迎えます。教育課程についても前年度の間に編成しています。しかし、とくに中学1年生においては、生徒たちの実態について予測しにくい場合があります。そのため、生徒たちを迎え入れて学校生活を始めると、予想もしなかった問題が連続して起こります。

本稿で取り上げた学年の場合は、1学期の間に見られた生徒たちの課題を検討し、その根本的な解決を目指して、2学期に「いのちの教育」を実践しました。新学習指導要領において、教科横断的な学びを実現するためのカリキュラム・マネジメントの必要性について述べられていますが、本稿でご報告した「いのちの教育」では、夏休みの間に、2学期の実践に向けて「特別の教科道徳」や総合的な学習の時間、特別活動にまたがったカリキュラム・マネジメントを行い、学習を計画しました。学年の途中でしたので、教育課程全体にわたる大きな変更はできませんでしたが、さまざまなものを「つなぐ」ことで、限られた条件の中でも教育効果の大きい実践を行うことができたと考えています。

また、「いのちの教育」の重要性について実践を通して実感しました。教科等に関する学びと同時に、「いのちのかけがえのなさ」についても学び、自分自身を大事に思う気持ちを育む。これによって隣にいる人を大切に思うこともできる。「いのちの教育」は全ての学びの基礎になるものであるといえます。全国各地で、その土地の特徴に基づいた「いのちの教育」が行われています。それらについても学び、目の前にいる生徒に「いのちのかけがえのなさ」をどのように伝えていくのか模索し続けたいと考えています。

参考文献
(1) いのちの教育実践研究会　https://inochieducation.wixsite.com/mysite
(2) 近藤卓編著『いのちの教育の理論と実践』金子書房2007年4月　pp.8-14
(3) 兵庫・生と死を考える会編『子どもたちに伝える命の学び』東京書籍2007年9月　pp.46-65
(4) 梶田叡一責任編集　人間教育研究会編『〈いのち〉の教育』金子書房2009年8月　P.39
(5) 五百住満『「いのちの大切さ」を実感させる教育についての研究』関西学院大学教育学論究2016年12月 p.1
(6) 松谷みよ子：文　味戸ケイコ：絵　『わたしのいもうと』偕成社1987年12月

いのちの教育

性の多様性を尊重し共に生きる社会づくり

神戸親和大学非常勤講師　塚田良子

 はじめに

　これは2020年7月14日付けの「内外教育」の記事を要約したものです。

　福岡県警青少年サポートセンター少年育成指導官安永智美さんが出会ったAさん（当時中学生女生徒）の話です。Aさんの中学校で性教育の講演をした安永さんに、Aさんは校長室に会いに行きました。Aさんは中学1年生の時に妊娠し、中学2年生で出産した、と自身のことを語ります。子どもの父親は、当時小学6年生の男児でした。告白され付き合い始めましたが、3カ月で別れます。妊娠に気が付いたのは、養護教諭でした。すでに7カ月、中絶はできない月数になっていました。子どもは出生後に養子特別縁組となり、Aさんは一度も会うことはありませんでした。中学生のAさんが安永さんに言った一言が「もっと早く聞きたかった」でした。20歳をすぎたAさんは、「子どもに会いたいと思うことがある」と安永さんに電話をかけています。

　その後も、安永さんとAさんの交流が続きます。初めてこの記事を目にしたとき、衝撃を受けたのを昨日のことのように覚えています。「性教育」を受けていたら、Aさんには異なる道があったのではないだろうかと思うのです。

　わが国の虐待死亡事例（心中を除く）の約半数は、0歳児です。若者の予期せぬ妊娠が事件の背景にあると思われます。嬰児を遺棄する事件の報道も目にしますが、逮捕された女性には、殺人罪と死体遺棄罪と言う罪名が科せられます。逮捕されるまでにできることは、段階ごとに多々あったと思います。

　わが子に手をかけ罪を背負うことになった女性と、手をかけずともわが子と会うことが叶わないAさんを思うと、私たち大人ができることは何だろうと考えてしまいます。そして、何よりの被害者は嬰児です。それを忘れてはいけないと思うのです。

 児童生徒の性に関する意識は

　2021年6月に、日本財団は「18意識調査」をWebで実施し、7月に結果を公表しています。対象は全国の17〜19歳の男女1000人です。その結果の一部を抜粋改変したものを次ページに紹介します。

　結果を見てみると、「性に関する知識を十分に持っているかどうか」と聞かれたら、わからないと答えた生徒が約半数います。「十分に」という問いに、程度の解釈に戸惑いがあったのかもしれません。自分の知識量は他の人からみればどうなんだろう、と気になるところだと思います。

　「はい」と答えた男子生徒は約3分の1に対して、女生徒が「はい」と答えたのは5分の1でした。男性の方が、性に関する知識があると思っています。差が明確に出た項目です。

　「学校の性教育に対して役に立ったか」という問いでは、「役に立った」と思っている割合は60％に近い割合になっていますが、「抽象度が高いと思う」という項目に「はい」と答えた生徒が65％を

いのちの教育

自分には性に関する知識が十分にあると思う （男性29.4%　女性19.1%）	「わからない」	45.9%
	「はい」	24.3%
妊娠を望む性行為以外で避妊の必要性を感じるか	「はい」	94.4%
避妊方法に不安を感じることはあるか	「ある」	69.7%
学校での性教育は役に立ったか	「役に立った」	58.5%
	「役に立たなかった」	41.5%
学校での性教育についてどう感じたか （「はい」と答えた割合）	「抽象度が高いと思う」	65.5%
	「避妊方法を具体的に知りたかった」	58.1%
	「現在抱える問題や悩みに適応していない」	52.1%
	「知っていることばかりだった」	47.5%
	「性についてネガティブな印象を受けた」	38.2%
学校での性教育でもっと深めてほしかった内容（複数回答）	「恋愛や健康な性的関係に関する知識」	40.9%
	「性交反応の仕組みや性行為に関する知識」	37.6%
	「ジェンダー平等に関する知識」	37.1%
	「性的デートレイプなどの性にまつわる暴力や体の保全に関する知識」	31.6%

（注）％は全体での数字。
（注）日本財団HP「18歳意識調査　第39回－性行為－」から抜粋

超えています。

「避妊方法を具体的に知りたかった」という項目では、半数以上の生徒が「はい」と答えているのです。「授業の中で、教えてほしい」と思っているといえます。性的関係の知識、性交の仕組み、避妊の方法等、具体性を求める声が多いことから、性教育に求めている項目は切実に知りたいことだと思います。

簡単にネットにアクセスすれば情報は手に入るかもしれませんが、正しい知識を求めているのかもしれません。

高校生の意識から考えると、小学生や中学生にはもっと間違った性の知識が横行しているのではないかという危惧があります。とくに中学生は、「性」に興味関心が強くなる時期です。もちろん、個人差が顕著に出ます。スマートフォンから「SEX」とアクセスすると、YouTubeで無料で映像を見ることができます。SNS・漫画・ドラマ、いくらでも情報を手に入れることはできるのです。「児童生徒は大人になれば性の知識を自然に身に付ける」という考えは、危険だと思います。個人差はあるものの、大人が思っている以上の知識量を児童生徒はもっているかもしれません。

性教育の現状は

学校の性教育はどのように進められているのでしょうか。その基本になるのが学習指導要領といわれるものです。

1992年の学習指導要領から、「理科」「保健」などの教科の中で、「性」について取り上げられるようになりました。しかし、現在の学習指導要領の小学校編では、性交・避妊・中絶は一切扱われていません。

小学5年生の理科の「動物の誕生」という単元では、「魚には雌雄があり、生まれた卵は日がたつにつれて中の様子が変化してかえること」「人は、母体内で成長して生まれること」を身に付けることができるように指導する、と書かれています。続けて、内容の取り扱いとして「人の受精に至る過程は取り扱わないものとする」とあります。

中学1年生の保健では、「生殖にかかわる機能の成熟」という単元はありますが、「妊娠の経過は取り扱わないものとする」と書かれており、性交については学びません。日本のこの状況を「はどめ規定」と表現しています。

中学3年生の保健では「エイズ及び性感染症の予防」という単元はありますが、ここでも性交・避妊・中絶は学習しません。コンドームが性感染症予防に有効という一文はありますが、写真・使い

方・避妊具であるとは載っていません。

高校2年生では、避妊や中絶について学ぶ機会はありますが、性交についての解説はありません。保健で「思春期と健康」「結婚生活と健康」という単元があり、ここで中絶・家族計画・避妊法を学ぶことになっています。

実際に学習指導要領には下記のように記載されています。

> （参考）学習指導要領 中学校 体育保健編より
> （イ）生殖に関わる機能の成熟
> 　　思春期には、下垂体から分泌される性腺刺激ホルモンの働きにより生殖器の発育と共に生殖機能が発達し、男子は精通、女子では月経が見られ、妊娠が可能になることを理解できるようにする。
> 　　　　　　　　　　（中略）
> （7）内容の（2）のアの（イ）については、妊娠や出産が可能になるような成熟が始まるという観点から、受精・妊娠を取り扱うものとし、妊娠の経過は取り扱わないものとする。また、身体の機能の成熟とともに性衝動が生じたり、異性の尊重、情報への積雪な対応や行動の選択が必要となることについて取り扱うものとする。
> ※「異性の尊重」として、性の対象を異性にのみに限定していることに問題はないでしょうか。教科書が改訂される機会に、同性愛も含めた記述に変っている教科書も出てきています。
> 　　　　（注）『学習指導要領中学校　保健体育編』より

世界の「性教育」は

ここ数年、「性教育」の必要性があらためて認識されています。韓国では小学5年生にあたる健康の教科書では、性暴力とは何か、どうすれば安全に過ごせるかが書かれています。ドイツでは、11〜12歳向けの「生物」に教科書で、性交や避妊についても丁寧に説明されています。フランスでは、「科学」の生物領域の授業で性の多様性や性の快楽の側面、生命倫理等を扱うそうです。フィンランドでは、「健康教育」の教科書では「若者の性の権利」や「性も多様性」のほか、「交際のルール」

などに言及しています。

一方、ユネスコ（UNESCO）は世界保健機関（WHO）などと「国際セクシュアリティ教育ガイダンス」を作成し、2009年にリリースしました。10年を経て、今回改定されています。セクシュアリティの認知的、感情的、社会的諸側面に関して、カリキュラムを基本にした教育と学習のプロセスを表記しているものです。セクシュアリティについて包括的で正確、科学的根拠に基づき、年齢に適した情報を得る機会を提供することから「包括的セクシュアリティ教育（CSE）」と呼ばれ、一般的に「包括的性教育」と明記しています。

ユネスコが提唱する性教育、「包括的性教育」の薦め

包括的性教育は人権に基づいて、一生幸せな生活を送るために必要な知識や態度、価値観を学ぶことを目的としています。5〜18歳を4段階に分けて、8つのキーコンセプトとそのトピックをくり返し学ぶように組み立てられています。

それぞれのコンセプトには、1〜4程度のトピックが設けられています。トピックには年齢の4段階（5〜8歳、9歳〜、12歳〜、15歳〜）に合わせた学習目標が設定されており、知識・態度・スキルを基盤として構成され、学習者ができるようになることが具体的に書かれています。

キーコンセプト6の「人間のからだと発達」のトピック6.2「生殖」の学習目標は、次ページの表のように書かれています。

ガイダンスでは、5歳から段階的に学べるようになっており、螺旋階段を上っていくようにイメージされています。一つひとつの学習目標が具体的であり、その目標達成に必要な知識や態度、スキルがさらに細分化されているのが特徴です。

ぜひ手に取り、一読をお勧めします。

文部科学省の動き　「性」に関わる記述をめぐって

2010（平成22）年3月に、文科省は生徒指導を

いのちの教育

年齢レベル	学習目標（キーアイデア）
5〜8歳	・妊娠は、卵子と精子が結合し、子宮に着床して始まる。 ・妊娠は一般的に40週程度続き、妊娠中の女性の体はさまざまな変化をたどる。
9〜12歳	・妊娠が始まるには、卵子と精子が結合し、子宮に着床するという条件が必要不可欠である。 ・排卵日前後に精子があれば最も妊娠しやすいなど、月経にはさまざまな段階がある。 ・妊娠には一般的な兆候があり、月経が来なかったり遅れたりしているときはできるだけ早く妊娠検査をして確認すべきである。
12〜15歳	・生殖機能と性的感情には違いがあり、それらは時とともに変化する。
15〜18歳	・すべての人に生殖能力が備わっているわけではなく、また不妊に取り組む方法がある。

8つのキーコンセプト
① 人間関係
② 価値観、人種、文化、セクシュアリティ
③ ジェンダーの理解
④ 暴力と安全の理解
⑤ 健康とウェルビーイング（幸福）のためのスキル
⑥ 人間のからだと発達
⑦ セクシュアリティと性行動
⑧ 性と生殖に関する健康

進める上での基本書として『生徒指導提要』を出しましたが、2022（令和4）年12月に改訂版をHP上に公表しました。前回は、第6章「生徒指導の進め方」の「Ⅱ個別の課題を抱える児童生徒への指導」、第8節「性に関する課題」としてわずか3ページ程度でしたが、今回、第12章「性に関する課題」として取り上げ、13ページにわたって幅広く記載されています。性的マイノリティ、性暴力・性被害だけでなく、「学校における性に関する指導」として、「学習指導要領に基づき、児童生徒が性について正しく理解し、適切に行動を取れるようにすることを目的に実施し、体育科、保健体育科や特別活動をはじめ、学校教育活動全体を通じて指導することとされています」と書かれています。学習指導要領にのっとって、ということが基本だということでしょう。

また、文科省は内閣府と連携し、「性犯罪・性暴力対策の強化の方針」を踏まえた「生命（いのち）の安全教育」を推進しています。そのために、教材および指導の手引きを作成し、文科省のHPで公開しています。幼児期、小学校（低中学年・高学年）、中学校、高等学校、特別支援学校ごとに性暴力防止に向けた取組を進めて、ねらいを達成することを目指しています。

中学校と高等学校の指導事例があげられていますが、指導上の留意点にそれぞれ「生徒の性行為については、たとえ合意がある場合であっても、性感染症のリスクや妊娠によって生じる社会的責任や生活の変化に対応できるかどうか等について、発達段階を踏まえて、必要に応じて適宜指導する」と記載されています。

「生徒の性行為」という文言が気にかかります。社会の状況を見れば、援助交際、デートDV、SNSで見えない相手とつながること、セクシュアルハラスメント、JKビジネス、レイプドラッグなど、「性行為」につながることが溢れています。

学習指導要領の性に関する、「〜を取り扱わない」という学習内容を制限する規定を「はどめ規定」と先述しました。それについて、永岡桂子文科相は2022年10月26日、衆議院文科委員会の質疑で、「撤廃することは考えていない」と答弁しました。永岡文科相は「性に対する価値観は多様。

全ての生徒に共通する指導内容としては『妊娠の経過は取り扱わない』としているが、文科省としては、子どもたちが性に関して正しく理解し、適切な行動がとれるように、現行の学習指導要領に基づく着実な指導に努めていく」と述べ、理解を求めています。しかし、世界的な動きを見ても、児童生徒と取り巻く現実を見ても、文科省との間にはずれが生じているように感じます。

おわりに

最初にあげたAさんや罪を背負うことになった女性たちが、生理のしくみ、性交を含めた出産のしくみ、避妊の方法、中絶のこと、特別養子縁組のこと等を知っていれば…。そして、どこかの時点で誰かが気が付いていたら、と思うのです。同時に彼女たちがSOSを出せていたら、事態は変っていたのかもしれません。

また、性を巡る話題が多く報道されるようになりました。「緊急避妊薬」「経口中絶薬」「月経前症候群（PMS）」「月経前気分不快症候群（PMDD）」「不同意性交罪」「選択的夫婦別姓」「同性婚」「LGBTQ法案」など、知らないではすませてはいけないと思います。自分自身で判断するために、知識は必要です。

私は大学で「女性学」を担当しています。学校で受けた性教育について尋ねることがあります。中学校や高校で「しっかりと授業を受けてきました」という学生もいれば、「生理のことを聞いたぐらい」という学生もいます。生理の話は女子だけだったので、後で男子から「女子だけ何の話？」と言われたこともあったそうです。現在は、男子も一緒に授業を受けるようになりつつあります。「男性も女性のことを知るべきだし、女性も男性のことを知るべきだ」という学生がいます。ユネスコが奨励している「包括的性教育」の必要性を、学生の声から思う日々です。

参考文献

・安永智美「福岡県警レッド体長からのメッセージ 第8回」『内外教育』2020年7月14日号
・「18歳意識調査 第39回－性行為－」2021年7月28日報告 日本財団HP
・『内外教育』2021年9月10日号
・『日本教育新聞』2021年8月
・『朝日新聞 朝刊』2018年10月22日
・『改訂版 国際セクシュアリティ教育ガイダンス』 編 ユネスコ 訳 浅井春夫 他 2020年8月10日 明石書店
・『生徒指導提要 改訂版』 文部科学省 2022年12月HPで公表
・『生命（いのち）の安全教育』通知 文部科学省 2021年4月16

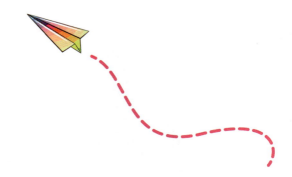

いのちの教育

自殺予防教育の実践

兵庫県加東市立社中学校主幹教諭（養護教諭） 永田みゆき

はじめに

　厚生労働省自殺対策推進室発表によれば、令和4（2022）年中の自殺者数は、総数21,881人、19歳以下は796人、その内、小中高生は514人です。小中高生の自殺者数は年々微増傾向にあり、1日1人以上の児童生徒がその尊い命を失っている実態が浮かび上がっています。

　「もしかしたらその一人は本校の子どもになるかもしれない」という危機感は、1年生を対象とした「悩んだときの対処方法」の保健教育の中で強まりました。授業の中で子どもたちの声を拾うと、「相談することは大切だとは思うが難しい」という意見が多数ありました。

　本校では、1年時のオリエンテーションで「相談」の必要性と方法について養護教諭が保健教育をしています。また、毎日、担任と子ども個人が生活ノートでやりとりしたり、困ったことや悩みなど何でも書いて相談できる相談カードや生活実態把握調査、教育相談を実施するなど、子どもが相談できる機会を設けています。

　これらから子どもたちの心の声が教師に届くこともありましたが、その苦しい胸のうちを突発的な行動で示す事例もあり、日々の生活ノートや相談カードだけでは子どもの悩み事や困り事が見えづらくなってきている現状がありました。

　「子供に伝えたい自殺予防」（文部科学省2014）の中で、「ハイリスクな子供ほど適切な援助を求める行動をとりにくくなったりしてしまう恐れがある」と記述されています。また、本県教育研修所主催の「自他の命を大切にする心を育む教育講座」を受講し、子どもたちを取り巻く環境の中に自殺や死は大人が思っている以上に身近にあること、子どもたちのSOSを周りの大人が見過ごしてしまう

図1　自殺予防教育の構造

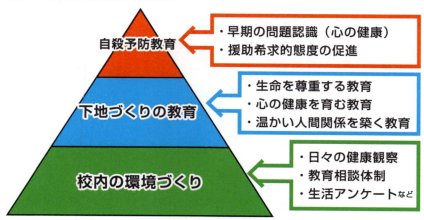

（文部科学省（2014）「子供に伝えたい自殺予防」より）

危機があること、子どもたちが「未来を生き抜く力」を育むために自殺予防教育が必要であることを強く認識し、本教育への取り組みをはじめました（前任校での取り組みに一部加筆しています）。

自殺予防の三段階と自殺予防教育の構造

「子供に伝えたい自殺予防」（文部科学省2014）によると、自殺予防教育の構造は、土台となる校内の環境づくり、そして下地づくりの教育、核となる授業の自殺予防教育から成り立っています。

「子どもの自殺予防」（文部科学省2009）には「教育活動全般を見通した日常的な取り組みなしに、いきなり自殺予防だけに焦点を当てたプログラムを実施したとしても、戸惑いや反発が予想され、子どもの自殺を防ぐうえでの大きな効果は期待できないのではないか」とあります。

本校では、自殺そのものを扱うのではなく、「校内の環境づくり」「下地づくりの教育」を重視し、教師が子どもたちの心の危機に気づく力を高め、危機にある子ども自身や友だちの危機に気づいた子どもたちが「相談する力」を育むことができるよう、援助希求的態度を育成することを目標としました。

取り組みの内容

(1) 校内の環境づくり

①「相談カード」の実施回数と相談者の見直し

本校では、生徒指導担当教諭が主体となり、悩みや困ったことを記入する相談カードを実施しています。実施回数はこれまで年２回でしたが、これを年６回に増やし、生活実態把握調査を含めて、毎月何らかの形で子どもたちの声に耳を傾けるよう努めました。

相談カードは、記名式で、全員が困り事があってもなくても記入する方式を取り入れています。

実施後すぐに回収者が内容を確認し、相談事に応じて各担当と情報を共有し対応しています。その後、生徒指導担当が一覧表にまとめて職員会議

図２　相談カード

相 談 カ ー ド

年　　組　　番　　名前

1. 今、あなたは困っていることは、ありますか。また、今、あなたのまわりで悩んでいる友だちがいませんか。何か気になること等あったら、教えてください。

2. 最近、楽しかったことやうれしかったことはありますか。

3. 部活動や進路で頑張っていることなどについて教えてください。

4. その他、先生に相談事等があれば書いてください。

等で周知しています。

これまでの流れでは、担任のみが配付、回収、事後対応を行っていましたが、担任以外の学年担当教師が対応する機会も設けるようにしました。このことにより、担任との関係で悩んでいる子どもの相談がわずかではありますがでてくるようにもなりました。

②生徒会保健部による相談活動

生徒会保健部の部長からの提案に基づき「癒やしのお悩み解決ボックス」を設置し、同級生や下級生の悩み事を保健部の子どもが相談にのる活動を行っています。実施にあたり、スクールカウンセラーによるピアカウンセリングについての研修を受け、相談を受ける際に留意すべきことについて理解を深めました。

また、不定期の取り組みとして、毎朝実施する健康観察の時間を利用し、月曜日の朝、保健部の生徒がクラスの生徒へ「金曜日に１週間楽しかった

いのちの教育

楽しいことを記入したカードを掲示

新一年生に行っているオリエンテーション

ことをカードに記入するので、楽しいこと探しをして1週間過ごしてください」という質問を投げかけ、金曜日の朝にカードを配布し、その日中にカードを回収し掲示しています。休日明けの月曜日は「1週間が始まる。嫌だな〜」と思っている生徒が多くおり、その1週間のスタートの憂鬱な気持ちを楽しいこと探しに焦点をかえていけるよう続けています。学期の終わりには、「1学期間頑張った自分にどんな賞をあげますか?」という質問をし、自分で自分を賞賛する賞を考えさせたりしています。

(2) 下地づくりの教育
①養護教諭による保健教育

毎年、新一年生を対象としたオリエンテーションで、養護教諭が「相談活動」や「SOSの出し方」について保健教育を行なっています。この保健教育は、「相談する」ということが、子どもたちにとって難しい行動であり、悩んでいたり困っていても、なかなか友だちや教師をはじめとした信頼できる大人への相談につながっていないことを踏まえて実施するようになりました。

新入生オリエンテーションでは、自分の悩みや困り事を相談することに対する抵抗感を取り除き、中学校には担任以外にもさまざまな立場の教師がおり、相談できる環境や人が多いことを伝えています。さらに、子どもたちが他者の苦しさに気づける存在であることも強調しています。

②養護教諭による相談活動

保健室を利用しない生徒が、保健室は体調不良や負傷した時だけではなく、「何かの時に話を聴いてもらおうかな。頼ってみようかな。」と思ってもらえるよう、保健室の一角や廊下で5分間相談活動を始めています。あまり面識のない養護教諭から突然声をかけられると驚く生徒もいますが、私と生徒の間にハートマッスルトレーニングジムの教材である「人生の魔法カード」を挟むことで、ほとんどの生徒が気楽に話をし出します。今困っていることを聴くというスタンスではなく、私自身のことを生徒に知ってもらうことも念頭におき、生徒の悩みを聞き出したり内面を探ろうとせず、生徒も私も気負わず気軽に楽しく話ができることを心がけています。

人生の魔法カードを使った相談活動

③スクールカウンセラーによる教育実践

生徒支援担当教諭とスクールカウンセラーによる心の授業では、ストレッサーがかかったときの一般的な行動パターンや、ピンチになったときの対応について、専門的な立場から具体例を交えて説明し、日常の困ったときの対応にはさまざまな方法があることを理解させています。

④講師招聘による教育相談講演会と職員研修

一般社団法人ハートマッスルトレーニングジム代

表理事の桑原朱美先生を招聘し、「どんな自分もOK！自分の未来は自分で切り拓く」というテーマで全校生を対象に講演会を開催しました。

　講演会では、自分の中にはいろんな自分がいて当たり前。無理して自分を好きになる必要はないが、どんな自分も「いてもいいよ」と認め、自分の中に居場所を作ることが大切という自己受容のメッセージが伝えられました。その後、職員研修も行い、「子どもの主体性を育てる大人のアプローチ〜脳科学と心理に学ぶ〜」というテーマで脳科学に基づいた子どもへのかかわりについて学び、「支援者の無意識の想い」が子どもたちへのかかわりに与える影響や、子どもたちの主体性を育むアプローチについて理解を深めました。

(3) 保健室コーチングを生かした保健室でのかかわり（相談活動を中心に）

　保健室コーチングは、桑原朱美先生が前職養護教諭時代の子どもたちとのかかわりからNLP心理学を学び、NLP心理学に加え、脳科学・認知科学を背景理論として確立したレジリエンス（しなやかに生きる力）を高めるアプローチ法です。

①支援者から伴走者へ

　これまで、子どもたちが悩みや困り事で保健室を訪れた際、「私が何とかしてあげなければ」という思いでかかわっていました。支援者が「子どもに何かをしてあげる存在」として関わることは、裏を返せば「あなたは自分で自分の問題を解決できない子」「あなたは弱くて力のない子」として関わっていることを学びました。そういえば、一つの問題が解決されてもまた同じような困り事が相談理由として続くことにも気づきました。

　こうした困り事がくり返されるのは、子ども自身やクラス、家庭環境に問題があるからではなく、むしろ私自身が目の前の子どもたちに対して「支援を必要としている弱い子」として接していたからだと気づくことができました。支援者と支援を受ける者との関係ではなく、「子ども自身が解決する力を持っている」と信じ、その子なりのペースに合わせて伴走するよう心がけるようになりました。

②「どうしよう？」から「どうしたい？」

　相談を受ける際のアプローチが大きく変化しました。以前は、相談者に対し、話をしっかり聴きながら、「問題を解決してあげなければ」「気持ちが軽くなる話をしてあげなければ」といった「〜してあげなければ」という思いが強くありました。その結果、解決策を共に考える際には、私自身の意見や提案を積極的に提示し、答えを導いたりしていました。

　しかし、今は先述の通り「その子自身が解決する力を持っている」と信じ、「どうしたいのか」を問うようにしています。そこですぐに答えがでなくても、子ども自身が答えをもっていると信じてかかわっています。

③事実と解釈（思い込み）を分けて聴く

　悩みの相談やトラブル時の事実確認において、多くの子どもが事実と思い込みを混同して話すことがあります。多くの場合、「実際におこったこと」と「実際におこっていないこと」を混同し、それが原因で長い間悩んでいたり、苦しんでいたりすることがあります。「それは実際にあったこと？」と質問すると、ほとんどの子どもが、「周りの子がそう言っていたから間違いない」「自分の方を見ていたからきっと悪口を言っていた」などと、思い込みをまるで事実であったかのように話します。

　具体的に「みんな」や「いつも」を「誰が？」や「いつ？」と尋ね、事実と思い込みを分けることで、事実の整理だけでなく、気持ちの整理にも役立っていると感じています。

④過去のつらい経験を強化しない

　過去にいじめなどのつらい経験をした子どもの話を聴いていると、時系列がわからないほど、過去と現在と未来が混在していることがしばしばあります。これまでは、過去のつらい経験をどうにか解決してあげなければ、現在の問題も解決せず、この子は前へすすめないのではないかという思いでした。子どもが話すことをしっかりと聴くことが何より大切で、それがその子を受容していることと

いのちの教育

考えていました。

多くの場合、話を終えると「先生、話を聴いてくれてありがとう。もう大丈夫」と笑顔で保健室を後にします。しかし、翌日には同じような内容の相談事を持ってくることがくり返されることがありました。

保健室コーチングを学び、子どもの過去のつらい体験を受容し共感して何度も話を聴くことで、そのつらい体験を強化してしまうこともあるということに気づきました。もちろん、つらかった感情を話すことはある時期には非常に重要で必要なことです。しかし、いつまでも過去に固執していては前進できません。

過去と人は変えられないと言われますが、過去や人の捉え方は変えることができます。くり返される過去の話を掘り下げすぎず、問題が解決した未来であなたはどうしてるかなど、未来に焦点を置いて話を聴くようにしています。

 ## おわりに

相談カードや教育相談の実施回数を増やしたことにより、相談件数が増加し、タイムリーに子どもたちの悩みを聴く機会を得られました。毎月何らかの形で書く機会を設けたことで、自分の心の内を誰かに伝えることへの抵抗を軽減できたと思われます。

教師にとっても、子どもの心の声への気づきの一助となりました。また、担任以外との相談機会が増えたことにより、今までなかった相談内容が把握できたり、困ったことがあれば子どもたちが自分が話しやすい教師へ相談する姿が見られるようにもなりました。

講師招聘の講演会では、子どもへは自己受容の必要性を、教師へは脳科学に基づき教師の無意識の想いが子どもへ影響することなどの話が聴け、教育相談活動に生かせる内容となりました。

また、保健室での子どものかかわりにおいては、保健室コーチングとの出会いを通じて学びを深めていくうちに、「やり方ではなく自分のあり方」が子どもに影響していると強く感じています。私自身、目の前の子どもたちに対して、長年培った「〜してあげたい」「〜しなければ」といった思いや行動を手離すことができないこともあります。子どもたちが過去や他者へ執着したり、とらわれるのではなく、自分の未来は自分で切り拓くことができるよう、「子どもたちの可能性を信じてかかわる」という原点に常に立ち戻り、自分のあり方を模索しながら日々子どもたちとかかわっていきたいと思っています。

自殺予防教育として新たに取り入れたことは少なく、実際に大きなことはできていませんが、子どもたちの実態を把握し、目の前の課題を解決していく中で、一つひとつの教育活動を見直し、つなげていくことが、子どもの援助的希求的態度を育む自殺予防教育につながっていくと実感しています。将来子どもたちが「人生にはいろいろな試練はあるけれど、この世の中は生きていく価値がある」と思えるように、今後も全職員で力を合わせて取り組んでいきたいと考えます。

【引用・参考文献】
- 新井肇 研修講座「自他の命を大切にする心を育む教育講座」資料 2020
- 松本俊彦編「助けてが言えない」 日本評論社 2019
- ハートマッスルトレーニングジム 「保健室コーチングベーシックコーステキスト」
- 文部科学省「子供に伝えたい自殺予防」2014
- 文部科学省 「教師が知っておきたい子どもの自殺予防」2009

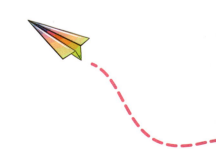

高校生のための〈いのち〉の教育

兵庫県立高等学校教員　古河真紀子

はじめに

　進学は新たな可能性が広がる一方で、子どもたちに危機的状況をもたらすこともあります。多くの新入生は慣れない環境で生活し、緊張の連続により、ストレスを抱えやすくなります。そのような状態で、予想と現実の間にズレが生じるリアリティーショックとして中学校入学時の「中1ギャップ」は広く知られています。最近では、それぞれの入学時でも同様の危機が起こるため、「小1プロブレム」「高1ショック」という言葉で表されるようになり、高校入学時の不適応についても知られるようになってきました。

　本稿では「入学時の学校適応」をテーマに、学校生活が円滑に始められる支援の方法について考えていきます。

入学時における学校適応の危機

　入学後、新入生が最初に直面する問題として、人間関係の再構築があります。最近では合格発表から入学式までの間でさえ情報を収集し、仲間づくりを始めます。入学前からSNSを使用し、新入生の間で任意のグループが立ち上げられていることは珍しくありません。しかし、ネットが仲介する人間関係は生徒本人たちにとっても見えにくく、生徒の不安を助長する原因にもなります。自分の知らないところで友人関係ができ上がっていく怖さをはらんでいるからです。そのため、友だちづくりの流れから遅れを取らないよう躍起になる生徒も少なくありません。

　「友だちを早く、たくさんつくらなければならない」という、いわゆる「友だち幻想」[1]により、新入生たちは友だちづくりにかなりのエネルギーを注ぎます。たとえ、その波に乗り遅れたとしても長い高校生活で挽回の機会は度々あるのですが、「友だち幻想」は乗り遅れた状況を致命的な状況と捉え、自ら不適応状態に陥っていくこともあります。

　また、小中学校と高校の学校規模の差に適応できない例もあります。少子化の進行により児童・生徒数は減少し、小中学校では統廃合が進み、学校規模が小さくなっている地域もあります。このような地域においては人間関係が固定化され、就学前教育の段階から中学校まで、同一の集団で過ごすことが多くなります。しかし高校進学後、急に大きな集団に入ることに負担を感じ、新しい大きな集団になじめなくなる問題も指摘されています。

不適応の状態

　このような危機に直面しつつも、多くの生徒は戸惑いながら自らの力で解決の方法を見つけ、たくましく乗り越えていきます。しかし中には解決できず、学校適応について問題を抱える生徒もいます。その場合、大きなストレスを抱え、心身のバランスを崩したり、登校しづらい状況に陥ったりし、不登校や退学に至るケースもみられます。

　一方、見分けにくいのが「過剰適応」です。意欲的に学習に取り組み、人間関係も良好であり、行事やクラス活動に積極的に参加するなど、一見

いのちの教育

望ましい行動をし、学校生活に適応しているように見えますが「周囲が期待する生徒像」と「本来の自分」が解離しながらも、家族など周囲からの期待や要求に完全に近い形で従おうとする状態で起きます。うまくいけばそれが支えとなり、学校適応を促進するプラスの面となりますが、理想と現実の解離が進む一方で、そのギャップを埋めるために過剰な努力をし続けると、本人の内的欲求を抑圧してでも外的な期待や要求に応えることに重点が置かれるようになります。ついには疲弊し、ストレス反応が出ることもあります。それでもさらに適応しようと自らを鼓舞し、現実と理想のギャップを埋めるために無理を重ねると燃え尽きた結果、不適応状態に転じることもあります。

 ## グループアプローチ

このような危機的状況を乗り越えるために、学校が新入生に支援する方法として、開発的援助に重点をおくことが重要です。不適応を起こしてからの対応では長期化し、苦慮する場合が多くなります。

一般に学校不適応においては、「アンカーポイント」を見つけることが有効な手立てとされます。適応にあたってよりどころとなるものを探し、そこから適応を促進していくという方法です。それは、友人や教師等の人的資源であったり、進路希望や部活動であったり生徒の状況によってさまざまです。しかし入学時の不適応は、生徒間で安定した人間関係も構築されておらず互いにサポートを受けにくい状況にあるところが一般的な学校適応促進とは異なる部分です。そこで新入生の学校適応促進は以下のような支援が有効であると言われています(2)。

> ①学校生活への不安の低減
> ②学校生活でよい対人関係の構築
> ③学校生活に期待を持つこと

多くの生徒が新生活に適応できるか不安を抱えている場合、学級集団を対象とし、学級全体で学校適応を促進するような方策が有効であると考えられます。その方法の一つに「グループアプローチ」があります。「グループアプローチ」とは、個人の成長・教育・対人関係の構築等を目的として集団の機能・過程・力動等を用いる各アプローチの総称です。たとえば構成的グループエンカウンターやソーシャル・スキル・トレーニング、対人ゲームなどが挙げられます。

そこで、高校入学時において学校適応促進を目的としたグループアプローチとして、「構成的グループエンカウンター」を活用し、新入生の適応促進を行った例を紹介します。

 ## 構成的グループエンカウンターとは

「構成的グループエンカウンター」（以下SGEとする）は、あるがままの自分を表現し、他者の本音を受け入れることにより、「自他のかけがえのなさ」や「自分でも気づいていなかった自己」に気づくことを目標としています。

SGEは明確な目標のもとにグループの活動が展開されます。「枠」があり、活動には方法が示され、一定のルールや条件が与えられます。安全な枠があるからこそ、メンバーは「安全・安心」に体験を分かち合うことができます。ファシリテーター（リーダー）の指示に従い、「導入」（インストラクション）、「活動」（エクササイズ）、「ふり返り」（シェアリング）という流れで行われます。「エクササイズ」をはじめとする「枠」を介して自己開示を促進します。活動に取り組んだ後、「ふり返り」を行い、「活動をして感じたことや気づいたこと」について話し合い、共有する機会を設けます。そして、その気づきをメンバーがそのまま受容します。

相互の受容し受容される体験を通して、基本的な自尊感情が育まれます。また、シェアリングの過程を通し、認知の拡大や修正が起き、自己発見へとつながっていきます。

ファシリテーターは全体の流れを把握し、ねらいからそれ、本来の目的を達成することができなくなるようであれば介入し軌道修正をします。これ

は教師が日々行っている「授業」に見られる流れと同じであり、教師が実施しやすいスタイルといえます。

🔵 新入生対象のグループエンカウンター

A高校での新入生対象のSGEの例を紹介します。A校では、入学後2週間以内に新入生オリエンテーション合宿を行っていました。受け入れ施設の都合や行事精選による見直しから合宿をとりやめ、校内でそれに代わる「新入生オリエンテーションプログラム」を実施することとなりました。A高校のスクールカウンセラーはSGEを扱えたので、スクールカウンセラーに依頼し、そのプログラムの一つにSGEを導入しました。

スクールカウンセラーがファシリテーターとなり、担任と一緒にクラス単位でエンカウンターを全クラス1時間ずつ実施しました。担任以外も学年の教師は積極的に参加するよう努めました。その内容は次ページの表のとおりです。

🔵 構成的グループエンカウンターの効果

シェアリングで出てきた生徒の感想としては、「クラスのみんなとの距離が縮まった気がした」「緊張がほぐれた」「気分が和らいだ」「授業の疲れがとれた」「今まで話したことがなかった人とも話ができた」「先生と楽しむことができた」「これからこのクラスで過ごすことが楽しくなりそうだ」などという肯定的な意見が多く見られ、目標を概ね達成できたといえます。しかしながら、「恥ずかしかった」「緊張した」「あまりよくわからなかった」という感想も一定数見られました。

否定的な感想のように見えますが「あるがままの自分」が表現できていることを賞賛し、その感想を周囲が受容することが重要となります。そのプロセスこそが基本的信頼感を育む礎となるからです。

現代の高校生は「同調圧力」が強く、互いに気をつかいすぎることで疲弊していくといわれます。後にクラスの凝集性が高まったとき、相互の受容し受容される体験に基づく人間関係がベースにあれば生徒・教師相互の信頼関係を築いていくうえで大きな強みになります。

この取り組みのポイントの一つは、ファシリテーターが担任ではなく、この活動に対して経験を積んでいるスクールカウンセラーであるということです。SGEは学校現場で広く活用されてはいますが、背景となる理論があり、単に盛り上がり楽しければよいというわけでありません。よって実施するためには事前の研修が必要で、ペアリングや活動にのってこない生徒への配慮も必要です。

新入生を迎えるにあたり、新学期の教師の業務は多くなり、とくに担任の負担は大きくなります。しかし、熟練したスクールカウンセラーがファシリテーターとなれば、各クラスにおいて同じ内容、質が保障され、担任は安心して臨めます。また、あらゆる場面で担任は常に指示をする立場にありますが、この活動はスクールカウンセラーがファシリテーターとなって進めるので、担任は生徒と同様の立場で活動に参加することができ、生徒と心理的に距離が近くなる効果がありました。

🔵 カウンセリングとの連携

実践例のようにスクールカウンセラーがファシリテーターとなるSGEは生徒の学校適応を促進する以外にもメリットがありました。活動を通じて生徒はスクールカウンセラーと接するので、スクールカウンセラーを身近な存在として感じることができました。また、スクールカウンセラーは全てのクラスの様子を把握することができました。さらに、カウンセラーと担任や参加した教師が、気になる生徒を一緒に把握できる機会となりました。活動の様子や生徒の感想について、カウンセラーと学年の先生方がシェアリングすることにより、さまざまな観点から生徒理解が進みました。また互いに生徒情報を共有し合うので、担任はカウンセラーと相談しやすい関係を築きやすくなるとともに、複数の教師の目で生徒を見守ることができました。気になる

いのちの教育

表　A高でのグループエンカウンターの流れ

1　インストラクション（導入）	
目的を伝える	「この活動は、クラスが仲良くなるとともに、自分発見のために行う」と、ファシリテーターが伝え、活動の目的を明確にします。
事前アンケート	参加者が心の変化に気づくために「今の気持ち」について事前にアンケートを実施し、活動後の比較に使います。

2　アイスブレーク
導入として、「心の準備体操」を行い、徐々に緊張した心をほぐします。 ①「セルフタッピング」で顔をほぐします。 ②「笑いのヨガ」ではハヒフヘホと言いながら、全体で大きな笑い声にします。

3　エクササイズ（活動）	
エクササイズ1	「こんにちは！でスイッチオン」 男子と女子が向かい合い輪をつくり、人差し指の指先を合わせて、目を合わせながら「こんにちは」と言います。 一人ずつずれていき、クラス全員と挨拶を交わします。
エクササイズ2	「担任の先生とじゃんけん」 担任が前に出て、ファシリテーターの指示で担任とクラスの生徒がじゃんけんをします。いろいろなパターンの「じゃんけん」をし、担任と生徒の心のふれあいの時間をもちます。
エクササイズ3	「バースデー・チェーン」 一言もしゃべらず、担任の右より1月1日から12月31日まで誕生日の順にならび、クラスで大きな輪をつくります。並び終わったら順番に誕生日を言って確かめます。ノンバーバルコミュニケーションを体験し、コミュニケーションをとりながら全員で完成形をつくりあげます。

4　シェアリング（ふり返り）
ファシリテーターが、まとめとして本日の活動についてクラス全体に感想を投げかけます。また、事後アンケートを行い、活動後の心の変化に気づく時間をもちます。さらに自由記述で感想を書き、活動を全般的にふり返ります。その内容はクラス担任にフィードバックし、今後の学級経営や個人面談に活かします。

生徒においては、カウンセラーと相談の上、カウンセリングにつなぐこともできました。

 おわりに

「高1ショック」を低減させ、高校生活に円滑に移行するため、学校生活や学習方法について、ガイダンス機能を充実させたり、レクリエーションを取り入れ仲間づくりを促進したり、各校の生徒の状況や特徴に応じ、様々な取り組みがなされています。一方、高校現場には「授業時間の確保」や「行事の精選」という課題もあり、行事が実施しにくい現状もあります。しかし、新入生が学校不適応に陥ってしまう前に、早めに手を打つ必要があることに変わりはありません。生徒それぞれが「アンカーポイント」を見つけられるよう、支援の必要性は年々高まっていると感じています。

【引用・参考文献】
(1)「友だち幻想」菅野仁　2015　ちくま書房
(2)「高等学校入学時における学級適応を目的としたグループアプローチについて」　大谷哲弘ほか　2014　カウンセリング研究
参考「構成的グループエンカウンター事典」國分康孝　國分久子　図書文化

いのちの教育

ジェンダー教育の実践
―女子大学における初年次教育を例に―

千里金蘭大学栄養学部　准教授　岡邑 衛

● はじめに

筆者が千里金蘭大学に着任したのは2021年4月のことです。着任と同時に開講された科目に『持続可能社会論』という科目があります。入学した全学部の1年生が必修科目として受講する、いわゆる初年次教育科目です。この科目では、大学での学修とSDGs（持続可能な開発目標：Sustainable Development Goals）との関連を踏まえ、現代のさまざまな問題について学部学科を越えたディスカッションをし、提言をすることを目標としています。またこの科目は3人の教員によるオムニバス科目であり、各教員がSDGsの17の目標のうち1つずつテーマを取り上げて授業を行います。当初、筆者は専門である教育についての「目標4：質の高い教育をみんなに」を取り上げることも検討しましたが、最終的には「目標5：ジェンダー平等を実現しよう」をテーマとすることにしました。女子大学生たちのジェンダーについての認識にも関心があったためです。

3人の教員が合同で行うオリエンテーションの1回を含めて、このテーマについて合計3回で完結するように授業を展開しました。本稿は、この女子大学で3年間にわたって実施した、ジェンダー平等に関する授業について記述するものです。

● 女子大学におけるジェンダー教育

1.ジェンダー平等

本稿におけるジェンダー問題については、「男女格差に関連するもの」と「性的少数者（LGBTQ）の人権に関するもの」の2つの問題として捉えています。国連における「ジェンダー平等」は、基本的に前者の問題に関することです。2015年9月の国連総会で採択された「持続可能な開発目標（SDGs）」の前身である、2001年にまとめられた「ミレニアム開発目標（MDGs）」においても、主に開発途上地域を中心にジェンダーの平等と女性のエンパワーメントが進められてきました。

一定の成果は見られたものの、世界を見渡せば、開発途上地域に限らず、先進地域においても依然として女性および女児に対する差別や暴力は大きな問題であり続けています（国際連合 2015、国際連合広報センター 2019）。

日本においても、女性の地位はいまだに低いと言わざるを得ない状況です。世界経済フォーラム（WEF）が発表した「ジェンダーギャップ指数2024」で、日本は146カ国中118位と、世界的にみても男女格差が大きいという問題があります。とくに、政治や経済の分野における格差が問題とされています（World Economic Forum 2024）。

一方、後者の問題について、LGBTQとは、Lesbian、Gay、Bisexual、Transgender、Queer/Questioningそれぞれの頭文字をとったもので、性的少数者の総称です。令和6（2024）年3月14日に、札幌高等裁判所が同性同士の結婚を認めない規定は憲法に反するとの判決を出すなど、近年、性の多様性についての認識や理解が広まりつつあります。しかしながら、筆者が携わったアンケート調査によると、性的少数者に関する人権上の問題に

いのちの教育

ついて「わからない」と回答した人は、「日本に暮らす外国人」の問題（25.0%）、「部落差別」の問題（24.4%）に続いて3番目に多いという結果でした（23.2%）。注目はされつつあるものの、まだ理解は進んでいない問題であると言えるでしょう（岡邑2024）。

これらの問題について、これからの社会を創造していく若い世代が深く理解し、問題を解決していくことは重要な課題だといえます。大学生たちが、この問題について何が問題であるのかを認識し、一人ひとりがより生きやすい世の中を作るために自分の考えを持てるような授業を実施することは意義のあることだと考えられます。

2. 女子大学におけるジェンダー教育

現在、日本の女子大学はその数を減らしつつあります。たとえば、2025年度より共学化する大学は清泉女学院大学、名古屋女子大学、神戸松蔭女子学院大学、園田学園女子大学と、その数は4校にものぼります。また残念ながら募集停止をする女子大学も出てきています。今、女子大学の存在意義が問われているのです。

戦後日本の女子大学設立の背景について、湯川ら（2018）は、「戦後の民主主義を支える女性の育成と女性の特徴に即した教育とが一体的に捉えられ、新たな女子大学の理念として位置づけられた」としつつも、「結局、女性観の転換を含みながらも、戦前の男女分離教育と性別役割観を全面的には否定しきれずに女子大学が成立した」（p115）と結論付けています。たしかに、女子大学には家政系や看護系、保育系の学部を有する大学が多くあります。筆者が勤務する千里金蘭大学（女子大学）も栄養学部、看護学部、教育学部の3学部からなる大学であり、戦前の性別役割観を引き継いだ形となっています。

このような設立の背景を持つ女子大学において、どれほどジェンダー問題について、とくに男性と女性の格差や女性への人権上の問題についての教育が行われているかは興味深い問題です。いくつかの大学では、そのことについて積極的に取り組み、大学案内パンフレットでもそのことをアピールする大学があります。たとえば、京都女子大学はそのような大学の1つです。大学パンフレットの学長メッセージには以下のように記されています。

> みなさんはご存知でしょうか。
> 私たちが気づかないうちに、男性と女性の間の格差を「当たり前」とする社会の中で生きていることを。
> どうぞ、思い起こしてみてください。あなたのご自宅や友人宅で、いつも家事をしている人は？
> ニュースや新聞の中で、政治家や企業の役員として出てくる人は？
> 客観的な事実としても、日本のジェンダー・ギャップ指数は世界146ヶ国中125位（2023年）。先進諸国やアジアの中で最下位です。
> （中略）
> では一体どうすれば、この国でずっと「当たり前」とされてきた、ジェンダー格差を是正できるのでしょうか。ただ単に社会の仕組みや制度を変えるだけでは、十分とは言えません。<u>女性たちの方からも、自らの意識や役割を変えていくための特別な教育が必要なのです。</u>
> まずは、男性に対して無意識のうちに一歩ゆずっていた自分や、社会の不公正に気づくこと。そして、男性の眼を気にすることなく、自らの考えを積極的に発言し、主体的に動いていく心地よさを知ること。<u>そうした学びの場を提供できることが、男性のいない女性だけの大学、つまり女子大学の重要な存在意義のひとつだといえるでしょう。</u>
>
> （「京都女子大学」大学案内p14から一部抜粋。下線部筆者）

共学の大学では、男性の目を気にせざるをえず、自らの考えを積極的に発言できず、主体的に動くことは難しい、心地の悪さを感じることがあるということでしょう。一方、女子大学では自分らしさを発揮することができるということこそが女子大学の存在意義の1つとしているのです。大学を選択する高校生にそのことを強くアピールしているのですが、「みなさんはご存知ですか」と始まることからも想像できるように、多くの高校生や大学生はそのことを認識はしていないのでしょう。

また、近年、女子大学のなかにもトランスジェンダーの学生の受け入れを発表している大学が複数

出てきています。お茶の水女子大学、奈良女子大学、宮城学院女子大学などです。たとえば、宮城学院女子大学は「トランスジェンダー学生の受け入れに関するガイドライン」を発表し、その中には以下の宣言を掲載しています。

> **「共生のための多様性宣言」**
> 宮城学院女子大学は、本学に集うすべての学生の多様性と尊厳・人権を尊重します。年齢、信条、障害、エスニシティ、性的指向・性自認など、個人の特性や文化的背景を尊重し、そのための環境づくりに最善を尽くします。

なお、同ガイドラインによると、宮城学院女子大学では、必修科目の中で「性の多様性と人権」を取り上げ、学生全員がセクシュアルマイノリティについて学ぶ機会を確保しているようです。

授業実践

ここでは、千里金蘭大学で筆者が担当する「持続可能社会論」でジェンダーをテーマとする授業実践を紹介します。

・1時間目：ジェンダーについての認識を確認する

1回目の授業は、担当者3人がそれぞれ扱う内容について講義をするため、割り当てられる時間は20〜30分程度です。この限られた時間で学生たちに考えてほしいことは、ジェンダーについての自分自身の認識はどの程度のものか、ということです。結論から言うと、ほとんどの学生が自己の認識が低いことに気づきます。もっと言うならば、2回目、3回目と授業を重ねるごとに、認識をあらためていく姿が見られます。

まず導入として問いかけることは、「ジェンダー」という言葉についての認識です。「ジェンダー」という言葉を殆どの学生が知っています。しかし、それを聞いて何を思い浮かべるのかを問うと、9割程度の学生が「LGBTQにまつわること」を想像することがわかります。もちろん、性的少数者についての問題も重要ですが、前項で述べたように、国連がSDGsの目標に込めた願いは、男女の格差を解消するというところが大きいのです。ここで大事なことは、この授業を受講している女子大学生の多くにとって、ジェンダー問題は、女性である自分自身の問題でもあるはずなのに、そのほとんどが「私の問題」として認識しておらず、「私とは違う」性的少数者の問題だと第一に捉えていることです。まず、そのことを確認することからこの授業はスタートします。

次に、「間違って異性のトイレに入ったことはありますか？」という突拍子もない質問を投げかけます。筆者が「私は入りかけたことがあります」というと、多くの学生は何のことかと怪訝な顔をします。そのときに、ある写真をスクリーンに投射します。その写真は、筆者がオーストラリアで撮影したものです。スカート姿の人物を白く抜き取った大きなトイレの表示なのですが、その表示の全体の色が青色なのです。そこで多くの学生はその意味を理解します。すなわち、日本の多くのトイレの表示では、青色は男性トイレ、赤色は女性トイレとなっていることを思い出すのです。

展開①では、トイレ表示の話を用いて、ジェンダーの思い込みについて、いくつかの例を考えさせます。そして、性には二つの層があり、一つは「生物学的な性（sex）」、もう一つは「社会的・文化的な性（gender）」という層があることを確認します。さまざまな「思い込み」がありますが、問題は、その思い込みによって、選択の可能性が制限されたり、嫌な思いをしたりしている人がいるのではないか、ということに思いを巡らせるということです。

そして、展開②は、ジェンダーについての思い込み（性別役割観）が気づかぬうちに、自分たちが目指す職業とも関連していることに気づくことを目的に行います。具体的には、2つの円グラフを示します。1つは女性が9割程度を占める円グラフであり、もう1つは女性が2割程度の円グラフです。これらの職業はそれぞれ何の職業であるかを考えさせます。この時点で答えがわかる学生もいますが、いない場合は「この2つの職業は同じ職場で働いている」というヒントを示します。そうすると、数人が、看護師と医師の男女比のグラフであること

いのちの教育

表 1回目（オリエンテーション：20分程度）

	学習内容	学生の活動	指導上の留意点
導入	**質問①「ジェンダーについての問題」と聞いて、何を想像しますか？** ・「ジェンダーについての問題」についての自己認識を確認する。 ・まずは自由に考えさせる。 ・「LGBTQについての問題」「男女格差などについての問題」「そのほかの問題」で挙手を求める。	・「LGBTQについての問題」「男女格差などについての問題」「そのほかの問題」のどれかについて、挙手をする。	・正解があるわけではないこと、また手を挙げやすい雰囲気にすることに注意する。
	質問②「間違って異性のトイレに入ったことはありますか？」 ・質問後に、授業者の経験談を写真とともに伝え、なぜ、授業者が間違えたのか考えさせる。	・女子トイレの表示が青色であり、そのことで授業者が間違ったことに気づく。	・理由がわかっても、人に伝えないようにし、考える時間を確保する。
展開①	○「思い込み」 ・女性であれば〜だ。 ・男性であれば〜だ。 ○「性」の層 ・生物学的な性（sex） ・社会的・文化的な性（gender） ○性のラベリング ・「思い込み」が子どもたちの可能性や個性を「制限」してないか考える。特に、女性の可能性の制限やLGBTQへの差別が問題になってくることに気づく。	・〜に入る言葉を考える。 ・スライドの何気ないイラストに埋め込まれた「思い込み」を見つける。（男性が青や緑、女性がオレンジや赤の服を着て、男の子がサッカーボールを持っていることなど）	・自由に具体例を考えるよう促す。 ・抽象的な概念であるので、これまで考えてきた具体的な事柄と行き来して、理解を促す。 ・発表しやすい雰囲気をつくる。
展開②	○職業とジェンダーの関係について考える **92%が女性の職業と77%が男性の職業　この2つが同じ職場で働いている。それはどこだろう？** ・2つの円グラフを提示する。 ・看護師と医師がはたらく病院であることを気づかせる。 ・管理栄養士、保育士なども同じく、男女比が偏っていることを指摘する。	・それぞれの職業が何であるか考える。 ・自分が目指す職業であることに気づく。	・それぞれが目指す職業とジェンダーについて考えることで、「自分事」として捉えられるように留意する。 ・現在は、次第にバランスがとられつつあることを確認する。
	小1と小6の担任の先生を思い出してみよう。 ・小学校1年生の時の担任と、6年生の時の担任の性別をたずねる。 ・低学年の時に女性の担任が多いことに気づく。	・思い出して挙手をする。	・現在は、次第にバランスがとられつつあることを確認する。
まとめ	○日本のジェンダーギャップ指数 ・国際的に見ても、日本のジェンダーの問題は課題であること、しかしそのことを普段あまり意識していないことを指摘する。 ・ジェンダーの「思い込み」について考えてくるように伝える。	・自分のジェンダーについての認識がどうであったか自問する。	・自己の「思い込み」について考える。

に気づきます。そこで「男性は医師に向いていて、女性は医師に向いていないのですか?」と問いかけます。なお、この授業を受講している大学生は、主に看護師、管理栄養士、幼稚園教諭、保育士、小学校教諭を目指しています。そこで、看護師を目指さない学部の学生たちにも、それぞれが目指す職業の男女比も同様であることを示します。さらに、同じ小学校に勤めていても、低学年の担任と高学年の担任では、低学年には女性が多く、高学年には男性が多いことが一般的に言われています。近年、その傾向はなくなりつつあるとはいえ、100人以上いる学生たちに、1年生のときの担任の性別と、6年生の時の担任の性別を挙手で尋ねると、その差は未だに歴然としています。ここでは「低学年の教育には女性のほうが向いているのですか」と問いかけます。多くの学生たちは、今まで考えたこともなかったであろう、この事実に驚きます。

最後のまとめとして、日本のジェンダーギャップ指数のデータを示します。世界的に見ても、日本は男女格差が大きいということを知り、しかも自分たち自身の性別である女性が低い立場に追いやられているということに気づくのです。そこで、次回の授業に向けて、自分が気にしていなかった「思い込み」について考えてくるよう課題を課して、この授業を終了します。

授業の流れは前頁の表に示したとおりです。紙幅の都合上、表は1回目の授業のみの紹介とします。

・2時間目：ジェンダーギャップについて考える

まず、1時間目の復習の意味を込めた導入として、日本の流行曲の歌詞を使用します。学生たちの世代は知らないであろう1979年のヒット曲「虹とスニーカーの頃」（チューリップ）の歌詞の一部を題材として取り上げます。

> ♪ わがままは　（　　　）の罪
> 　それを許さないのは　（　　　）の罪

空欄に入る言葉を考え、ヒントを出して、最終的には「男」と「女」のどちらかを入れてもらいます。この曲が違和感なくヒットした時代背景を考えつ

つ、当時の「男性はわがままを言うものであって、確かにそれはよくないのだけれど、それを許してあげない女性も悪い」というようなメッセージに対して、どのような印象を持つか考えてもらうのです。

次に、女性蔑視として問題となった、ある牛丼チェーン店の社員（当時）が大学での講座で発した言葉についての新聞記事を取り上げます。記事には、地方から出てきた若い女性を顧客としてターゲットにすることを「生娘をシャブ漬けにする」などと発言したことが取り上げられています。女性は男性から食事を奢られる存在であり、自分で食べたいものを選択できないかのような表現もあったことなどが問題であることに気づきます。そして、このことについて、学生がどのように考えたかグループディスカッションによって議論を行います。

最後に、このようなジェンダーの思い込みが生じる背景について解説を行います。男女の賃金差を示すデータを用いて、女性の貧困や母親のひとり親家庭の貧困の問題、それらがなかなか解消されない制度やその背景についての解説を行い、この問題について私たちに何ができるのかを考えて、授業は終了します。

・3時間目：LGBTQについて考える

授業のはじめに、前回の授業後に集めた学生アンケートのコメントを紹介し、それをもとに、男女のジェンダーに関する認識についてのデータをいくつか示します。たとえば、男女共同参画局による『男女共同参画白書令和2年版』に示された「夫は外で働き、妻は家庭を守るべきである」という考え方に関する意識の変化についてのグラフです。男女別、時代別にデータが示されており、男女ともに徐々にこの考え方への否定的な考えを持つ人々の割合が増えつつあるものの、どの年代を見ても、女性よりも男性の肯定的な割合が高いということに気づきます。また、国際比較の例として、同じく『男女共同参画白書（平成30年版）』より「6歳未満の子供を持つ夫婦の家事・育児関連時間」について、夫妻別、国別のデータを示し、欧米諸国との違いについて気づかせ、その背景について考えます。そして、

いのちの教育

自分が将来結婚し、子どもをもつならば、どのような世の中になってほしいか考えます。

次に、本時の主題である、LGBTQについての話題に入ります。「ジェンダーレス制服」の導入についての新聞記事を紹介し、その背景には、制服や水着で苦しむ子どもたちがいることに気づかせ、グループで意見を出し合います。その後、以前の学生のコメント「LGBTQという考え自体が好きではない。わざわざ名前を付けてまで区別する必要があるのか」という文章を紹介し、名前を付けることのメリットやデメリットについての意見を出し合い、このことについて考えるのです。そして、現在はLGBTQ以外にも、SOGI（Sexual Orientation & Gender Identity）という区分もあることを紹介します。さらに、ドキュメンタリー映像を用いて、トランスジェンダーである登場人物の苦しみや悩みについて、当事者の語りを聞きます。

そして、ここまで見てきた、ジェンダーギャップの問題、LGBTQをめぐる問題は「いのち」にかかわることであることを学修します。ここでは、宝塚大学看護学部教授の日高庸晴氏による、性的少数者の子どもたちのいじめ被害、不登校、自傷行為、自殺念慮、自殺未遂の生涯経験率のデータを示し、「異性愛男性に比較してゲイ・バイセクシャルの男性の自殺未遂リスクは5.98倍高い」ことや「性的指向を友だちにカミングアウトしている人ほどリスクが高く、6人以上にカミングアウトしていると、自殺未遂リスクは3.2倍高い」ことなどの研究データを示し、その背景について考えます。

最後に、日本のLGBTQに関する法律等の理解を深めるため、LGBTQ理解増進法や同性婚に関する裁判の状況などについて解説を加え、授業を終了します。

この科目では、この後、3時間目にグループで関心があることについて調べて議論し、4時間目にグループごとに発表を行うこととしています。3年間この授業を実施したところ、学生の関心はジェンダーギャップに関することとLGBTQに関すること、それぞれ半々といったところであり、バランスよく発表が行われています。

おわりに

ここまで、ある女子大学におけるジェンダー教育の実践事例について述べてきました。この取り組みを始めて、少しずつ授業内容を変更しながら約3年間の月日が流れました。最後に、この授業を通して筆者が気づいたことを、受講した学生たちのコメントを紹介しつつまとめてみます。

第1に、ジェンダーギャップについて、多くの学生たちはこの授業でさまざまなことに気づくということです。先述のように「ジェンダーにかかわる問題」と聞くと、多くの学生たちはLGBTQの問題であると考え、学生の多くは自分事としては捉えていません。また、LGBTQをめぐる問題についても、新たな気づきを得る学生は多くいます。そして、それについて知らなければならないと考えるようになるようです。

○ジェンダーの問題と聞いたときに、LGBTの問題と思い込んでいた自分に気づき、それだけではないのだなと学びました。
○「女性は家で家事・子育て」「男性は外で働く」ものという思い込みによって、結婚後も働きたい女性のキャリアが失われる。
○ジェンダーについての引っ掛かりを大切にし、いちいち向き合うことが全体への変化につながるのだろうと思います。
○自分の周りにはLGBTQの人がいないからどこか他人事だと思っていたが、調べてみると1クラスに2, 3人はいることを知って、いままで出会った人の中にもいるかもしれない、人に言えずに悩んでいたかもしれないと思うと、すごく生きづらかったんじゃないかなと感じた。
○（LGBTQの子どもたちの）いじめ、自殺行為は自分の想像以上に多かった。自分が信頼してもらえる1人になりたいと思った。
○ただ理解させても意味はないかもしれないけ

れど、知ることは大事だなと毎回の授業で感じる。

第2に、女性だけが機会を失われているわけではなく、男性にも困っている人がいるのではないかと想いを馳せる学生が、少数ではありますがいるということは、私にとって驚きでした。

○女性が生きにくい場面を見られがちだけど、女性専用車両は男性が生きにくい場面なのかなと思いました。

○「保育士＝女性」という思い込みがあるが、男性の職業選択の幅が減っている可能性がある。

第3に、少数ではありますが、ジェンダーギャップを受け入れているという意見や性的少数者を自分事として受け入れることの難しさを表明する意見も見られました。これらの意見についても授業では否定的にならないように紹介し、そのような考え方や感じ方をすることについて、知ることや理解することと、実際に自分が感じることや思うことは必ずしも一致しない現実について考えるきっかけとしています。

○男性にご馳走される存在、というのは女性自身がそれを当たり前だと思っている人も多いし、今の世の中で、そんなに問題視される必要はないと思ってしまいます。

○（トランスジェンダーの我が子を受け入れられない母親がその想いを語る動画のシーンを見て）実際に自分に関係する話となると、（自分も）受け入れがたいと思ってしまって、ジェンダー平等の実現って本当に難しいことなんだなと改めて思った。

第4に、授業全体を通じて、この問題が人権や命にかかわる問題であるという認識に至る学生がでてきて、そのことが、グループ別発表の内容に反映されているように感じられました。

○当事者の意見を尊重し、ありのまま、なりたい自分になって幸せに生きていくことが一番だ。

○LGBTQ（をめぐる問題）は命にかかわることであると理解した。

以上、学生のコメントをいくつか紹介しましたが、毎回の学生のコメントに私自身が考えさせられたり、教えてもらったりすることが多かったように思います。また心を痛めるようなコメントや当事者としての学生の意見も中にはあります。人権やいのちにかかわるテーマを扱う以上、「奇麗事」だけでは済まないのです。

しかし、学生たちの変容を見ると、中等教育段階までのジェンダー教育はまだ十分には浸透していないということを感じると同時に、高等教育段階または生涯学習においてジェンダー教育を実践することの意義が感じられたのも事実です。この授業で学生たちが議論したことや考えたことが、今後の学生たちの生活のどこかで生きてくることを願ってやみません。

引用・参考文献
男女共同参画局『男女共同参画白書平成30年版』
URL:https://www.gender.go.jp/about_danjo/whitepaper/h30/zentai/html/zuhyo/zuhyo01-03-08.html(2024年10月10日閲覧)
男女共同参画局『男女共同参画白書令和2年版』
URL:https://www.gender.go.jp/about_danjo/whitepaper/r02/zentai/html/zuhyo/zuhyo01-00-13.html(2024年10月10日閲覧)
日高庸晴「学校で配慮と支援が必要なLGBTsの子どもたち」独立行政法人教職員支援機構研修資料
URL：https://www.nits.go.jp/materials/intramural/files/087_001.pdf(2024年10月10日閲覧)
国際連合「国連ミレニアム開発目標報告2015　MDGs達成に対する最終評価」
URL：https://www.unic.or.jp/files/e530aa2b8e54dca3f48fd84004cf8297.pdf (2024年10月10日閲覧)
国際連合広報センター「目標5　ジェンダーの平等を達成し、すべての女性と女児のエンパワーメントを図る」
URL：https://www.unic.or.jp/files/Goal_05.pdf(2024年10月10日閲覧)
WORLD ECONOMIC FORUM "Global Gender Gap2024 Insight Report"
URL：https://www3.weforum.org/docs/WEF_GGGR_2024.pdf?os=vb__&ref=app (2024年10月10日閲覧)
岡邑衛「令和5年度人権に関する県民調査結果に見る性的マイノリティについての意識」『ひょうご人権ジャーナル　きずな』9・10月号、2024年。

いのちの教育

大学生に向けた〈いのち〉の教育
－教員養成課程における科目（生徒指導論、教育相談）の指導の中で－

一般社団法人Clerc　子どものいのちと権利の教育研究会　理事
関西福祉大学教授　三木澄代

● 学校における自殺予防教育とその意義

わが国の年間自殺者数は平成10（1998）年以降14年連続して年間3万人超えが続いていましたが平成22（2010）年以降は減少傾向にあります。しかし、主要先進諸国7カ国中1位（WHO, 2023）で、依然として高い水準にあります。

中高年の自殺死亡率が低下傾向にある一方、19歳未満の自殺死亡者数は増加傾向にあり、ここ数年15～39歳の死因順位では自殺が1位になっています（表）。児童生徒の自殺者数も少子化の中でも増加傾向にあり（図1）、中・高生の自殺死亡率では、明らかな上昇が見られます（図2 阪中, 2021）。子どもの自殺率の上昇は、死へと追い込まれつつある子どもや、その危険性が潜在する子ども、その背景にある「個」と「個を取り巻く集団（社会）」が抱える諸問題への気付きと対応の必要を明らかに示しています。

同時に将来、教員・保育者となって子どもの〈いのち〉を守り・育ちを支えようと志す学生もまた、一人の人間として、現実社会の中で自身の人生を生きている存在です。表を見ると、10～30代の死因の1位が自殺となっており、生きづらさを抱える若者が少なくない状況がうかがえます。また、文部科学省の人事行政状況調査によると、2022年度には、公立小中高校と特別支援学校で精神疾患によって休職した教員は過去最多の6539人（前年比642人増）を記録しました。年代別では20代1288人（この5年で1.6倍以上に増加）、30代1867人、40代1598人、50代以上が1786人となっています。

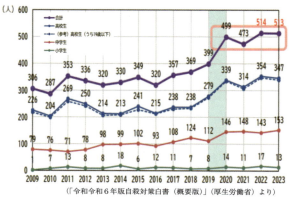

図1　小中高生の自殺者数の推移

（「令和令和6年版自殺対策白書（概要版）」（厚生労働省）より）

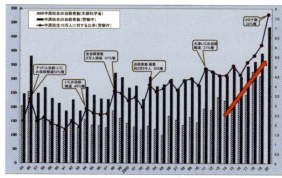

図2　中・高校生の自殺者数と自殺率の推移

全国の中・高校生の総数1987年：1146万人　2020年5630万人
（警察庁・文部科学省調査結果より阪中作成, 2021）
第3回生徒指導提要の改訂に関する協力者会議（ヒアリング資料）
資料1（新井,2021）より）

さらに、精神疾患により有給休暇で1カ月以上休んでいる教員（5653人）を合わせると、1万2千人以上もの教員が精神疾患により現場を離れていることになります。小中学生のいじめ・暴力等や不登校、中高生の自殺の増加等、貧困・児童虐待ほか多様な背景のもとで複雑化・深刻化する児童生徒に関する諸課題が山積する教育現場において、

表　令和5(2023)死亡数・死亡率(人口10万対)年齢(5歳階級)死因順位別

年齢階級	第1位			第2位			第3位		
	死因	死亡数	死亡率	死因	死亡数	死亡率	死因	死亡数	死亡率
10～14歳	自殺	120	2.3	悪性新生物(腫瘍)	81	1.6	不慮の事故	51	1.0
15～19歳	自殺	653	12.1	不慮の事故	171	3.2	悪性新生物(腫瘍)	116	2.2
20～24歳	自殺	1194	20.7	不慮の事故	259	4.5	悪性新生物(腫瘍)	167	2.9
25～29歳	自殺	1208	20.3	悪性新生物(腫瘍)	223	3.8	不慮の事故	203	3.4
30～34歳	自殺	1183	19.8	悪性新生物(腫瘍)	437	7.3	心疾患	205	3.4
35～39歳	自殺	1319	19.5	悪性新生物(腫瘍)	951	14.1	心疾患	392	5.8
40～44歳	悪性新生物(腫瘍)	1900	25.3	自殺	1567	20.8	心疾患	691	9.2
45～49歳	悪性新生物(腫瘍)	3949	44.2	自殺	1932	21.6	心疾患	1589	17.8
50～54歳	悪性新生物(腫瘍)	7742	81.7	心疾患	2912	30.7	自殺	2213	23.4
55～59歳	悪性新生物(腫瘍)	11102	136.5	心疾患	3964	48.7	脳血管疾患	2148	26.4

注1 〔1〕死因順位に用いる分類項目(死因簡単分類表から主要な死因を選択したもの)による順位であり、0歳については、乳児死因順位に用いる分類項目(乳児死因簡単分類表から主要な死因を選択したもの)による順位である。〔2〕死因名は次のように略称で表記している。心疾患←心疾患(高血圧性を除く)、先天奇形等←先天奇形、変形及び染色体異常、呼吸障害等←周産期に特異的な呼吸障害及び心血管障害、出血性障害等←胎児及び新生児の出血性障害及び血液障害　〔3〕死因順位は死亡数の多いものから定めた。死亡数が同数の場合は、同一順位に死因名を列記した。
注2 総数には年齢不詳を含む。　注3 0歳の死亡率は出生10万に対する率である。
(厚生労働省　令和5(2023)年人口動態統計月報年計(概数)の概況(表7)より作成)

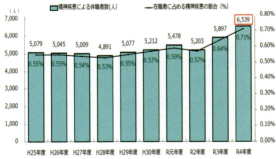

図3　教職員の精神疾患による病気休職者数の推移
(平成25年度～令和4年度)

「令和4年度公立学校教職員の人事行政状況調査について」(2023、文科省)より

教員の心の健康が脅かされている厳しい状況を示唆していると理解されます。

体罰・性暴力等により懲戒の対象となった教育職員も4千人を超える年が続いています。文科省や各自治体では、状況の改善に向けた対策・対応の検討が進められているところですが、一人ひとりの「自らの心の健康を自身で守る力」「児童生徒への攻撃行動を自制する力」が重要になっています。

本稿では、教員・保育者を目指す学生が、自身の〈いのち〉を大切にする力を身に付けて、子どもの育ちを適切に支えることができるよう、授業の工夫に努めたいと考え実践した、大学生のための〈いのち〉の教育の試みの一端をご紹介します。

子どものいのちを支えるために必要なこと

まず、本稿で提案するいくつかの授業は、人間の内面にある、自分にしか(にも)わからない感覚・感情などの実感や本音に目を向けて丁寧に理解し、自分を大切にして生きる力の育ちを支える視点に立って実践したものです。

自殺・自傷など自分を攻撃・破壊する行動や、暴力・殺傷・いじめなど他者を攻撃・破壊する問題行動の背景には、「怒り」「絶望」「孤独」「無力感」「自己否定」などネガティブな感情や不快が潜んでいることがわかっています。このことを耳にする機会は少なくありませんし、不快感情の体験が、身体の不調や症状・疾患に影響することを知っている人は多いと思います。ところが、自分自身が「感じていること」と「考えていること」の区別をしようとしたり、「何(誰)に対して、何を、どれぐらい、どう感じているか…」などを説明しようとしたりすると、難しさを感じて困惑する人が多いのも事実のようです。

梶田(2009)は、〈いのち〉の教育の基盤には、〈いのち〉についての実感、何よりもまず自分自身の〈いのち〉についての実感がなくてはならず、「自分自身が一個の〈いのち〉として生きている」「自分を支えている大きな〈いのち〉の働きのうえに自

いのちの教育

分という意識もある」との内的感覚を抜きに〈いのち〉についてのいかなる議論も空虚であるとしています。「自分が〈いのち〉そのものであること、しかもその〈いのち〉は与えられたものであること、そうした〈いのち〉を自分は生きている」ことへの全体的な身体性への気付きの重要性を強調しています。〈いのち〉の大切さの実感は「生きる喜び」「自分という存在のかけがえのなさ（自尊感情）」などポジティブな情動（快）ではありますが、それは、表裏一体にあるネガティブな情動（不快）感覚の実感によって明確化されるということかもしません。

教員・保育者は、子ども・保護者が課題に取り組む過程で揺れや混乱に巻き込まれないように支える力が求められますが、それには、まず、自分自身の内面にある揺れを受けとめ適切に制御する力を身に付けなければなりません。〈いのち〉の重みの認識や、自身を守る知識やスキルが不十分なライフセーバーは、正義感や熱意があっても、他者の〈いのち〉を守り支える役目を果たすことはできません。多様で複雑な課題を抱える子どもの育ちや保護者の子育てを支えるには、教員・保育者自身が自らの心とからだを大切にして生きる力と専門性が求められるということになるでしょうか。

不快や不安は、味わいたくも触れたくもないものですが、意識・無意識に目を逸らしたり抱え込んだりしているネガティブな情動を受けとめ丁寧に向き合い、誠実に対話を重ねて適切に表出する（体から放す）こと、できれば安心できる誰かに話すことが、心身の健康を守り、自分を大切に生きることの助けになるのではないかと考えています。ただし、ネガティブであればあるほど重要な意味を持ち、その認識や表出への抵抗や危険性も大きいことに留意する必要があることは言うまでもありません。

● 自他を大切にする個と集団を育てる

これまで述べたような視点に立って自殺予防を含む〈いのち〉の教育を進める具体的方策を考えるとき、自身で問題解決に向けて適応的に対処しながらSOSを発信し援助を求めることができる個と、それを受け止め支え共に生きる集団づくりを同時に進めることが鍵になると考えられます。

自分の内にあるものを出しても大丈夫、そこに居られると感じられる集団（関係）は、道徳・特別活動・総合的な学習の時間など特別な時間だけでつくられるものではありません。学校生活の大部分を占める教科学習の中での集団体験（他者との対話や交流）の積み重ねが重要な鍵になります。昼食・掃除・部活動・業間・放課後等にも他者との関わりがあり、それらすべてを通して、つながりや自分がここに居ていいという感覚を味わっているときに、安心して内にあるものを表出し本音の対話や交流が生まれると考えられます。

そこで、個の課題・問題の解決を図る力、共感的に受け止め支え合うサポーティブな関係性の集団の形成に向けて、自傷他害を防止する積極的生徒指導の取組の一つとして高校において筆者が実施したLHR授業（三木，2008　2017改訂）を紹介します（次ページの授業計画A・B参照）。

自己の身体感覚に気付き、向き合う

来談者中心療法で有名なカール・ロジャーズはカウンセリングの基本姿勢の一つとして、「体験（図4C）」と「概念（図4B）」が一致すること（自己一致）をあげています。カウンセラーとクライエントの関係において、カウンセラーが自身の内面（主観的体験）に開かれ、それを受け止め・適切に分析し対処しながら、外（クライエント）に向かうことが求められるのです。

教育活動で言えば、児童生徒の自己一致を促進するには、教師の自己一致が不可欠ということになります。自己一致の部分（〈考えている私〉と〈感じている私〉の重なり（図4A））の大小が、すべての人の適応感や人間関係に影響することを覚えておかなければなりません。

国は、自殺予防教育の重点の一つに「援助希求

授業計画A 「怒りのメカニズム・暴力の表れ方」指導案（50分）（ねらい：自傷他害を防ぐ・アンガーマネジメント）

	内容	学習活動	指導上の留意点	備考
導入 (5分)	本時内容の提示	・本時の内容を知る ・[ワーク1]に記入する	・本時のテーマを板書する ・暴力の定義を理解させるとともに、場面を想像しやすくする	ワークシート①
展開 (20分)	ワークシート① による実習 「怒り」の体験	・[ワーク2]暴力につながる不快感情を挙げる ・[ワーク3]の①怒りを体験する	・不快感情を細分化できるような具体的状況や場面をあげ、感情表現の言葉を増やせるように配慮する ・怒りは誰にでも生じ感じてよいものであることを伝え、受け止めやすくする ・怒りの質・程度・方向や表現の仕方が個々に異なることを理解できるようにする	ワークシート②
	ワークシート② による実習 「怒り」の変化	・[ワーク3]の②感情変化を感じる ・[ワーク4]ストレス場面を想起し感情や自分の表現・対処を整理したうえで、他者とシェアする	・感情の変化の理由を考えさせ、自己の感情について理解を深められるようにする ・感じ方や表現の個人差（異同）、自身の感じ方や表出の特徴について気付きを促す ・不快感情による各自の反応の特徴を明確化して対処法の検討への動機を高める ・不快感情を細分化できるよう適宜ことばをかけ、感情表現の語彙を増やせるように配慮する	
(20分)	暴力・怒りのメカニズムとストレスについての講義	・暴力のタイプを知る	・衝動的暴力には欲求不満耐性や感情のコントロールの力、道具的暴力には規範意識・倫理観等の問題が影響することを説明する ・怒りの4タイプを使って、怒りの表し方の特徴を自覚できるようにする	資料配布
		・暴力と怒り・ストレスについてしくみや関連を理解する	・怒りやストレスは誰にでも生じることや、それらのしくみへの理解を深め、対処の可能性・必要性を認識できるようにする	
		・自己理解、他者理解の意義を考える	・怒りやストレスの程度・表出などが個々の認知的評価・ストレス耐性により異なることを確認し、自身の自我状態と他者との交流のあり方の工夫を考えられるようにする	
まとめ (5分)	学習のふり返り 次時の予告	・ふり返りシートに記入する ・次時の内容を聞く	・要点整理の後ふり返りシートを配布する ・自己理解への動機を高めるとともに、自己の内面やストレスとの直面への抵抗感に配慮する	

授業計画B 「傾聴・アサーション」指導案（50分）（ねらい：安心安全な人間関係をつくる）

	内容	学習活動	指導上の留意点	備考
導入 (5分)	本時の説明	・本時の内容を知る	・信頼に基づくよい人間関係をつくることが暴力防止につながることを確認する ・"聴く力"や"話す力"が求められることなど本時のねらいを明確に提示し動機づけをする	教師用資料 （導入用）
展開 (20分)	「傾聴」の仕方	「傾聴」ワーク体験 ・ワーク1〜3 ・デモンストレーション見学 ・ワーク4	・紙上応答で抵抗・緊張を和らげ、デモンストレーションでリラックスした雰囲気づくりをする ・二人ペアになる際に、生徒の個性や状態に配慮する ・各ワークのまとめを行うとともに、生徒の様子を見ながら感想の個別記入・発表・シェアリングを丁寧に行いながら進める ・ワーク4-Bは、時間配分や生徒の状態により無理のない範囲で行う	ワークシート①
(15分)	「アサーション」の実際	「アサーション」ワーク体験 ・ワーク1 ・ワーク2	・自己中心的で被害的な思考や認知、相手も自分も大切にする自己表現力が乏しい場合に攻撃性を高め暴力・破壊につながりやすいことを実感できるようにする ・自他を大切に適切な自己表現するためには、気持ちを落ち着かせることが重要であることを意識させ、アンガーマネジメント、ストレスマネジメントの学びを生かした実践可能な方法について考えられるようにする	ワークシート②
まとめ (10分)	本時のまとめ	本時をふり返る	・「傾聴」「アサーション」についてまとめを行い、自己点検や課題を整理して日常生活に活用する意識を持てるようにする	

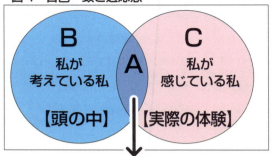

図4 自己一致と適応感

図5 自殺予防教育の段階

（文部科学省2014「子どもに伝えたい自殺予防」より）

的態度の育成」を挙げています（図5）。児童生徒の自己一致が不全（不適応状態）のとき、不快に気付き・受け止めて言葉にすることは難しく、自身が受容できない自分の苦しさを相談するなどできるはずもありません。

援助希求的態度の育成は、児童生徒が感じている自分（内的体験）に気付いて受け止め、意味を他者に伝えられるようにするということともいえます。その実現に、援助を求められる側（教師・友人・保護者など）の適切な対応が鍵になることは言うまでもありません。援助を求める側の力は、援助の求めに応じる力の育成あってこそ発揮されることを念頭に置く必要があります。近年の「包括的生徒指導」や「マルチレベルアプローチ」の視点に立った実践を考えるとき、要援助状態の特定の個人と援助希求を受け止め対処する側の個・集団双方への働きかけを並行する重要性を痛感します。

身体感覚の言語化について

1）身体感覚を言語化することの意義

「…そうだ！自分の命も他者の命も大切なんだ！」と腑に落ちる感覚、「自他の命を大切にしよう・したい」という主体的な動機はどのように生じるのでしょうか。

身体感覚の言語化の目的は、結果としての言葉や表現の内容ではありません。自分の内側にある感じに目を向け・気付き、その感じを受け止め・味わい・眺め・意味を考え、ピッタリする表現を自身に問いかけ・確かめながら探す自己内対話の過程と、ピッタリくる表現を探し当てた感覚を体験すること自体に意義があります。

見守り支える他者・温かい人間関係を前提として児童生徒が自分の内にある体験（感覚・情動・感情）を受容し（認め）言葉で表現し伝える実践が、自身の大切さの実感やそれが脅かされたときの援助希求的態度を育む一助となると考えています。

2）身体感覚の言語化の実践に向けて

後に紹介する身体感覚の言語化の実践では、松本（2014）による自己一致と適応（自己理論）に基づく演習を用い、フォーカシングの理論・技法を手がかりに進めています。

(1) フォーカシングについて

フォーカシング（直訳：焦点づけ）は、哲学を専攻したユージン・T・ジェンドリンが、心理療法家カール・ロジャーズの弟子となり学ぶ中で開発した技法です。フォーカシングでは、自分の内側に注意を向け身体で感じられる感覚（フェルトセンス）を大切にします。身体で感じていてもまだ言葉にな

らない不思議な〈感じ〉（本稿冒頭を参照）に焦点を当てます。その〈感じ〉について理解を進めるプロセスにおいて、クライアントが核心にある身体的不快感を捉えたとき内的変化が生じ心身が解放されるというものです。

(2)「感じ」への対し方

土江（2008）は、アン・ワイザー・コーネルの考え方に基づいて感じに対する態様を次のように説明しています。

フォーカシングで自分の内側に注意を向けたとき
①自分の内側にある感じを観察している
⇒内側にある感じに目を向けている
　（例：目をつむる・視線が宙に浮くなど）
②自分の内側の感じと一体化している
⇒内側にある感じに覆われ・同化している
　（例：キレる・泣く・暴れるなど）
③自分の内側の感じに気付かずにいる
⇒内側の感じを自覚していない…感じと乖離
　（例：宿題が嫌だという自覚なく宿題に取り組むが、一向にはかどらないなど）
というものです。

①は、自分の内側にある感じに注意を向けていてフォーカシングを行っている状態です。ただ、その感じは言葉にならない曖昧で多様な意味を含む漠としたもので、その漠とした感じに触れながら、それが何なのかや、どんな意味をもっているかが明らかになったとき、ピッタリくる言葉・色などで表すことができたとき、漠とした感じが明確に認識され、対処を選択することが可能になります。あまり気乗りしない勉強・部活動・人づきあい・手伝いなどしなければいけないことについては日常的で当たり前のこととしてあまり意識しませんが、自分の気持ちに目を向ければ、自分の内にある「気が重い感じ・気乗りしない感じ」を自覚できます。その上で、仕方ないからとか成績に響くからとかで取りかかることができるのです。

②は、誰か（自分や他者）を責めたり批判しているとき、被害的に不運・不遇を嘆いたりしているとき、忙しいときなど、その不快感と自分が一体化して頭がいっぱいになっている状態です。思い出したくないし考えたくもないのに頭から離れず、誰かに話さずにいられなかったり、一人で大声を上げて叫んだりブツブツと言葉があふれたりします。①のように感じを観察して感じに潜んでいるものや意味を考えたりすることができません。この状態のときは他の感じを認識しにくく、不快感との一体化が増強しがちです。

③は、本当はあるのに自分の内にある感じの存在そのものに気付いておらず、感じを自覚していない状態です。その感じに触れたり、意味を考えることに強い苦痛や不安が伴う場合に多く見られます。たとえば、いじめや暴力・虐待、災害の恐怖や犯罪被害など心身にひどい傷を残すような体験、いわゆるトラウマがある場合です。この場合は、感じとの乖離の意味を慎重に吟味しなければなりません。感じに注目し観察する・感じに触れるなどのアプローチを試みる際には、専門的知見に基づく細心の注意と配慮が必須です。

(3) 身体症状として表される感じ

「身体は感じのアンプ」という表現を耳にした方があるでしょう。日常的で微細な感じゆえに気付かなかったり、気付いても看過できる程度の感じはそのまま放置されます。それらが知らず知らず蓄積し、心や身体で感じられる痛みや不快感などのサインになって表されることは、自身の体験からも少なくないように思われます。医学・生理学的な検査で異常な結果が出たり明らかな所見が見られる場合は症状への処置・治療が最優先されます。

他方それら以外の場合は、不快感・違和感・症状は他者から理解されにくく放置されがちです。身体症状に対するときには児童生徒の内にある感じへの注目とその意味の検討、それらへの配慮、適切な心身への処方を丁寧に行う必要があるといえるでしょう。

(4) 自分の内にある感じへのアプローチ
〈フォーカシングの6段階〉
①空間をつくる（隙間をつくる）：自分の内部・内面
　（主におなかや胸のあたり）に注意を向けて、

いのちの教育

「自分の生活はどう？今自分にとって大きなことは何？」と尋ね、出てくるものを見る。重要なものも些細なものも全部表に出して、その中に入り込まず、後ろにさがって空間を作り、遠くから見ていく。

②フェルトセンス：出てきたいくつかの気がかりなことのうち、とくに気になって焦点を当てたいことを1つ選ぶ。中には入り込まず少し離れ、その問題全体を眺めてどんな感じがするか、問題に対する自分の気持ちがどんなものかを感じる。

③取っ手（ハンドル）を見つける：焦点を当てた問題に対しての感じ・気持ち（フェルトセンス）の質がどんなものかを感じ、それにピッタリ合う言葉、言い回し、イメージがフェルトセンスから出てくるようにする。ピッタリくる言葉・言い回し・イメージが浮かぶまで、そのまま（焦点を当てた問題を眺めているところに）とどまる。

④共鳴させる：フェルトセンスと言葉（言い回しまたはイメージ）の間を行ったり来たりして、フェルトセンスと言葉がどう共鳴するか突き合わせる。ピッタリしているかどうか身体の感覚を感じる。

⑤尋ねる：フェルトセンスの質を感じ、触れてみて気になっている問題の全体を何がその感じなのか、体の感じに注意を向け、その感じの中に何があるのか尋ねる。

⑥受け取る：体の中の不快な感覚が動いて、スッキリした感じ・緩んだ感じ・解放感などを伴って出てきたものを受け取る。

● 身体感覚の言語化の実践例
　　－絵本の読み聞かせを活用した取り組み－

以下に、自己理論保育者を志す高校生・大学生が乳幼児と関わる基本として自身の身体感覚に開かれ自己一致した言語・非言語コミュニケーションについて体験的に学ぶことを目的とした実践（松本（2014）による演習を援用）について紹介します。

＜目標＞
①自己の内面に注目し自問することを通して自己への意識を高める。

②自分が感じていること・感情を大切にする体験にする。
③「身体で感じること」と「頭で考えること」の違いに気付き、教員・保育者に求められる自己一致（図4）したコミュニケーションの基本を学ぶ。

＜方法＞

実践1　個別のワーク（図5）

①絵本（登場人物の心情について描写が少ないが読み取りやすいもの）の読み聞かせを聞く。
②いくつかの場面で「（自分自身が）登場人物（例：主人公）だとしたら、身体の感じはどうなる？」と尋ね、身体感覚に注目して出てくる感じに焦点化する。
③焦点化した感じに自問しながらピッタリくる色を見つけ、感じがある部分（ワークシートの人形の図中）に色で表す。
④色で表した身体の感じを眺めてピッタリくるオノマトペを見つけ、ワークシートの図（吹き出し）中に書き込む。
⑤色・オノマトペで表した感じを言葉にするとどうなるか、ピッタリくる言葉・言い回し・イメージを見つけ、ワークシートの図（吹き出し）中に書く。
⑥ワークをふり返って気付いたこと・感じたことをワークシート（所定欄）に書く。

実践2　グループでのワーク

ペア：実践1のふり返りをシェアする
①発表者は、自身のワークのふり返りを発表する（2

図5　身体感覚概念化　実践ワークシート

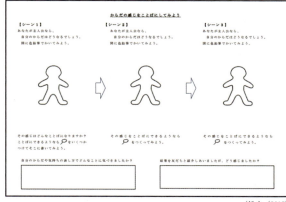

(松本（2015））

分程度)。可能であれば発表者のワークシートを用いて行う。

②発表を聞いた1人は、発表を受けて感じたこと・考えたことを伝える。(2分程度、質疑応答も可)

グループ：ペアワーク、全体をふり返る（ペアワークの相手を除く5〜6人)

①ペアワークでの気付き・全体を通した気付きや考えを発表し合う。(1人2分程度)

②全体をふり返って気付き・考察・感想などをワークシート（所定欄）に記入する。

「エゴグラム」を活用した自己理解と自己成長の支持・支援

つぎに、人の自我状態（エゴ）を5つのタイプに分類し、それを図表化（グラム）する手続きを取る 心理検査である「エゴグラム」を使用した自己理解と自己成長の支持・支援を行った実践について紹介します。

＜目標＞

①自分が、心の中のどの部分をよく使っているかを知ることを通して、性格特性や行動パターンに気付く。

②また、それらが自身の長所・短所となることを理解して自己受容を図るとともに、変化可能性に気付いて自己成長の意欲を高める。

③自己変革に向けて、交流分析の学びを実生活の中で生かす方法（実践）を明確にする。

＜方法＞

①交流分析の概要と構造分析の基本、エゴグラムの特徴・有用性を説明する。

②心理検査：エゴグラムを実施してプロフィールを作成し（【エゴグラム】を使用、図6)、自身の自我状態の特徴を把握する。

③エゴグラムプロフィールをもとに、結果の見方・生かし方の解説を参考にして、自身の性格特性や行動パターンの特徴のプラス面・マイナス面を整理する。(図7【ワークシート】 ワークA)

④自身の特徴を生かすための具体的な工夫を考える。

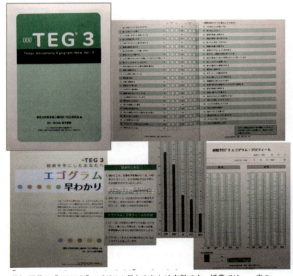

図6　TEG3の一部

注）掲載の「TEG3」「エゴグラム早わかり」は有料です。授業では、一定の信頼性・妥当性があるとされる無料の検査項目・資料を活用しています)

図7　自己理解と自己成長の授業のワークシート

（記入日：　　年　　月　　日）

ワークシート　プロフィールをもとに自己を理解しましょう！

《ワークA》エゴグラムプロフィールに表された＜あなたの性格・行動パターンの特徴＞について、結果の見方資料をもとに次の表に整理してみましょう

エゴグラムの読み方に示された特徴から		良い面として見た特徴	悪い面として見た特徴
自覚のある特徴	快く思う受容できる		
	不快に思う受容できない（抵抗がある）		
自覚のない特徴	快く思う受容できる		
	不快に思う受容できない（抵抗がある）		

《ワークB》①②のいずれかを選んで、記入しましょう。

① 自分の性格・行動のパターンについて、変えたいところがある場合＜なりたい自分＞になるために考えてみましょう！

変えたい性格・行動パターンは？	変える（伸ばす）ためにしようと思う工夫は？（すぐ実行できそうな・簡単なこと）
あげたい（伸ばしたい）と思うところ（尺度）は？ CP NP A FC AC	

② 自分の性格・行動のパターンを、変えたくない（変えようと思わない）場合その理由等について、思うところを記入しましょう！

一授業の振り返り一気付き・感想・意見など、自由に記入しましょう

学籍番号（　　　　　）氏名（　　　　　）

いのちの教育

⑤ 変えたいと思う特徴について、「なりたい自分」に近づくための実践を検討する（図7【ワークシート】ワークB）。

＜評価＞

ノート（配布資料の書込み）、ワークシート（長所・短所のリフレーム、自己理解の深まりに関する記述等）、リフレクション（関心・取組等の自己評価、感想等）、客観テスト（理論・エゴグラムに関する知識の理解）等

自己理解と自己成長の授業スライドの一部

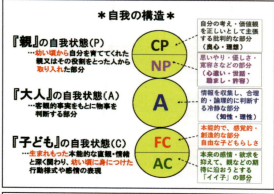

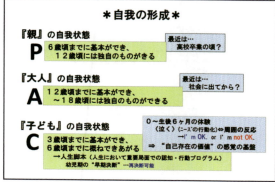

自分の感覚・感情に気付いて対処する
－アンガーマネジメントのワーク－

つぎに、自分の「怒り」に注目して行ったアンガーマネジメントの実践について紹介します。

＜目標＞

① 「怒り」の特徴・メカニズム・表れ方・影響等について理解する。

② 「怒り」のもとにある不快感情（一次感情）に気付いてコントロールする方法を知る。

③ 自分の「怒り」の特徴を理解し適応的な表出の仕方を検討する。

＜方法＞

① アンガーマネジメントの意義・内容等について説明する【授業スライド（一部）】。

② アクシデントの場面を想定したワークにおいて体験した自分の怒りを観察する。

③ 怒りの体験をシェアすることを通して、自分と他者の怒りの特徴を比較する（図8【ワークシート(1)】）。

図8 アンガーマネジメントの授業のワークシート（1）

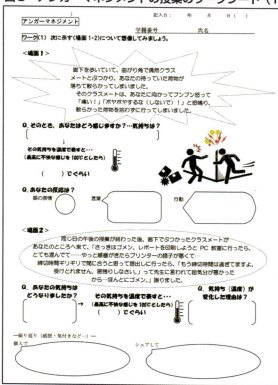

④怒りが生じる場面・引き金・反応等を表に整理する（図9【ワークシート（2）】）。

図9 アンガーマネジメントの授業のワークシート（2）

アンガーマネジメントの授業スライドの一部

■ アンガーマネジメント

アンガー＝単なる「怒り」ではなく、
さまざまなネガティブ感情が入り乱れ混沌とした状態

＝自分の「怒り」を受けとめ、向き合い、理解し、
自他を大切にする適切な方法で「怒り」を表出したり、
コントロールしたりして適切に対処していくこと

「怒り」を持たないようにしたり、抑えるのではない！
「怒り」は、誰もがもってよい自然な感情（二次感情）

■ アンガーマネジメントで行うこと

① 生理的反応への対応
- ストレスマネジメント
  - …リラクゼーション（呼吸法、筋弛緩法、ストレッチなど）、スポーツ、趣味、相談など
- 数を数える（最低6秒間）…カウントバック など
- タイムアウト　　怒りのスケーリング　　コーピングマントラ　など

② 認知反応への対応
- 心の整理（自己理解）…自分の欲求・感情・ストレス・アンガーログの明確化
- 認知（ものごとの受け止め方）の点検・修正 …価値観、思考パターンの明確化・修正

③ 向社会的方策の獲得
- ソーシャルスキルトレーニング
- アサーション（自他を大切にする非攻撃的自己主張） など

アンガーマネジメントの授業スライドの一部（続き）

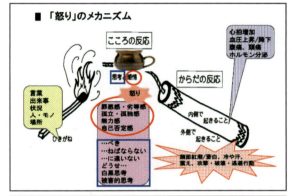

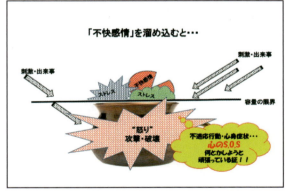

■ 怒りの表出への理解と対応の視点

1) 状況の認知能力

・健康な感情…体内外からの多くの快刺激を受けて弁別能力が発達する場合に豊かに育つ（自身の感情を客観的に理解可能）
　キレる＝発達過程で十分な刺激を受けていない
　⇒感情が未分化なままの状態

・思考の発達…状況や自身の感情の的確な理解・予測には客観的思考が必要（形式的操作）＝全体を見通す力・視点獲得
　…具体的体験を客観的に理解する力が育っていることが必要
　キレる＝自己中心的・直観的思考＊…幼児の特徴
　⇒具体的体験を通してのみ現実を理解
　　　＊オートマチック思考が生じやすい

・言語の発達…自身の感情を言語化（概念化）し弁別する力が育っている
　キレる＝自己中心的・直観的思考にとどまっている
　怒りの対象・質・程度を言語化し弁別する力が未熟

いのちの教育

アンガーマネジメントの授業スライドの一部（続き）

```
2）自己コントロール力

・欲求不満耐性 …認識した感情を受けとめ（抱え）る力
          現実検討能力＝①自分の欲求を認識する力
                  ②自分の欲求への対応方法を考える力
                  ③②の方策を実行する力 ⇒適応行動

・防衛（適応）機制 …欲動（～したい）と超自我（～であるべき）との間に
          生じる葛藤に対する心のはたらき
          直面しても解消できない場合
          適応行動の前段階で用いられる
                     ⇒本来の欲求への不満が残る

・不適応行動 …防衛機制では対応しきれない心理的不適応状態のサイン
      （意識的にも防衛機制を働かせられない）⇒コントロール不能
       例：問題行動（過食、薬物依存、暴力、万引き等代償行動への依存）
          行動化・身体化・精神症状への影響
```

 おわりに

　拙稿では、主に学校心理学・臨床心理学の理論を踏まえながら、自分の内にある本当のところの感じを自覚しその意味を大切にする（し合う）体験を通して身体感覚に開かれ自他の心身を大切にする力を育む働きかけについて考えてきました。これらは教員を目指す学生だけにとどまらず、全ての大人に必要なことだと感じています。
　自他の命を大切にする教育の充実に向けて議論の一石になれば幸いです。

＜引用参考文献＞
・E.H.エリクソン　仁科弥生訳 1977「幼児期と社会1・2」みすず書房
・梶田叡一編著2009「〈いのち〉の教育（教育フォーラム44号）」金子書房
・近藤卓2012「自尊感情と共有体験の心理学」金子書房
・窪田由紀編2016「学校における自殺予防教育の進め方」遠見書房
・溝上慎一監修・成田秀夫2016「アクティブラーニングをどう進めるか」東信堂
・高橋祥友編著2008「改訂増補版青少年の自殺予防マニュアル」金剛出版
・A.フォーベル・E.ヘリック・P.シャープ著　戸田有一訳2003『子どもをキレさせないおとなが逆ギレしない対処法』北大路書房
・本田恵子2002『キレやすい子の理解と対応』ほんの森出版
・本田恵子2014『先生のためのアンガーマネジメント』ほんの森出版
・河野友信・中正敏編1986『ストレスの科学と健康』朝倉書店
・大河原美以2004『怒りをコントロールできない子の理解と援助』金子書房
・A.W. Cornell著　大沢美枝子・日笠摩子訳（1999）『やさしいフォーカシング　−自分でできるこころの処方−』コスモス・ライブラリー
・B.Jaison著　日笠摩子監訳（2009）『解決志向フォーカシング療法』金剛出版
・E.T.Gendlin著　村山正治・都留春夫・村瀬孝雄訳（1982）『フォーカシング』福村出版
・松本剛（2014）「身体感覚の概念化に関する実習の効果に関する一考察」兵庫教育大学研究紀要 42, 93-100, 2013-02
・土江正司（2008）『こころの天気を感じてごらん：子どもと親と先生に贈るフォーカシングと「甘え」の本』コスモス・ライブラリー
・三木澄代（2010）『教師カウンセラーのための生徒指導実践プログラム3キレる子どもにどうかかわるか-アンガーマネジメント教育』）
ほか

いのちの教育

地域と進める防災教育

防災教育学会　会長　諏訪清二

 あのときの子どもの体験を今の子どもたちに

　阪神・淡路大震災から30年。震災後に生まれた人や他地域から流入してきた人が増え、震災を体験した人が被災地でも少なくなってきました。それを風化と言うなら、集団としての風化はあるかも知れません。でも、つらい体験をした人から風化することはありません。私の知人の何人かは、今も思い出したり、つらい経験を語ったりすると緊張したり涙を流したりします。個人からは風化しないのです。つらい体験をした人の前で「風化したよね」とは言えないですよね。

　風化に抗うことはできます。あのとき子どもだった人たちが体験を語ればいいのです。大人の仕事は、震災時に子どもだった今の30代、40代の若者たちが体験を語る場を作ることです。当時の子どもの語りはきっと今の子どもたちの心に届きます。その語りが防災教育の真ん中に来るのです。

 防災を学ぶ場が増えているが…

　防災のセミナーやイベントなど、市民が防災を学ぶ場が増えてきました。「ぼうさいこくたい」といった全国規模のイベントも定着しており、毎年多くの防災関係者と市民が参加しています。テレビでも災害を取り上げた特集や各地で発生する災害のニュースが放送され、備えや避難の方法を詳しく伝えるようになってきました。インターネット上には防災情報があふれています。市民の防災力を向上させる場はどんどん増えてきています。では、市民の防災力は向上しているのでしょうか。このようなイベントに参加するのは、基本的には防災に関心を持つ人々です。テレビの特集をすべての人が見ているわけではありません。無関心な人はテレビのチャンネルを合わせたりしないし、インターネットで防災情報を確認したりはしません。

　イベントやセミナー、テレビ番組、インターネット情報を通して防災に関心を持つ人々の知識は確実に増えていますが、一方、多くの無関心層は「自分は災害には合わないだろう」という根拠のない確信を持ちながら、日々を過ごしていくのです。そして、被災した人々のコメントはいつも「まさか、私が災害に遭うなんて」です。このような状況で、私たちは災害に立ち向かうことができるのでしょうか。このような状況を改善する方法はあるのでしょうか。

 学校で防災教育を

　すべての人々に等しく防災を学んでもらう方法が一つあります。学校教育です。ただ、「防災」という教科はありません。

　柴田らの調査[1]によると、「あなたの学校では現在、防災教育（火災避難訓練を除く）に取り組んでいますか」という問いに対して取り組んでいると回答した学校が、小学校82.1％、中学校71.6％、高等学校61.6％でした。一方、文部科学省の調査[2]では、調査対象35,793校のうち35,690

いのちの教育

校（99.7％）が実施していると回答しています。おそらく消防法で義務づけられている火災避難訓練を防災教育とカウントしているのでしょう。

防災教育は、避難訓練などを行う「特別活動」と「各教科」、環境や人権、ジェンダー、食、平和などさまざまな課題を教科の枠を超えて総合的に扱う「総合的な学習（探求）の時間」で取り組めると、文部科学省は言います。なるほど学習指導では安全や自然災害といった記述が増やされており、教科書は学習指導要領に準拠して作られるのだから、教科書さえやっていれば防災を学んだことにはなるのでしょう。ただ、たとえば、5年生の社会科で地震を含む災害を学ばせ、6年生の理科で地震について学ばせるなど、パッチワーク感は否めません。そこで、各教科と総合的な学習（探求）の時間、特別活動をうまく関連づけながら学ばせるためにカリキュラム・マネジメントが大切だというのが文部科学省の考えなのです。

各教科と総合的な学習（探求）の時間、特別活動のすべてを関連付けながら、防災だけではなくほかの課題すべての年間指導計画を立てることは、必要であるとはいえ、教職員にとっては大きな負担だと言えます。さらに、大学の教職課程で防災教育を学んだことがない教職員にとっては雲をつかむような話に思えることでしょう（現在は安全教育が義務化されていますが、既存の教科の中で触れる程度でお茶を濁している大学もあります。防災を教える教員がいないのです。防災教育の推進のためには、必ず解決されなければならない課題です）。

●「狭義の防災教育」から「広義の防災教育」へ

では、防災教育はこのまま学校任せ、教職員任せで良いのでしょうか。誰もが災害列島に住む「作法」として災害と防災は学ばなければならないのではないでしょうか。現行の学校教育のシステムの中で効果的に防災教育の裾野を広げる方法はあるでしょうか。

筆者は、兵庫県立舞子高等学校に全国で初めて防災を専門に学ばせる学科「環境防災科」が設置されるときに、その準備段階から関わり、2002年の開設以来12年間、科長を務めてきました。環境防災科での防災教育だけではなく、防災教育を支援する「防災教育チャレンジプラン（2004年～）」や優れた実践を顕彰する「1.17防災未来賞ぼうさい甲子園（2005年～）」にも長く関わり、防災教育に熱心に取り組む多くの学校や教職員と出会ってきました。

優れた実践は、教科や総合的な学習の時間、特別活動をうまく組み合わせた教科横断的で総合的、継続的な顔を持っています。災害の理解、備え、災害時の対応を教える「狭義の防災教育」にとどまらず、防災と他の分野を融合させた実践（たとえば、ジェンダーと避難所、算数と非常持ち出し袋など）や被災体験と向き合う実践、未来の災害に強いまちづくりを考える実践など、多様で面白い「広義の防災教育」へと広がっています。

● 地域とすすめる防災教育

防災教育で最も効果的に採用されている指導法の一つが地域連携です。災害は地域で発生するのだから、まず地域と連携しようというのです。

高知県四万十町の興津地区にあった興津中学校と興津小学校は地域と協働しながら見事な防災教育を進めてきました。現在は共に少子化で閉校となってしまいましたが、その実践は、これから防災教育に取り組もうとしている学校にとって背中を押してくれる示唆を多く含む活動です。

たとえば、小学生が地域を歩いて防災マップをつくるというものがあります。20年近く毎年続けてきた活動ですが、マンネリ感はありません。常にグレードアップし、夜間避難バージョンもあります。近年ではQRコードをタブレットやスマホで読み取れば、地域の自慢の場所などを子ども

たちが紹介する動画を見ることができるものもあります。最新版は、ハザードマップがすごろくになっています。プレーヤーは、災害に関するコースと地域の良さを伝えるコースでコマを進めながら楽しく防災と地域を学べるのです。

ハザードマップが生んだ成果の一つは、子どもたちの提案を受けて、海岸沿いにあった保育所と高齢者施設を高台に移転したことです。学習が見える成果につながりました。

中学校では、ともすれば避難を諦めがちな高齢者も避難できるように一緒に避難訓練をしたり、地域に津波到達時間を示す看板を設置したりしてきました。標高の表示は各地で見かけますが、高齢者に避難を諦めさせてしまう逆効果があります。津波到達時間の表示は高齢者に逃げる時間がまだあるという、避難への動機を与えてくれるのです。興津地区の地域防災訓練では、参加率が高いのは小中学生の親世代だといいます。地域ぐるみの防災を子どもたちが引っ張っているのです。

ハザードマップと地域連携

ハザードマップ作りでは、子どもたちが歩いて情報を集めます。小規模校なら、子どもたちと担任教師が一緒にまち歩きをできますが、大規模校では子どもたちの安全確保は教職員だけでは難しい場合もあるでしょう。

神戸市の舞子小学校では、一連の防災教育の仕上げに地域の安全マップ作りに取り組みました。大規模校で、教職員だけでは安全に子どもたちとまち歩きをすることができません。そこで、地域住民と保護者に手伝ってもらうことで、子どもたちを少人数のグループに分けて地域を探検させることができました。子どもたちは、歩いて見つけてきた情報を発表して話し合い、ハザードマップを完成させました。完成したマップにはリスクだけではなく、たとえば明石海峡大橋と夕日を望める高台など、地域の自慢も記載されています。

マップ作りは地域との協働を生み出す優れた方法です。大阪のある小学生グループが作ったマップには、狭い道や老朽木造家屋、ブロック塀などの危険箇所が描かれていました。子どもたちはブロック塀の危険を指摘していましたが、それを放置していたのは大人たちです。

また、この地図には一つ、楽しい記述がありました。「ここの肉屋さんのコロッケはうまい」。アツアツのコロッケを頬張る子どもたちの姿が目に浮かびます。子どもたちは、地域を危険な場所と受け止めているのではありません。日々の楽しい生活の場として理解しているのです。

完成したマップの発表会にはマップ作りを手伝った地域住民も招待されました。住民からのコメントは子どもへの賞賛で溢れ、それが子どもたちの自己肯定感、自己効力感につながっていきます。

被災地の未来のジオラマ

東日本大震災で被災した仙台市の荒浜小学校は隣の七郷小学校と合併しました。七郷小学校の校区も一部浸水しています。震災以来、子どもたちは海岸には近づかなくなったと言います。先生方は子どもたちに地域を好きになってもらおうと、未来の七郷地区のジオラマ作りに取り組ませました。

班で2メートル四方ほどある敷地にビルや鉄道、道路住宅、商店、公園などの模型を作って、置いていきました。父親が経営する焼き鳥屋を作った子どももいました。鉄道は津波に負けないように高架にしました。高いビルが多いのは、津波避難を想定したのでしょう。観覧車がある遊園地もありました。被災した地域にはスタジアムを建設しました。これはその後、実際に建設されています。子どもたちの考えが行政を動かし建設に至ったわけではなく、別途スタジアム建設の計画があったのですが、子どもたちは

いのちの教育

自分たちのアイデアが採用されたと喜んでいたといいます。

ジオラマは学校で展示し、期間限定で地域でも展示しました。子どもたちは親を連れて見学にやって来て、ジオラマを説明していました。地域の未来をテーマにした復興教育です。

 ## ふるさと教育

ハザードマップ作りでは、地域に存在する危険箇所を発見して地図に落とし込む必要があります。完成した地図を見て子どもたちは何を思うでしょうか。こんな怖い町には住みたくないと思わないでしょうか。

2024年1月に発生した能登半島地震の被災地では、震災前から地域のお祭りを学ぶ学習がありました。被災後、祭りどころではなくなった地域で、子どもたちは祭りのシンボルである巨大な燈篭「キリコ」の模型を作って地域住民の心の後押しをしました。

能登の課題は過疎です。子どもたちは大学生になり、就職すれば能登を出て行きます。新たな土地に生活の根っこを下し、そして、帰ってこないのです。「ふるさと教育」には、一度は故郷を後にして別のまちで生活しても、いつかは戻ってきてほしいという願いが込められています。

防災教育は、「防災＝危険との戦い」といった考えにとどまるのではなく、地域との協働が地域の防災力の底上げにつながるだけではなく、子どもたちの地域への愛着を高める「ふるさと教育」にもなるのです。

 ## 丸投げはやめよう

教職員は多忙です。新たな課題に取り組もうとすればするほど、多忙になります。スクラップ＆ビルドができない、いつもビルドばかりです。さらに、新たな分野に取り組むとき、自分の知識が不足しているのではないかという不安もあ

ります。防災に対しては、とくにその意識が強いようです。その結果、大学の先生や気象庁などの専門家や防災士に援助を求めるケースが多くなるのです。

一連の授業の一部を担ったり、単元作成への助言、援助をしたりするのなら良いのですが、外部人材に「丸投げ」で教職員は防災の授業に従事しないケースも多くあります。依頼される側も、基本的には防災を広めたくて、学校が防災教育に呼んでくれるなら喜んで受けようという人が多く、「丸受け」してしまうのです。

「丸投げ」と「丸受け」の結果、学校に防災教育の文化が育たなくなります。防災教育は外部人材が行う特殊な授業だと受け止められてしまうのです。防災は特殊であってはなりません。市民の周りに空気のように存在しなければならないのです。

冒頭に述べた、防災に関心のある人は知識をどんどん獲得し、無関心な人はずっと無関心のままで、地域の防災力が向上しないという課題の一番の解決策は、「学校での防災教育」です。すべての子どもたちが防災を学べば、そして地域と連携した防災教育に取り組めば、防災の知見が学校から家庭へ、地域へと広がっていき、その地域の防災力は必ず向上するのです。

防災を学んだ子どもたちが10年後、20年後、30年後、どんどん増えていけば、地域には防災を学んだ住民が多数派になることでしょう。

近い未来に発生すると言われている南海トラフ巨大地震と大津波や首都直下地震、地域で発生する洪水や土砂災害などと向き合うために、だれもが防災の知識を持ち、備えを実行し、災害発生時には助け合って危機を切り抜け、災害後の地域の創造的復興（Build Back Better）を成し遂げることができるような社会をつくりたい。そして、そんな人材を育成するのが、防災教育なのです。

引用・参考文献
1)「わが国の学校における防災教育の現状と課題―全国規模アンケート調査の結果をもとに―」防災教育学研究 1-(1):19-30,2020 柴田真裕 田中綾子 舩木伸江 前林清和
2)「学校安全の推進に関する計画に係るとりくみ状況調査(平成30年度実績)」

いのちの教育

ICTを活用したよりよい人間関係の創造

関西福祉科学大学准教授　藤原靖浩

 はじめに

2023年6月16日、新たな教育振興基本計画が閣議決定されました。そこでは、「2040年以降の社会を見据えた持続可能な社会の創り手の育成」という2030年よりさらに先の未来を目指した教育の必要性が示されていました。そして、「基本的な方針」として、以下の5つが定められています[1]。

①グローバル化する社会の持続的な発展に向けて学び続ける人材の育成
②誰一人取り残されず、全ての人の可能性を引き出す共生社会の実現に向けた教育の推進
③地域や家庭で共に学び支え合う社会の実現に向けた教育の推進
④教育デジタルトランスフォーメーション（DX）の推進
⑤計画の実効性確保のための基盤整備・対話

この5つの方針の中でも、**教育デジタルトランスフォーメーション（以下、教育DX）**は学校現場の関心も高い話題の1つです。

新型コロナウイルスの感染拡大の中、急ピッチで進められた1人1台端末の実現をはじめとした「GIGAスクール構想」[2]によって、全国の学校現場のICTの環境整備は一気に進展しました。しかし、全国的に教員不足が叫ばれる中、従来までの授業に慣れたベテランの教員にとっては、その効果が十分に検証されないまま進められたことで、新しい機器の使い方を覚えるという負担感が大きく全く魅力を感じなかったことでしょう。そして、「アフターコロナ」ならぬ「アフターGIGAスクール」ということばで表現されるように、学校では「整備されたICT機器を今後どのように活用するか」という課題を抱え込むことになると言われています。

今回は、教育DXを主軸に、生成AIや校務の効率化等のICT活用について触れていきます。そして、デジタル世界の「居場所」という今の子どもたちのこころや生活に密着した話題について提供ができればと思います。

 教育DXを知ろう

教育DXについて、もう少しだけ説明しておく必要があるかと思います。教育DXとは、教育の中でデジタル技術を活用することで、教育方法や教員の業務などを変革していくことです[3]。変化、変容、再定義など、インターネット上ではいろいろなことばで表現されているので、正しい表現は曖昧なままですが「なんとなく言わんとしていることはわかる」ということで、使われていることばではないでしょうか。

私自身は、教育DXについて変革というよりは、創造に近い意味だと思っています。便利になるとか、効率を上げるだとか、そういった小手先の効果をあげるのではなく「学習のあり方や校務のあり方を大きく変えるような発想をしなさい」と言われているように感じています。ここでは教員に向けたICTの環境整備が十分であるかどうかは問いませんが、これまでになかった発想を生み出しなさいというのは、まさしく創造ではないでしょうか。

私は、文部科学省が創造ということばを使わず、

いのちの教育

変革ということばを使っているのは、学校現場に「ゼロから何かを生み出しなさい」というよりは「既存のものを変化させて改善しなさい」という方が受け入れられやすいからではないかと思っています。

とはいえ、企業の経営ではよく言われることですが、創造にせよ変革にせよ、それを実現するのは最も難しい課題です。「将来的に何かが起こることはわかっていても、今すぐに変えなければ今日、明日に何かが起こるわけではない」という危機意識のない段階から、危機意識を醸成しなければならないからです。それでも、ICTは見えないところで急速に進化しています。それを象徴するのが、最近話題になった「生成AI」です。

「『走れメロス』の読書感想文を書かせる」「大学のレポート課題を答えさせる」などの話題で盛り上がったことが記憶に新しい人も多いのではないでしょうか。子どもの生活に関わるAIの技術が突然出現し、瞬く間に流行していきました。次は、教育DXが進む中、新たなICTとして話題になった生成AIについて簡単に触れていきたいと思います。

生成AIは教育DXになりえるか

2022年11月に登場した生成AIの1つである「Chat GPT」は2023年7月現在でも、インターネット上で関連したニュースを目にしない日はありません。7月20日の日本経済新聞の記事では、東京都練馬区が試行的に約2ヵ月間、「LoGoチャット」と呼ばれる自治体向けのチャットツールを活用して、ChatGPTを試行することが明らかにされました。職員が文章の作成や要約、アイデアの創出を行う際に活用し、業務の効率化を図ることが狙いだそうです[4]。

こうした情勢の中、文部科学省も2023年7月4日「初等中等教育段階における生成AIの利用に関する暫定的なガイドライン」を出し、その利用方法についての見解を明らかにしました[5]。子どもの生成AIの使用については、一定の危惧があるらしく、情報活用能力が十分育成されていない状態での使用や、質の担保された教材を用いる前の安易な使用などは適切ではないとされています。

さて、専門家に苦言を呈される覚悟で、非常にかいつまんだ説明をするならば、生成AIは、インターネット上のさまざまな文書を学習し、「プロンプト」と呼ばれる入力された文字列の次に続くことばとして最も可能性が高そうなものを生成してくれるものです。だから、「昔々」という文字を入力すれば、次に続く文章は「あるところに」と生成されることになるわけです。こうした生成AIの活用が考えられる例として、文部科学省は、アイデアを出す活動の途中段階かつ子ども同士が一定の議論やまとめをした上で、足りない視点を見つけ議論を深めるために活用することや、高度なプログラミングを行わせること、英会話の相手として活用することなどを挙げていますが、元の文章の作成に生成AIを使うことには警鐘を鳴らしています[6]。

私は自分が担当している大学の授業で実際に生成AIを用いた課題を出しました。無料版の「ChatGPT」、試験運用中（2023年6月時点）の「Google Bard」の2つを使用して、「自分がよく知っている内容について説明してもらい、内容の真偽を検証する」という課題です。課題では、漫画やアニメのタイトル、ゲームのタイトル、芸能人やアイドルの名前、自分の出身学校、若者言葉、SNSの名前、地名など、合計150を超えることばの内容が検証されました。

結果的に、文章すべてに正確な情報が記載されていたことばは、10に満たない程度でした。他のことばは、すべて文章のどこかに間違いがありました。あくまでも無料版での検証であり、これから精度が向上していくことになるのかもしれませんが、文章を生成することはできても、特定のことばの意味を正しく説明することはまだ難しかったようです。

これ以外にも、授業で取り上げた事例（あいさつができない子どもへの指導等）に対して「自分の意見を書いたあと、生成AIに回答を求め、2

つの内容を比べなさい」という課題を出しました。大学生から提出された生成AIの回答は、文言が異なるものの、ほぼ同様の内容であり、「挨拶の大切さを教える」「挨拶をした子どもを褒める」「挨拶の練習をする」「根気よく続ける」といったスタンダードな指導内容が書かれていました。誰が聞いても似たような回答が返って来る点については、精度の高さを感じましたが、決してクリエイティブなものではなく、生成AIの内容をそのまま書き写すだけでは新しいものを生み出すことは難しいこともわかりました。

こうした機能を見ると、テンプレートが決まっている書類の作成には生成AIが役立つのかもしれません。しかしながら、現在の生成AIでは、文部科学省が目指す教育DXにはまだ不十分だと言えるでしょう。生成AIの特徴を知り、それを子どもたちに伝えておくことで、子どもたちは使い方を考えるようにはなるでしょう。実際に使うことで、子どもたちはできること、できないことを学ぶことができます。

ですが、「読書感想文を書く際に使ってはいけない」と禁止してしまうと「読書感想文に使える」という情報を切り取って、大人の見えないところで使う子どもが出てきます。望ましくない使い方の例を示して禁止することは大切ですが、子どもたちにその方法を伝えることにもなるのです。実際に使いながら、生成AIは人間の創造を補助するツールであること、生成AIが生成したコンテンツは必ずしも正確であるとは限らないこと、生成AIは責任をもって使用することなど、必要な情報を子どもに伝えることができる授業や取り組みの設計を急ぐ必要があると思います。

校務の効率化を目指したICT活用

2023年3月「GIGAスクール構想の下での校務DXについて」が専門家会議から提案され、そこでは「紙ベースの校務を単にデジタルに置き換えるのではなく、クラウド環境を活用した業務フロー自体の見直しや外部連携の促進、データ連携による新たな学習指導・学校経営の高度化」を示す必要性が指摘されました[7]。同提案の参考資料の中には「デジタルダッシュボード」と呼ばれる現在の状態を視覚化できる管理ツールの充実と実装も含まれています。ダッシュボードが実装されると、たとえば、学校単位での問題行動の件数や相談件数の関係を把握し、早期の対応を講じることや、インフルエンザ等の子どもの罹患状況を養護教諭や保健主事が管理・報告することで、それが即時に反映され、教育委員会などの学校管理職が学級閉鎖や学校閉鎖を判断することができるようになると言われています。

ダッシュボードではありませんが、滋賀県の愛荘町では、子どもたちの健康観察をデジタルで行うことができるアプリ「LEBER（リーバー）for School」を2022年6月に導入しました。検温結果の記入や家族内での体調不良の確認ができる健康観察機能、出欠・遅刻・早退の連絡、学校からのメッセージ機能等に加えて、夏の期間にはプールの問診等の機能も付属しています。アプリをインストールしておけば、手順に従って入力をしていくだけで、毎朝の健康観察報告が可能になります。

こうした自動化は、これまでの健康観察のあり方を変えてくれるものには違いありません。

ただ、これだけでは教育DXが求める変革や創造には十分ではありません。たとえば、この健康観察のデータを日本全国から集積し、1つのビッグデータにしたとしましょう。そして、ある子どもの体調不良のデータが入力されたとき、AIがその結果を過去のデータと比較・検討し、子ども一人ひとりに健康をサポートする計画を提案してくれ、子どもたちが主体的にその計画を実行していく。ここまで到達できてはじめて変革や創造と言えるとも考えられます。

子どもを取り巻く環境の変化

学校がデジタル技術を活用して教育DXを進め、

いのちの教育

時代に応じた教育を確立してくことは、すでに回避することができない課題となっていますが、子どもたちの方はどうでしょうか。1人1台端末が実現し、学校のさまざまな授業でパソコンやタブレットを用いた内容が展開されています。授業中の課題や学校の宿題、テストに向けた練習問題すら、パソコンやタブレットを用いて行っています。ここでは、子どものインターネットの利用実態を見ていきましょう。

子どもたちのインターネットの利用実態については、2023年2月に内閣府が発表した「令和4年度青少年のインターネット利用実態調査」の結果が最新のものでしょう[8]。満10歳から満17歳までの子ども（青少年）5,000人とその保護者、0歳から満9歳までの子どもと同居する保護者3,000人を対象にした調査で、回収率も60%を超えている大規模な調査です。

そこで示されたデータでは、インターネットの利用率は満10歳から満17歳で98.5%、0歳から満9歳までの子どもで74.4%となっていました。その内、子どもが自分専用のスマートフォンを持っている割合は、満10歳から満17歳が89.5%、満9歳までは17.3%となっています。満9歳までの子どもの割合が少なく見えるが、親と共用のスマートフォンを持っている割合にすると、その値は74.3%まで上昇します。つまり、小学校低学年では約2割（親と共用が約7割）、小学校高学年以上は約9割が自分専用のスマートフォンを所有しており、ほぼ全員がスマートフォンを用いてインターネットにアクセスできる状態であることがわかります。

使用方法の上位は、動画を見る、検索をする、音楽を聴く、ゲームをするですが、1日あたりの平均利用時間は満10歳から満17歳で280.5分（4～5時間程度）、0歳から満9歳で121.9分（2時間程度）となっていました。これは前年度から比べても上昇傾向にあるそうです。もちろん、家庭での使用のルールを決めている等のデータも公開されていますが、学校でも1人1台の端末を使用している中、放課後には1日数時間インターネットに触れ

ている状況を考えると、子どもは1日のほとんどをインターネットに触れながら生活していることになります。

視力の低下や睡眠の質の低下など、すでに子どものインターネットの利用にはいろいろな弊害が指摘されていますが、子どもたちの生活とインターネットはすでに切り離せないものになっています。学校ではGIGAスクール構想を進めるにあたって、同時に情報リテラシーに関する取り組みも強化されていますが、使うことが当たり前になった時代の中では、規制や禁止がそれほど意味を持たないことは生成AIの話からもわかるでしょう。子どもたちの生活は、今や現実とデジタル、2つの世界に存在しているのです。

デジタル世界の「居場所」

私はこうしたデジタルで溢れた世界を生きる子どもたちは、デジタル世界の「居場所」を持っていると考えています。

私は、大学院時代に子どもの「居場所」について研究していました[9]。「居場所」は、日本ではすでに一般的なことばになっています。ここでいう「居場所」の意味は、読み手の皆さんの理解に委ねるとして、自分自身がデジタルと共に生きてきた世代である私は、ずっとデジタル世界にも「居場所」があると考えてきました。

デジタルの世界にも「居場所」があると言われて、否定する人は少ないでしょう。たとえば、最近では、多くの人がSNSの中で、自分の世界をつくっています。本名を隠すことなく自分を出している人もいれば、本名とは別の名前を使って日常生活とは切り離している人もいるでしょう。時には、複数の名前を使い、口調や性格だけでなく性別すらコントロールしている人もいます。もちろん、その1つ1つがデジタル世界の「居場所」になり得ます。

人と話すことができるトークアプリを使用して、家族や友人と個別に話をしたり、グループを作ったりする。これもデジタル世界の「居場所」です。

最近では、このデジタルの世界の「居場所」は、あることが当たり前になりつつあります。そして、子どもたち、時には大人ですらこのデジタル世界の「居場所」と現実の「居場所」という2つを行き来しながら、生活しています。

学校や教室が子どもたちの「居場所」であることの必要性は、これまでにも語られてきました。安心して過ごせる場所、安全に過ごせる場所、良好な人間関係、役割が与えられ、存在が認められる、学校はこうした「居場所」を作るように求められてきました。しかしながら、デジタル世界の「居場所」については、学校はどちらかと言えば否定的な立場のように感じます。

最初にお示しした新しい教育振興基本計画でも「デジタルの活用とリアル（対面）活動の重要性」として、デジタルは積極的に活用していくべきだが、そのデメリットも正しく理解した上で、リアル、つまり、対面の活動も充実していくべきだということが指摘されています。ただ、ここでの対面活動の重要性は、あくまでもコロナ禍で減少した体験活動の機会を増やしていく（または従来の形に戻していく）という意味合いが強いように思います。オンライン授業がすでに学校では過去のものになりつつあるように、デジタル世界の「居場所」まで学校に求めるのは難しいかもしれません。対面の活動の充実を含めたリアルの世界をデジタル世界の「居場所」と同じように表現するならば、現実世界の「居場所」になるでしょうか。

現実世界の「居場所」とデジタル世界の「居場所」を行き来することが今の子どもたちの当たり前になっていると私たちは理解しておくことが必要だと思います。

 ## 2つの「居場所」

子どもによっては、現実世界には「居場所」がなく、デジタル世界にしか自分の「居場所」がないと思っています。その逆の子どももいます。しかし、2つの「居場所」を行き来することが当たり前になった子どもたちは、当然、どちらの「居場所」でも充実していることを求めるようになります。

デジタル世界の「居場所」の充実は、SNSでは顕著に確認できます。たとえば、X（旧 Twitter）であれば、自分の投稿にReposts（旧リツイート）、post（旧返信）などの反応がたくさん来る、フォロワーがたくさんいるといったものです。これは承認欲求が満たされるかどうかにも大きく関わるものだと思います。自分の発信した内容に誰からも反応がなければ、子どもたちは「居場所」がないと感じるわけです。トークアプリのグループで自分が発言したならば、それに誰かが反応することが「居場所」につながっていきます。もちろん、その反応は否定的なものではなく、肯定的であることが必要です。

ここからは、あくまでも私の持論になりますが、デジタル世界の「居場所」が充実した子どもは、現実世界の「居場所」の充実を求めるようになります。人間の欲には際限がないとはよく言われることですが、一度充実した「居場所」を体験した子どもは、他の場所でもそれを求めます。私はYouTuberが活動の場所をインターネット上からテレビなどのメディアに広げる、リアルで会うことのできるイベントを開催するようになるのも似たような現象ではないかと思っています。SNS上では誰もが反応してくれるのに、現実世界では誰も相手にしてくれない。この状態は許されないわけです。

もちろん、現実世界の「居場所」が充実した子どもがデジタル世界に入ったとき、そこでも同じように「居場所」を求めます。要するに、リアルの友だちに「SNSのアカウント教えて」と言いながら、現実世界でのつながりをデジタル世界にも持ち込んでいくわけです。そうする中で、2つの「居場所」を行き来することが子どもの当たり前になっていきます。

ただし、現実世界の「居場所」とデジタル世界の「居場所」では、充実させる方法が違います。学校は、現実世界の「居場所」を充実させることはできても、デジタル世界の「居場所」には関わ

いのちの教育

ることは難しくなっています。規制や反対、指導をする立場にあるからです。子どもたちが2つの「居場所」を行き来することを懸念する人も多いかもしれません。しかし、今の時代は、大人ですら2つの「居場所」を行き来している人が多いはずです。

SNSを見ればわかる通り、政治家や芸能人をはじめ、さまざまな企業が情報を発信するために活用しています。すでに2つの「居場所」を行き来することが当たり前になっている時代に、子どもだけそれを規制することはできません。でも、安心してほしいこともあります。デジタル世界の「居場所」が充実した子どもたちが、現実世界の「居場所」を求めるということは、決してデジタル世界にだけ子どもが留まることはないということなのです。

 ## おわりに

今回は、教育DXの話からデジタル世界の「居場所」まで話を進めてきました。学校で進んでいく教育DXについて、子どもたちはほとんど何も考えることはありません。1人1台端末で授業を受けている光景はすでに彼らの日常であり、生活の中にスマートフォンやインターネットがあることも当たり前だからです。

すでにいろいろなところで言われていることではありますが、ICT機器はあくまでも「ツール」でしかありません。環境や時代が変化しても「人」はそれほど急速に進化しません。可能性を信じること、志を立てること、人を巻き込んで組織をつくること、戦略を構築して実行すること、自分自身が変革を望み続けること、新しいものを創造しようとすること、まるで夢物語のようにも思えますが、子どもたちの生活を考え、何を変革するべきか、何を創造するべきかを見つけるために、まずは初めの一歩として「新しいものに興味を向けて使ってみること」からスタートしてみるのはいかがでしょうか。

参考文献
1) 文部科学省「教育振興基本計画」
   https://www.mext.go.jp/a_menu/keikaku/index.htm
2) 文部科学省「GIGAスクール構想について」
   https://www.mext.go.jp/a_menu/other/index_00001.htm
3) 文部科学省「教育DXの推進について」
   https://www.mext.go.jp/a_menu/other/data_00008.htm
4) 日本経済新聞「練馬区、チャットGPT試行 区役所業務を効率化」(7月20日・記事)
   https://www.nikkei.com/article/DGXZQOCC201Q50Q3A720C2000000/
5)、6) 文部科学省「「初等中等教育段階における生成 AI の利用に関する暫定的なガイドライン」の作成について」
   https://www.mext.go.jp/content/20230704-mxt_shuukyo02-000003278_003.pdf
7) 文部科学省「GIGAスクール構想の下での校務DXについて〜教職員の働きやすさと教育活動の一層の高度化を目指して〜」
   https://www.mext.go.jp/b_menu/shingi/chousa/shotou/175/mext_01385.html
8) 内閣府「令和4年度 青少年のインターネット利用環境実態調査」
   https://www8.cao.go.jp/youth/kankyou/internet_torikumi/r04/net-jittai/pdf-index.html
9) 藤原靖浩「居場所の定義についての研究」「教育学論究」2010年。
   https://kwansei.repo.nii.ac.jp/?action=pages_view_main&active_action=repository_view_main_item_detail&item_id=22290&item_no=1&page_id=30&block_id=114

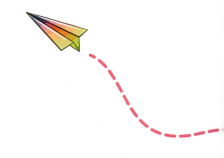

＜いのち＞の教育が拓く道の向こうに見えるもの

　兵庫県では、阪神・淡路大震災・神戸市須磨区（少年A）の事件を機に故河合隼雄先生（元京都大学教授）・梶田叡一先生（元兵庫教育大学学長）・近藤靖宏先生（元兵庫県教育次長）のご指導のもと、＜いのち＞の大切さを次世代に伝えるべく、＜いのち＞の教育を全国に先駆けて進めてきました。本書は、兵庫において20余年にわたり取り組んできた、「自他の＜いのち＞を大切にしてよりよく生きる力を育む＜いのち＞の教育」の実践・研究の成果をまとめたものです。

　ところで、今日の日本社会では、子どもを狙った凶悪な犯罪が多発する物騒な時代になっています。さらには、青少年が何らかの苦悩から自らの命を絶つといった事案も増えており、また中学生や高校生までもが人を殺すといった悲惨な事件も起きています。このようなことが起こる要因に、近現代の日本社会の歩みそのものに内包された、日本伝来の文化的精神的アイデンティティの弱化・喪失が、人間としての基本的な脆弱性と生き方の表層化をもたらしているのではないかと梶田叡一先生は述べています。

　この事態を改善していくには、一人ひとりが、一つの＜いのち＞は地球より重く、人間一人ひとりは、何者も冒すことのできない独自の「尊厳」を持つ存在であるということを理解していく必要があります。そして、このような「人間としての尊厳」についての基本感覚を、＜いのち＞についての根本的な自覚と理解（与えられた＜いのち＞の気づき、生きさせてもらっていることへの感謝、他者も同様にその人自身の＜いのち＞を生きている存在であることの深い理解）を一人ひとりが深く実感し、納得していくよう着実な形で育てていく必要があります。

　つまり、「いのちの教育」の本質は、自他の生命の尊さや生きることの意義を学び、他者との共生を深めることにあると言えます。

そのためには、
① 自分や他者の命を大切にする心を育むこと。
② 生きることの喜びや死の避けられない現実を受け入れ、命の有限性を理解すること。
③ 他者との関わりを通じて、共に生きることの大切さを学ぶこと。
④ 自分らしく生きる力を養うこと。

などが極めて重要です。

　「いのちの教育」の探求に尽くした兵庫が生んだ日本の教育者、東井義雄先生の教育思想に基づく「いのちの教育」においても、子どもたちが自分の命の価値を見つけ、自分の人生を主体的に切り開く力を育てることを重視しています。まさに、このことが「いのち」の教育の本質ではないかと言うことができます。

　梶田叡一先生が言われている通り、「『人間としての尊厳』についての基本感覚を、＜いのち＞についての根本的な自覚と理解を、一人ひとりに着実な形で育て、深めていく」ことを家庭でも、学校でも、地域社会でも、職場等でも進めていくことで、互いに支え合い生かし合う、真の共生社会が実現できていくことに繋がると考えます。

　本書にて、これまでの＜いのち＞の教育の取組成果を著作にまとめ提言することで、広くわが国の学校教育・社会教育関係者に＜いのち＞の教育の普及に努めていきたいと考えています。

一般社団法人Clerc
子どものいのちと権利の教育研究会　代表理事
元 関西学院大学教授
五百住 満

≪編著者紹介≫

◇古川 治（ふるかわ・おさむ）　一般社団法人 Clerc 子どものいのちと権利の教育研究会　監事　元甲南大学教授

◇五百住 満（いおずみ・みつる）一般社団法人 Clerc 子どものいのちと権利の教育研究会　代表理事　元関西学院大学教授

◇松井典夫（まつい・のりお）　一般社団法人 Clerc 子どものいのちと権利の教育研究会　副理事長　奈良学園大学教授

◇原 実男（はら・じつお）　　　一般社団法人 Clerc 子どものいのちと権利の教育研究会　理事　元兵庫県立加古川南高等学校校長

◇三木澄代（みき・すみよ）　　一般社団法人 Clerc 子どものいのちと権利の教育研究会　理事　関西福祉大学教授

≪著者紹介≫（※掲載順）

◇梶田叡一　　一般社団法人 Clerc 子どものいのちと権利の教育研究会　名誉顧問　元兵庫教育大学学長
◇近藤靖宏　　一般社団法人 Clerc 子どものいのちと権利の教育研究会　名誉顧問　元兵庫県教育次長
◇渡邉 満　　一般社団法人 Clerc 子どものいのちと権利の教育研究会　名誉顧問　広島文化学園大学特任教授
◇冨永良喜　　兵庫教育大学名誉教授
◇目久田純一　梅花女子大学心理こども学部准教授
◇新井 肇　　関西外国語大学教授
◇細川愛美　　神戸女子大学看護学部小児看護学・学校保健学准教授
◇松田智子　　森ノ宮医療大学教授
◇赤木公子　　梅花女子大学教授
◇上木美佳　　兵庫県神戸親和大学附属親和幼稚園
◇吉田ゆかり　兵庫県宝塚市立安倉幼稚園園長（当時）
◇奥村智香子　兵庫県伊丹市立荻野小学校校長（当時）
◇小西三枝　　兵庫県芦屋市立朝日ケ丘小学校教諭（当時）
◇梁 裕司　　兵庫県芦屋市立朝日ケ丘小学校教諭
◇龍神美和　　桃山学院教育大学准教授
◇足立まな　　元兵庫県丹波市立春日部小学校教諭
◇八木眞由美　甲南大学法学部・教職教育センター特任教授
◇根津隆男　　姫路大学教育学部非常勤講師
◇池原征起　　兵庫県芦屋市教育委員会
◇塚田良子　　神戸親和大学非常勤講師
◇永田みゆき　兵庫県加東市立社中学校主幹教諭（養護教諭）
◇古河真紀子　兵庫県立高等学校教員
◇岡邑 衛　　千里金蘭大学栄養学部准教授
◇諏訪清二　　防災教育学会会長
◇藤原靖浩　　関西福祉科学大学准教授

※ 本書は「心とからだの健康」（2017年5月号〜2025年2月号）（健学社）に掲載された内容をもとに、資料データなどを見直し、加筆・修正して再構成したものです。内容や一部執筆者の肩書、研究会名も旧「いのちの教育実践研究会」等、執筆当時の表現も見られますが、趣旨をご理解いただきまして、ご了承いただきますよう、宜しくお願い申し上げます。

いま必要とされる　いのちの教育

2025年1月17日　第1刷発行

編著者　一般社団法人　Clerc 子どものいのちと権利の教育研究会

発行者　細井裕美
発行所　株式会社 健 学 社
　〒102-0071　東京都千代田区富士見 1-5-8　大新京ビル
　TEL：03（3222）0557（代表）
　FAX：03（3262）2615
　URL：https://www.kengaku.com

表紙・本文デザイン／ニホンバレ

©KENGAKUSYA　　2025　Printed in Japan
落丁・乱丁本は送料小社負担にてお取り替えいたします。

ISBN 978-4-7797-0647-9